信息技术赋能
科学教育

徐光涛

——

著

华东师范大学出版社

·上海·

图书在版编目(CIP)数据

信息技术赋能科学教育/徐光涛著. —上海:华东师范大学出版社,2022
ISBN 978 - 7 - 5760 - 3117 - 1

Ⅰ.①信… Ⅱ.①徐… Ⅲ.①信息技术-作用-教育技术学-研究 Ⅳ.①G40-057

中国版本图书馆 CIP 数据核字(2022)第 152965 号

信息技术赋能科学教育

著　　者　徐光涛
策划编辑　彭呈军
责任编辑　吴　伟
责任校对　廖钰娴　时东明
装帧设计　卢晓红

出版发行　华东师范大学出版社
社　　址　上海市中山北路 3663 号　邮编 200062
网　　址　www. ecnupress. com. cn
电　　话　021 - 60821666　行政传真 021 - 62572105
客服电话　021 - 62865537　门市(邮购)电话 021 - 62869887
地　　址　上海市中山北路 3663 号华东师范大学校内先锋路口
网　　店　http://hdsdcbs. tmall. com

印 刷 者　上海龙腾印务有限公司
开　　本　787 毫米×1092 毫米　1/16
印　　张　14.25
字　　数　249 千字
版　　次　2022 年 10 月第 1 版
印　　次　2022 年 10 月第 1 次
书　　号　ISBN 978 - 7 - 5760 - 3117 - 1
定　　价　42.00 元

出 版 人　王　焰

(如发现本版图书有印订质量问题,请寄回本社客服中心调换或电话 021 - 62865537 联系)

目　录

前　言

近百年来科学技术飞速发展,科学教育范式也发生了多次改变,总体上呈现了从"知识取向"到"探究取向"的转变。从各国官方发布的科学教育标准和指导框架等报告中可以发现,让学生开展探究学习已成为世界各国科学教育的主旋律。然而,诸多研究表明,在我国科学教育实践中,探究学习开展的情况并不乐观,探究形式化、学生主动性不够、探究情境真实性不足等一系列问题普遍存在,从而制约了学生科学探究能力的培养和提升。现代信息技术的快速发展及其在教育领域的普及和推广,特别是日益成熟的虚拟仿真技术,以可视化、交互性、游戏化、网络化等方式呈现的探究学习环境,在某种程度上能够化解探究学习在开展过程中遇到的困难和障碍,使原本课堂环境下难以实施的探究学习活动得以实施,从而提升探究学习的效果。

随着科学教育范式的转换,学习方式的改变势在必行。要改变当前占主流的讲授灌输和应试教育的教育教学方式,就必须正视科学教学实践中遇到的诸多问题和挑战,深入研究新技术为教学方式革新带来的可能性,充分发挥技术的优势赋能课堂教学,从课堂教学设计、学习环境设计、学习活动设计、评价方式等多个方面入手开展研究。

本书分为以下三个部分:

第一部分:科学探究相关理论和实践。本部分为第一章与第二章,对科学教育中的探究学习相关理论进行了系统的梳理,包括探究学习的定义和特征、典型模式、探究层次与一般过程要素,综述了相关实证研究状况和研究发现,并分析了我国基础教育中探究学习开展的实践困境。

第二部分:技术赋能科学探究的作用空间和典型案例。本部分为第三章与第四章,在对信息技术教学价值思考的基础上,提出了技术赋能探究学习的定义和内涵,并在相关学习理论的指导下分析了探究学习中技术赋能的作用空间。进而,采用案例研究的方法对国内外已有的探究学习环境案例及其研究成果进行了调研和分析,并在案例分析的基础上优化了探究学习中技术赋能的作用空间模型。

第三部分:信息技术赋能科学探究的实证研究。本部分从第五章到第七章,鉴于国内缺乏基于虚拟世界的探究学习实证研究,本书针对 Omosa 虚拟世界赋能的科学探究学习,采用混合研究的方法在 S 市两所中学开展了为期 1 年半的实证研究。第五章阐述了实证研究的具体方案,研究分为第一轮探索性研究(T 中学)和第二轮正式研究(L 中学),通过课堂观察、访谈等形式收集质性数据,通过问卷收集量化数据。研究聚焦于虚拟世界赋能的探究学习开展的方式,以及学生在科学探究能力、知识建构和科学态度三个维度上的学习产出及其影响因素。第六章围绕第二轮正式研究中提出的四个主要的研究问题,借助研究过程中收集到的大量质性和量化数据,依次呈现研究结果。在系统呈现实证研究结果的基础上,分两个方面进行总结与讨论:第一方面针对虚拟世界赋能的探究学习的学习产出及其影响因素进行讨论;第二方面围绕虚拟世界赋能的科学探究实践的方式与体验展开,分析虚拟世界赋能的探究学习的本质。第七章在对实证研究过程和结果进行回顾和总结的基础上,对未来信息技术赋能的探究学习研究进行展望。

本书可供教育信息化相关从业者、教育技术学专业领域的研究人员、教育技术学专业研究生,以及广大中小学科学教师、教研员参考。

徐光涛

第一章　科学探究——科学教育的主旋律

当今时代,信息和知识快速增长的速度超过了人类历史上的任何一个时期,知识正在不断地更新,正如诺贝尔奖获得者赫伯特·西蒙(Herbert Simon)所说,"求知"(knowing)的意义已从能够记忆和复述信息转向能够发现和使用信息①。传统的以教师为中心的课堂教学中,大多数时间都是教师讲、学生听,师生交互相对较少,学生之间协商交流与合作学习的机会也比较少。教师讲授内容、解释概念、类比推理、提供答案、演示解题过程等可能是一种高效的信息呈现方式,但不一定是学生高效学习和发展重要思维能力的学习情境。学生只有积极参与到学习活动中才能建构知识,学生只有将自己对于学习主题和内容的理解呈现出来,真正的教学互动才得以开展,师生相长、生生互学才能够实现。也就是说,教学的焦点应该聚焦到学生活动上,而不是教师的讲解上,所谓以学生为中心的课堂,其要义正是如此。教师是学生学习的促进者,要帮助学生学习,必须知道学生当前所处的心智状况,通过置疑等方式引导学生发展对学习内容的理解,并能够适时发现、指出学生认知中的含混概念或错误理解。

作为全球科技创新的核心,美国历来重视科学教育,美国的一些组织如美国国家科学基金会(National Science Foundation,NSF)、国家研究理事会(National Research Council,NRC)等在过去的二三十年里投入了大量的资金和精力,致力于促进学生科学素养的全面提高,其中一项重要的目标是帮助教师在教学中通过科学探究的方式,促进学生理解科学概念②。这也深刻地影响了我国的科学教育改革。反观我国,教育

---

① Simon H A. Observations on the Sciences of Science Learning[J]. Journal of Applied Developmental Psychology,2000,21(1):115-121.

② Minner D D,Levy A J,Century J. Inquiry-based Science Instruction—What is it and does it Matter? Results from a Research Synthesis Years 1984 to 2002[J]. Journal of Research in Science Teaching:The Official Journal of the National Association for Research in Science Teaching,2010,47(4):474-496.

界有识之士早就认识到教学方式革新的重要性和迫切性,基础教育也经历了多轮改革,对于探究学习的关注与研究已经持续了 20 多年。本章围绕探究学习这个主题,对国内外相关文献进行系统梳理和述评,从对探究和科学探究的概念溯源开始,提出了探究学习的定义和主要特征。

一、探究和科学探究

本节围绕日常语境中的"探究"、作为学习方式的"探究"以及科学教育中的"科学探究"展开,对"探究"和"科学探究"概念的形成以及发展历程进行溯源与回顾,以把握概念的内涵和实质。

(一) 关于"探究"

"探究"就其本义而言,所谓"探"是探测、寻求,"究"是彻底推求,"探究"就是深入探讨,反复研究①。按照我国《现代汉语大辞典》的解释,探究是指"探索研究",即努力寻找答案、解决问题②。从语义上讲,英文中"inquiry"(探究)一词源于拉丁文的 in/inward(在……中)和 quaerere(质询、寻找)。按照《牛津英语辞典》的解释,探究是指求索知识或信息,特别是求真的活动;是搜寻、研究、调查、检验的活动;是提问和质疑的活动③。"探究"也是美国 1996 年《国家科学教育标准》④的核心理念,同时指向学生应发展的重要能力和科学教学的核心方法。在该标准中对"探究"的定义是:"探究是多层面的活动,包括观察,提出问题;通过浏览书籍和其他信息资源发现什么是已经知道的结论,制定调查研究计划;根据实验证据对已有的结论做出评价;用工具收集、分析、解释数据,提出解答,解释和预测以及交流结果。探究要求确定假设,进行批判和逻辑的思考,并且考虑其他可以替代的解释。"⑤尽管国外的表述认为探究的基本含义为求真的活动,而中国长久以来用其表示"探讨、琢磨",不过二者对"探究"的理解仍然存在共同之处,即探究都是基于问题的探索活动,其实质是发现问题和解决问题。

---

① 辞海编辑委员会. 辞海[M]. 上海辞书出版社,1979:1791.
② 陈琴,庞丽娟. 科学探究:本质、特征与过程的思考[J]. 教育科学,2005,21(1):1—5.
③ 郭莲花. 探究学习及其基本要素的研究[J]. 学科教育,2004(01):8—12+34.
④ National Research Council. National Science Education Standards[S]. Washington, D. C.: The National Acadmies Press, 1996. 23‐105.
⑤ 黄小莲,陈东法. 对问题探究式学习的探究(上)[J]. 中小学管理,2004(08):24—26.

探究,作为一种学习方法由来已久。探究理论是直接相关于认知领域的,约翰·杜威(John Dewey)强调一切知识都依据于探究,认识是有机体适应环境的一种行为,认识具有强烈的实践和实用目的,是帮助我们与环境打交道的诸多方式之一,杜威用"探究"(inquiry)这个更具动态的词来意指认知过程①。早在 1938 年,杜威在《逻辑:探究的理论》一书中,给"探究"一词下了定义:"从一种不确定情境向确定情境的受控的或者定向的转变。这种确定情境在其成分的差异和关系上是确定的,即将初始情境的各要素转化为一个统一的整体。"②他用动名词"求知"(knowing)替代名词"知识",以便强调求知总是更大探究的一部分,并且还发明了"有根据的可断言性"(warranted assertibility)这个短语来替代知识概念,表达求知的结果既不是确定的也不是永恒的,而是有根据的断言③。

综上所述,探究有广义和狭义之分,广义的探究泛指一切独立解决问题的活动;狭义的探究专指科学探究或科学研究。无论是日常语境中的"探究",还是作为一种学习方式的"探究",都是指人的一种理性的探索发现和识知活动。在探究的过程中,探究者是认识和实践的主体,探究是一种主动的行为,是主体建构对周围世界认识的过程。

(二) 科学教育中的科学探究

从"探究"到"科学探究",源于美国教育专家杜威,课程论专家施瓦布(Joseph J. Schwab)等人的诠释和倡导。在我国当前素质教育课程改革的大潮中,"科学探究""科学素养"与"科学教育"也成为倍受瞩目的语汇,这些语汇昭示了我国科学教育领域的"范式转型"。厘清这些语汇各自的内涵及其相互关系,是促进我国科学教育健康发展的基本前提④。

面对日渐高涨的探究热潮,很少有人再怀疑探究教学的普遍适宜性。但从历史上看,它首先是在科学课程或各门自然学科的教学中倡导起来的,其目的在于将科学家的探究引入课堂,让学生以类似科学探究的方式学习科学,使他们不仅获得科学知识,同时还掌握科学方法,培养科学态度⑤。因此,要成功开展探究教学尤其是科学课程的探究教学,就必须对科学探究有正确的认识。那么,什么是科学探究? 从众多的定义来看,这还是个有待明确的问题。自从 19 世纪中叶自然科学相关课程进入正规学

---

① 徐陶,论探究概念在杜威哲学中的重要地位[J].学术探索,2009(1):9—13.
② John. Logic:The Theory of Inquiry[J]. Later Works, 1938:1953.
③ 徐陶,论探究概念在杜威哲学中的重要地位. 学术探索,2009(1):9—13.
④ 李雁冰.科学探究、科学素养与科学教育[J].全球教育展望,2008,37(12):14—18.
⑤ 徐学福.科学探究与探究教学[J].课程·教材·教法,2002(12):20—23.

校课堂,迄今已近两百年。随着科学技术的迅猛发展和社会生活的重大变化,科学教育在一次次的变革中不断前行。回溯科学教育中探究教学的百余年发展历程,大致分为四个阶段①。

1. 科学教育从诞生之初就伴随着探究思想

不少人会觉得探究是一种新式的理念和教法,事实上,从 19 世纪科学课程建立之初,探究就作为科学教育不可分割的一部分,深植于课堂教学中②。19 世纪中叶,自然科学课程进入学校课堂,科学教育由此诞生。在此之前,学校课程主要由神学、文法、古典名著等经典科目组成。一批具有前瞻性的思想家和科学家,认识到学习自然科学对于个人智识发展的重要作用,极力促成了科学课进入学校课堂。英国著名思想家斯宾塞(Herbert Spencer)1864 年发表了《什么知识最有价值》,在社会各界引起了广泛而深远的影响。这篇文章不仅明确指出科学知识具有极大的价值,还提出科学知识同样具有美与诗意。

"你会设想在普通人不经意地看来只是雪花的东西,对于一个曾在显微镜中见过雪的结晶的奇妙多样形式的人不会引起一些较高的联想吗? 你会设想一块划了些平行线痕迹的圆岩石,对一个无知的人和一个知道一百万年前冰河曾在这岩石上滑过的地质学家,能激起同样多的诗意吗?"③

时任英国皇家学会主席的生物学家赫胥黎(Thomas H. Huxley)不仅非常支持自然科学进入课堂,还带领大家探讨科学课应该怎样进行教学:"……通过对自然界的直接观察,在特定事实中得出结论……如果教植物,就一定要让学生自己处理植物、解剖花……"④。斯宾塞也认为每种学习都应该从实验入门,在积累了充分观察后开始推理⑤。教师应尽量少地直接告诉学生,而是尽可能地引导学生去发现,自己进行探讨和推论。时任美国哈佛大学校长、美国教育学会主席的艾略特(Charles W. Eliot)先生呼吁美国所有学校都应该开设科学课程,并率先把实验教学引入大学课堂,鼓励教师让学生在实验室研究标本,进行野外采集和实地考察,并引导学生自己观察事物的变

① 张颖之. 科学教育中的探究教学史:百年回顾与展望[J]. 当代教育与文化,2019,11(04):45—50.

② Deboer G E. Historical Perspectives on Inquiry Teaching in Schools[M]//Scientific Inquiry and Nature of Science. Springer, Dordrecht, 2006:17-35.

③ [英]赫·斯宾塞. 教育论:智育、德育和体育[M]. 胡毅,译. 北京:人民教育出版社,1962:36.

④ [英]赫胥黎. 科学与教育[M]. 单中惠,平波,译. 北京:人民教育出版社,2005:115.

⑤ [英]赫·斯宾塞. 教育论:智育、德育和体育[M]. 胡毅,译. 北京:人民教育出版社,1962:62.

化和进程、检验因果关系,从中获取知识、发展推理能力①。

这些对于科学课堂教学的探讨显然具有浓厚的实验探究意味。然而,在现实的教学实践中,这类结合实验的教学并没有受到教师的青睐,基于教材的传统讲授依然占据主流地位,人们批判这类实验教学是一种非主流的教学方式,低效且不切实际,数据解释超越学生能力,对绝大多数以后不从事科学工作的学生来说没有什么用。为了弥补弊端,研究者史密斯(A. Smith)和赫尔(E. H. Hall)于1902年提出,将实验教学分为三种:第一种被称作是"真正的发现"(true discovery),教师在教学中将给学生最大的自由度来探索自然,然而存在的问题是需要太多时间,学生知识能力储备不足,得出的结论大多数比较肤浅;第二种被称作是"验证法"(verification approach),学生在实验室中按照既定步骤来重现科学事实和原理,能够帮助学生理解科学概念,但却不利于培养科学思维和态度;第三种被称作是"探究"(inquiry),即教师引导下的发现之旅,教师会给学生主题上的限定,帮助提出问题、提供材料,给学生一定的指导。学生的探索发现会受到一定限制,但学生也可以就自己不知道答案的问题,进行仔细观察、做出推理②。这也是"探究"(inquiry)一词首次出现在教育领域中,为大家所熟知。自此以后,探究的概念内涵历经几代教育研究者的诠释和发展,引领了此后一个多世纪的科学教育革命。

2. 杜威的教育革命推动了科学教育方法的发展

如果说19世纪末,科学教育的目标还仅停留在对个人智识发展的促进上,那么到了20世纪初,科学教育的目标已经上升到国家社会层面,人们认识到科学可以用于应对一系列的社会问题,科学教育也因此受到了重视,然而教学方法依然还是以知识的直接传授为主。为了改变传统教学中直接灌输和机械训练的教育方法,哥伦比亚大学的约翰·杜威教授提出了"教育即生活,学校即社会"的口号,宣称要以"学生为中心",提倡"做中学"的教学方法。中国历史上耳熟能详的许多名家,比如胡适、陶行知、陈鹤琴、蒋梦麟、张伯苓等人,都是杜威的学生,他们在哥伦比亚大学获得硕士或博士学位,然后回到中国传播先进的教育思想。

杜威尤其对科学教育提出了自己的见解。他认为,科学教育过于强调知识的积累,而对科学作为一种思维方式和认知态度没有给予足够的重视。他于1910年在自然科学权威期刊《科学》(Science)上撰文,提出科学不仅是需要学习的一堆知识,也是

---

① Eliot C. Educational Reform[M]. New York: Century, 1898: 6.

② Smith A, Hall E H. The Teaching of Chemistry and Physics in the Secondary School[M]. Longmans, Green, and Company, 1902.

一种学习的过程或方法①。他还首次提出科学探究教学的目标是发展推理能力、形成思维习惯、学习科学内容和理解科学过程，并认为科学方法由归纳、演绎、数学逻辑和实证等环节组成②。这些观点直接影响了科学教育之后的走向。受到杜威理论的影响，全美教育协会（National Education Association，NEA）在 1920 年发布的文件报告中强调科学教育应引导学生解决真实世界中的问题，而不是专注于书本或常规实验室训练，"学生应该在真正的实践中学习使用科学方法"③。这个阶段的科学教育开始重视探究，但对探究的理解尚限于用既定的科学方法解决实践问题。由于忽视了基础知识的系统性，学生的学习效果难以得到足够的保障，这也引发了后续的教育改革。

3. 探究成为科学课程改革的主题

1957 年，苏联第一颗人造卫星上天，引发了美国政府的恐慌，美国因而启动了大规模的教育改革。在这次改革中，科学教育被提到了一个前所未有的重要地位，这是因为人们深深认识到，科学教育关系到国家安全和经济发展。哈佛大学布鲁纳（J. S. Bruner）教授领衔了这次改革，他尤为强调学科结构和基本概念的学习，要求学生像科学家那样思考科学④。在这次课程改革中，芝加哥大学施瓦布教授提出了"教作为探究的科学"（teaching as inquiry），即学生应该以探究的方式来学习科学，科学内容和科学过程应该密不可分。他指出，现在的时代要求每一个学生未来都要成为有用的社会公民，因此每个学生都应该尝试独立的思维方式，把科学看作是随时会因新证据出现而被修改的概念结构，而不是静止的真理⑤。

施瓦布认为，每个教师备课前，都应该先去实验室看看，有哪些内容可以与课堂知识相结合。同时他根据实验开放程度不同，将探究实验分为了三种：第一种，教师给学生提供了研究问题、过程和方法，答案对学生而言则是开放未知的；第二种，教师仅给学生提供了研究问题，学生需要自行设计研究过程和方法，寻求问题的答案；第三种是最高的层次，问题、过程方法和答案均由学生自行完成，见表 1-1。

---

① Dewey J. Science as Subject-matter and as Method[J]. Science，1910，31(787)：121-127.

② John. Logic：The Theory of Inquiry[J]. Later Works，1938，1953.

③ National Education Association. Reorganization of Science in Secondary Schools：A Report of the Commission on the Reorganization of Secondary Education [M]. Washington，D. C.：U. S. GovernmentPrinting Office，1920：52.

④ ［美］布鲁纳. 教育论著选[M]. 邵瑞珍，等译. 北京：人民教育出版社，1989：454.

⑤ Schwab J J，Brandwein P F. The Teaching of Science as Enquiry[J]. 1962.

表 1-1 施瓦布提出的探究实验分类

类型 \ 要素	问题	过程和方法	答案
第一种	提供	提供	开放
第二种	提供	开放	开放
第三种	开放	开放	开放

除此以外,施瓦布还提出了对探究本身的探究,即教师提供给学生一些研究读物、报告、书籍等。学生参与讨论研究问题、技术工具、数据解释并得出结论。学生可以从中了解到各种可能的解释、实验、对于假想的争论、证据的使用等,从而体会科学知识的构成以及科学知识是如何获得的。

施瓦布对探究理念的深入探讨对科学教育产生了深远的影响。不同于早先杜威时代对探究教学的定位仅着重于使用科学方法解决实践问题,施瓦布更期望学生能够全面地理解科学内容和科学方法,并且尤为强调探究应与科学学科知识相结合,力图最大化地呈现自然科学的特性。他还通过指导编写中学教科书将这些理念深深地植入课堂实践中,其中著名的 BSCS(Biological Science Curriculum Study)版中学生物教材就是他的杰作之一。

20 世纪 70 年代末,美国国家研究基金会开始对全美课堂教学实践情况进行调研,发现教育状况不尽如人意。随后美国教育部在 1983 年出台报告《国家在危机中:教育改革势在必行》,认为各个学校都应该有更严格的标准来评定学生的学业表现,"标准化运动"由此展开。在此背景下,由卢瑟福(F. Jame Rutherford)博士领衔的 2061 计划开始实行,期望能够勾勒出面向 21 世纪的人应具备哪些科学素养,以及学生在学校里完成 12 年的学习后,应该知道什么和能做什么。在这样的基础之上,美国《国家科学教育标准》于 1996 年正式出台,这是美国历史上第一份教育标准,它明确规定了学生在各年级段应该达成的学习要求[①]。在这份标准中,最突出的特征就是强调探究教学。鉴于前期研究发现教育实践者们对探究的含义混乱不清,这个标准对什么是探究、什么是探究教学、如何进行探究教学作出了详尽的描述。

在新一轮全球教育改革浪潮中,探究成为各国科学教育改革中的重点。如英国国家科学课程标准(1997),加拿大 K-12 科学学习成果框架(1997),日本理科课程指导

① 武夷山. 美国制订历史上第一个国家科学教育标准[J]. 中国科技论坛,1995,(2):64.

(1998)等,都将科学探究列为重要的课程理念和教学策略。我国 2001 年出台的科学课程标准,物理、化学、生物课程标准中,也都将科学探究作为课程的重要学习内容。在我国《义务教育生物学课程标准(2011 年版)》中,对科学探究有如下的描述[①]:"科学探究既是科学家工作的基本方式,也是科学课程中重要的学习内容和有效的教学方式。生物课程中的科学探究是学生积极主动地获取生物科学知识、领悟科学研究方法而进行的各种活动。"这段话简要概括了全球科学教育界对科学探究的普遍认识,包括了如图 1-1 所示的四重含义。

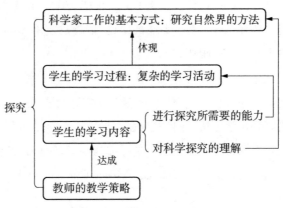

图 1-1　科学探究的四重含义

4. 科学实践逐渐成为课程关键词

2011 年 7 月 19 日,由美国国家研究院(NRC)联合多家单位研制的《K-12 科学教育框架:实践、跨学科概念和核心概念》出台,这份近三百页的课程文件报告细致勾勒了"新一代"(next generation)科学教育的蓝图,为美国科学课程下一阶段的发展指明了具体的道路和前进的方向。其中最主要的变化是该框架的核心关键词为"实践"(practices),"作为实践的科学"(science as practice)也成为接下来美国科学教育的主导理念[②][③]。从话语体系来说,"实践"将更多地被提及。然而,这绝非表明探究将不再得到重视,而是对既有的探究思想进行扩充和发展。

从科学教育发展的历史角度去看待"探究",就容易理解由"探究"发展为"实践"的

---

① 教育部. 义务教育生物学课程标准(2011 年版)［M］. 北京:北京师范大学出版社,2011:3,8.

② 唐小为,丁邦平. 科学探究缘何变成科学实践［J］. 教育研究,2012,(11):141—145.

③ Brown T. The NSTA Reader's Guide to A Framework for K-12 Science Education［J］. The Science Teacher,2013,80(9):62-64.

来龙去脉。科学教育话语体系中"实践"的出现,绝非意味着"探究"的淡化甚至消退,而是对"探究"精髓的延续和拓展。"实践"的提出为新一代科学教育注入了更多元素,引导学生由行动走向思考,通过语言交流展现思维,理性地表述观点和对待信息。这些能力无疑有助于个体应对当今网络时代信息泛滥、情势复杂多变的局面,同时也将提升国民素养,为不同语境和文化下世界各国的竞争与合作提供基础。然而,审慎对待话语变化也是很有必要的,特别要防止简单地看待"实践"。尽管人们早就有了"实践出真知"的认识,然而这里的实践还被赋予了更多科学学习情境下的细节,值得教育研究者和实践者深入探究①。

美国《国家教育科学标准》中指出"科学探究"是科学家用以研究自然界并基于此种研究获得的证据提出种种解释的多种不同途径,也指的是学生用以获取知识,领悟科学的思想观念,领悟科学家研究自然界所用的方法而进行的各种活动②。可见,科学探究的根本目的是"使学生像科学家那样,能利用各种方法研究未知问题",即在遇到未知问题时能够"知难而上",尝试用各种方法来研究、解决。简单地说,探究教学的目的在于引导学生遇到新问题时能够利用所学的知识和方法开展研究和探索,并获得相关的知识或结论。

二、探究学习的定义和特征

从前文对"探究"的界定中可以看出,探究本身是一种非常复杂的活动,因此对于探究学习的界定也存在比较大的争议。探究学习是我国新课程改革所倡导的重要学习方式,也是基础教育课程标准中反复提及的一个核心理念。探究学习不仅应成为学生学习的基本方式,还应成为学生应有的学习品质。尽管探究学习作为一种学习方式由来已久,但对于什么是探究学习,在教育实践中普遍存在一些模糊的认识,为此,本部分在文献梳理的基础上对其定义和特征进行系统的阐述。

(一)探究学习的定义

探究学习(inquiry learning)是美国 20 世纪 50 年代"教育现代化运动"的产物,它是由芝加哥大学的科学家提出来的,认为学生的学习在性质上与科学家的探究工作相

---

① 张颖之.科学教育中的探究教学史:百年回顾与展望[J].当代教育与文化,2019,11(04):45—50.
② [美]国家研究理事会.美国国家科学教育标准[M].北京:科学技术文献出版社,1999:5.

似,他们强调学习过程是提出问题、解决问题的过程,学生在这个过程中,探究知识,获取知识。这种学习是开放的,其时空不局限于课时与课堂,其内容不拘泥于教材与学科,与我国古人倡导的"博学之、审问之、慎思之、明辨之、笃行之"一致或相似①。

此外,也有不少研究者仅从自己研究需要的角度提出各自的界定。有的重在强调"自主地参与获得知识的过程",如施瓦布将探究学习定义为这样一种学习活动:儿童通过自主地参与获得知识的过程,掌握研究自然所必须的探究能力;同时,形成认识自然的基础——科学概念;进而培养探索未知世界的积极态度②。有的重在强调在探究学习的过程中教师的指导作用,如徐学福认为探究学习是指学生在教师指导下,为获得科学素养以类似科学探究的方式所开展的学习活动③。有的重在强调探究学习的本质,如肖川认为探究学习就是从学科领域或现实社会生活中选择和确定研究主题,在教学中创设一种类似于学术(或科学)研究的情景,学生通过自主、独立地发现问题、实验、操作、调查、信息搜集与处理、表达与交流等探索活动,获得知识、技能、情感与态度的发展,特别是探索精神和创新能力发展的学习方式和学习过程④。

所有这些定义中,对于探究工具、环境和条件并没有给予明确的表述,笔者认为这种模糊恰恰是现在开展探究学习的最大障碍所在。在教学实践中,探究学习相关定义往往在追求问题提出、调查和报告的完整过程,而忽视了问题情境的重要性,从而使得探究学习成了一种形式化的过程,无法培养学生问题解决、批判性思维等高阶能力。基于此,本书对探究学习作出如下定义:探究学习围绕自然、社会和人文领域中的某个主题,在一定的问题情境中,借助数字化或物理的探究工具,让学生主动提出问题、探索发现,并在探索发现的过程中进行严密地论证的一种有指导的学习方式。

通过本定义可以看出,探究学习应该是围绕主题的,既可以是自然科学方面的主题,比如大气污染、水循环,也可以是人文社会科学方面的问题,比如农民工的城市生活、人口政策,也可以是诗歌创作、戏剧表演。探究学习的开展需要真实而具体的问题情境,有相应的物理、社会环境或者探究背景,有丰富的材料或者数据来源。探究学习中,学生需具备良好的内在动机,在学习过程中是主动而积极的,不管是问题的提出,还是探究发现与论证,都需要学生动脑筋,真正成为学习的主人。同时,探究学习应该

---

① 林众,冯瑞琴,罗良.自主学习合作学习探究学习的实质及其关系[J].北京师范大学学报(社会科学版),2011(06):30—36.

② 陈琴,庞丽娟.科学探究:本质、特征与过程的思考[J].教育科学,2005,21(1):1—5.

③ 徐学福.探究学习的内涵辨析[J].教育科学,2002,18(3):4.

④ 肖川.论学习方式的变革[J].教育理论与实践,2002,22(3):4.

是有指导的,这种指导可能来自于教师,也可能来自于科学家或者领域专家,甚至可能是计算机中的代理(Agent)或非玩家角色(NPCs)。这些指导提供的是启发和引导,而不是灌输或者命令。主题、情境、工具、主动性、问题、论证、有指导,这些关键词体现了本定义的内涵,该定义是全书的基础和出发点。

(二)探究学习与相关概念辨析

经常与探究学习混用的一个提法是发现学习,二者存在怎样的区别和联系呢?20世纪 50 年代末,美国著名心理学家和教育家布鲁纳首次提出并倡导发现式学习法,要求重视学生学习的主动精神与创新精神[①]。发现式学习十分重视教材内容的结构化,它是以结构化的教材或教师提供的其他教学材料为学习对象,通过学习者再发现的步骤实现有效学习的教学模式。在发现式学习过程中,相较于知识本身的学习,其更注重对于基本知识结构的理解。所谓知识的基本结构通常是指基于学科内容的根本原理,同时将学科内容中与之相关的部分进行一定连接的结构形式。通过让学习者对知识结构进行深入理解,能够使他们更容易理解知识的内容,更容易促进知识的迁移。从哲学意义上讲,这种"发现"方法是一种现实的、实证的认识世界的方法,它体现本体论的思想,以认识世界"是什么"为目的;而"探究"方法则是一种建构主义的认识方法。因此,在某种程度上,我们不能一概而论地将探究学习等同于发现学习。有学者认为,接受式学习与发现式学习是相对的,而探究式学习与授受式学习是相对的;探究式的学习不一定是发现式的,但发现式的学习一定属于探究式学习,而接受式学习也可以是探究的[②]。笔者认同这个提法,并且,本书将探究式学习等同为探究学习,接受式学习等同为接受学习,不作区分。在教学中,不仅要促进学生通过探究获得知识,而且要促进学生通过探究解决问题,通过探究表达观念,通过探究培养学生的各种技能。探究学习强调的是一种在学习活动中的自我感悟,这是一种动态的多维的学习方式。僵化的指导方式势必会禁锢学生的探究行为,扼杀学生的创造性思维火花[③]。

另外一个难于区分的概念是研究性学习,研究性学习既是一种学习方式,也指2001 年正式开始的第八次基础教育课程改革所倡导开设的研究性学习课程,是国家

① 钱佳宇. 布鲁纳的发现式学习与研究性学习的比较——对布鲁纳的发现式学习的反思[J]. 外国中小学教育,2011(08):55—58.
② 任长松. 探究式学习:学生知识的自主建构[M]. 北京:教育科学出版社,2005:29.
③ 蔡明星. 论探究学习[D]. 福建师范大学,2004:5.

教育部 2000 年 1 月颁布的《全日制普通高级中学课程计划（试验修订稿）》综合实践活动板块的一项内容。对于研究性学习的含义，可以有广义和狭义两种理解。从广义理解，它泛指学生探究问题的学习，可以贯穿在各科、各类学习活动中。从狭义理解，它是指学生在教师指导下，从学习生活和社会生活中选择和确定研究专题，并在研究过程中主动地获取知识、应用知识、解决问题的活动①。研究性学习与社会实践、社区服务、劳动技术教育共同构成"综合实践活动"，作为必修课程列入《全日制普通高级中学课程计划（试验修订稿）》中。根据探究题材来源的不同，可以把研究性学习分为"半开放、半封闭的准探究"和"完全开放的真探究"。前者通常只是让学生通过一定的探究程序去发现早已存在于书本或教材中的预知结论。后者则要求学生对完全开放的题材或问题进行真正意义上的探究，在这种类型的探究中，学生所要寻找的答案或结论在某种程度上是未知的，至少从教材中找不到现成的答案与结论；甚至在某些时候，连问题本身也需要学生自己去发现、去界定、去澄清。显然，后一种研究性学习的挑战性更高，更类似于真正意义上的探究。

作为学习方式的发现学习、研究性学习，其目标意义和过程方式与探究学习颇为相似。发现学习强调对知识的发现以及认识世界，研究性学习面向的往往是跨学科的现实问题，虽然发现学习、研究性学习与探究学习在侧重点上有所不同，在具体的任务特点或活动形式上也有所不同。但对于课程学习而言，三种学习方式在特定教学情境或教学环节中具有高度的重合性。就当前的基础教育实践而言，笔者在与教研员和一线教师的交流过程中发现，探究学习、发现学习和研究性学习，虽然称谓上不同，但一线教师群体在使用中并没有严格的区分，在称呼上也存在一定的混用，另外探究式教学、探究式学习的提法也比较常见。虽然本章进行了上述的讨论，但本书总体上不对这几个概念作严格区分，也不对具体教学实践活动进行严格的框定和定性。

（三）探究学习的特征

探究学习作为一种以学生为中心的学习方式，是指教师或他人不直接把现成的结论告诉学生，而是让学生在教师的指导下自主发现问题、探究问题，进而获得结论的过程。不管探究学习以什么样的形式来开展，都具备一些典型的特征。已有文献对探究

---

① 严久. 着眼于学生学习方式的转变——关于研究性学习的若干问题[J]. 全球教育展望，2001（02）：9—15 +49.

学习的特征进行了归纳,比如有学者提出指导性、建构性、自主性、协同性四个特征[1]。还有学者认为探究学习尤其强调学习背景中的提问、证据和解释,主要有五个基本特征:学习者围绕科学型问题从事探究活动;学习者优先关注可以帮助他们形成和评价科学型解释的证据;学习者根据证据形成对科学型问题的解释;学习者通过比较其他解释尤其是基于对科学理解的解释来评价自己作出的解释;学习者交流和论证所提出的解释[2]。从以上学者对探究学习特征的归纳中可以看出,研究者对于探究学习特征的认识存在较大差异,前者更加强调探究学习的组织形式,而后者更加强调探究学习的科学探究本质。在文献分析的基础上,笔者认为,不论在科学课程,还是数学、语文、历史等其他课程中,探究学习方式普遍具有以下特征。

1. 情境性

探究学习的情境性,指的是引发探究学习的背景和环境。不论是正式学习环境下的探究学习,还是科技馆等非正式学习环境下的探究学习,探究学习的发起都要在一定的时间和空间背景下,都应当提供特定的条件和线索。探究学习的情境应该是真实情境,或者是模拟真实的情境。只有这样,才能引发学生的探究热情,从而积极主动地投入其中,提出问题,开展调查研究。比如,学生要研究环保问题,就需要提供涉及环保主题的问题情境,是城市还是乡村,是垃圾处理还是河流污染,以及与之相关的生产、生活等人类活动情况,甚至微生物、老鼠、森林草地等动植物情况。只有提供了探究发生主题所涉及的具体情境,学生才可以进入角色,就像演出一出戏剧,必须烘托气氛,交代故事发生的历史背景和地理场所。

2. 问题性

明确要探究的问题,是探究学习的起点。探究学习中的问题是针对探究情境中的具体事物提出的,是引导后续调查研究的主要线索,能够通过数据搜集和数据处理、综合加工进行解决和解释的具体而真实的问题。就科学教育中的探究学习而言,就像大多数科学家在科学探究过程中所面临的,主要为两类问题:第一类是"为什么"开头的问题(Why),这类问题探究现象存在的根源,比如为什么树木到秋天会落叶?为什么河里的鱼出现了大量死亡?第二类是"怎样""如何"类的问题(How),比如植物是如何进行光合作用的?食物是如何被消化的?恰当的探究问题,能够激发学生的求知欲,

① 徐学福.探究学习教学策略[M].北京:北京师范大学出版社,2010:2—5.
② 靳玉乐.探究学习[M].成都:四川教育出版社,2005:12—16.

引发学生的探究热情。引导学生提出有意义、有价值、难度适当的探究问题,是探究学习能够顺利开展的关键所在。针对学生的认知状况和问题解决能力的水平,探究问题的来源,可以通过学生自主发现、教师引导、教材习题、网络热点、新闻动态等多个渠道来进行挖掘。问题解决所需要的技能应适合学生的年龄特点、认知发展水平和调查研究技能。在提出并确认探究问题的过程中,教师需要充分发挥自身的作用并在恰当的时机给予一定的支架支持。

3. 自主性

不同于以知识传授为目的的教师讲授方式,在探究学习过程中,学生需要具备很强的自主性。探究学习方式是人本主义所提倡的,在探究学习过程中,要求教师能够放权,将学生视为有个性、有思想的人。学生的自主性体现在问题提出的自主性,探究方案制定的自主性,探究活动开展的自主性,以及对探究学习开展情况的自我评价和反思上的自主性。这种自主性与教师的启发和指导是不矛盾的,教师的启发和引导正是以学生良好的自主性为前提的。有学者认为自主性是探究学习的核心与灵魂[1],如果学生的学习没有自主性,就不能称其为探究学习。自主性是实现探究学习的目标所必需的,只有这样才能实现探究学习的目的。不论是探究的能力,主动积极、科学严密、不折不挠的态度,还是问题意识和创新精神,都是只有通过亲自实践才能逐步形成,就算是知识,也必须通过学生的主动建构生成,靠传授式的教学是难以获得的。让学生自主地进行探究,是否就意味着教师是多余的,或者说教师没有什么作用呢?当然不是。在探究性学习中,教师是组织者。教师应该开阔学生的视野,启发学生的思维[2]。

4. 协作性

近一个世纪以来,科学家的科学探究愈来愈强调合作,突破性的成果往往都是团队合作攻关的结果。在探究学习中,作为学生个体而言,我们强调学习的自主性,但处于人类社会中的任何个体都是共同体中的一员,任何探究学习活动都不是学生个体的行为,而是一种社会文化活动。社会建构主义认为,个体在社会文化背景下,在与他人的互动中,主动建构自己的认识与知识[3]。在探究学习过程中,学生主体之间通过协商对话与小组合作完成调查、数据分析、报告撰写、成果分享等探究活动,体现的就是

① 徐学福. 探究学习教学策略[M]. 北京: 北京师范大学出版社, 2010: 2—5.
② 高凌飚, 张春燕. 探究性学习的特点——一个国外案例的分析[J]. 课程·教材·教法, 2002(05): 16—21.
③ 王文静. 社会建构主义研究[J] 全球教育展望, 2001(10): 15—19.

探究学习的协作性特点。要在探究学习中开展协作活动,需要引导学生组建探究共同体,共同体成员通过实质性的协商、对话和合作,互相质疑、共同反思,探究问题和探究目标得以明确,行动路径更加清晰、一致。协作性探究学习是在教师的指导下学生之间协同合作,主动地获取知识,运用知识,解决问题的学习活动。实践证明,协作学习更能提高学习成绩,学生在学习中的协作与合作,有利于发展学生的思维能力和包容能力。

5. 建构性

探究学习的建构性,是由知识的建构性本质所决定的。建构主义认为,知识不是客观的东西,而是主体的经验、解释和假设①。知识是人与外部世界相互作用基础上从自身的经验中建构起,并用于解释人的经验世界的。在教学过程中,学生是一个积极的探究者,教师的作用在于创设有助于学生独立探究的情境,让学生自己思考问题,参与知识的获取过程,而不是给学生提供现成的知识。学生不是被动的、消极的知识接受者,而是主动的、积极的知识探究者②。就科学教育而言,探究学习的过程,就是学生进行科学实践的过程,是学生建构知识并在实践中不断论证检验的过程。通过这样的知识建构过程,学生的批判性思维能力和创新能力得以锻炼和提高,形成自我对于自然界和人类生产生活的独特认识。探究学习的建构性,还蕴含着身份建构的意义。每个伟大的科学家总是从做助手一步步成长起来,其在科研共同体中的身份也在不断变化。就像科学家的成长过程一样,每个学生作为探究学习共同体中的一员,身份也要伴随学习过程的深化而逐渐变化,从中体验到学习所带来的成就感。

综上所述,探究学习的五个特征并不是各自孤立的,它们是一个相互联系的整体,如图 1-2 所示。自主性是探究学习的核心和本质特征,情境是探究学习的基础和条件,是自主性得以发挥的导火索。问题是探究学习的起点,围绕着探究的问题,学生开展调查研究、数据统计分析,并综合形成结论,建构知识。协作是探究学习的组织形式,建构既是自主建构,更是社会建构,当然,探究学习离不开教师的指导,这也是有学者将指导性作为探究学习特征③的原因所在,但笔者认为情境的创设和探究过程中的引导都体现着教师的指导作用,教师指导作用的体现在不同层次的探究学习活动中有所不同。第二章的探究层级连续统部分将对此加以讨论。还有学者在特征分析中提

① 刘儒德. 建构主义:知识观、学习观、教学观[J]. 人民教育,2005(17):9—11.
② 高文. 建构主义学习的特征[J]. 外国教育资料,1999(01):35—39.
③ 徐学福. 探究学习教学策略[M]. 北京:北京师范大学出版社,2010:1—2.

到证据和解释方面的特征①,笔者认为这恰恰反映了探究学习的建构性,自主的知识建构需要科学的论证和解释,学生在探究学习过程中的证据意识的形成非常关键。

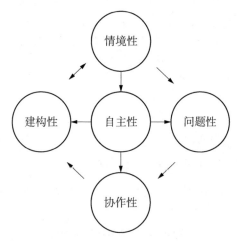

图 1 - 2　探究学习的五个特征及其关系

(四) 探究学习的要素

探究学习的要素,指的是学生开展探究学习必不可少的因素,以下将其分为基本要素和核心要素进行阐述。

1. 探究学习的基本要素

一般而言,探究学习的基本要素主要包括三个方面:探究意识、探究态度以及探究能力。其中,探究意识包括探究兴趣和探究的意志品质等;探究态度包括探究的主动性、积极性以及合作性等;探究能力包括想象和思维能力、质疑和创新能力以及观察能力、表达能力等②。这三个基本要素是相互联系、相互影响的,而不是彼此孤立存在的。探究意识的培养是进行探究学习的前提条件③。试想,如果一个人连探究的意识都没有的话,那么让他进行探究学习更是无从谈起的。探究意识一旦产生,学习者自然而然就会以积极主动的态度投身于探究学习的活动中,在探究的活动中获得发展。但是进行探究学习活动归根结底是要使学习者习得探究能力,在某种意义上来说,探

---

① 靳玉乐. 探究学习[M]. 成都:四川教育出版社,2005:12—16.
② 郭莲花. 探究学习及其基本要素的研究[J]. 学科教育,2004(1):6.
③ 曾纪荣,朱荣. 探究学习在体育理论课程教学中的运用研究[J]. 教学与管理,2006(24):135—136.

究能力的高低将影响一个人在社会上的生存能力。当然,这些基本要素在学习活动中都是以问题作为依托的,并且都是以问题来贯穿探究学习过程始终的。

2. 探究学习的核心要素——问题

(1) 问题是什么

所谓问题就是指疑点。它是一个人面对某种不认识的事物或现象,而又不能应用已有知识和技能弄清它时产生的。有关专家认为,根据问题内容可将问题分为低级型、中级型和高级型三种。低级型问题是由他人呈现的问题,解决的方法是已知的,解决这类问题,学生只需记忆。中级型问题也是由他人呈现,不过解决的方法和结果是未知的,解决这类问题,学生需运用推理。高级型问题是由学生自己发现的问题,解决这类问题,不仅靠记忆和推理,还需运用创造性思维①。显然,我们要开展的探究学习最终是要求学生达到能够解决高级型问题的水平。当然在探究学习的过程中,我们也并不排斥有关低级型问题和中级型问题的研讨。

(2) 问题来自哪里

对于这个问题,不同的学者发表了各自不同的看法。美国《国家教育科学标准》提出,探究学习的问题有四个途径来源:一是学习者自己提出一个问题;二是学习者从所提供的问题中选择,据此提出新的问题;三是学习者探究的问题来自教师、学习材料或其他途径,但问题不那么直接,需要有所改变或自己体会其含义;四是学习者探究直接来自教师、学习材料或其他途径的问题②。另外有研究者认为,探究学习的问题来自于学生的生活实际,是发生在学生身边的自然现象和社会现象中的问题,而不是脱离学生生活实际的学术问题③。因为学生只有在解决真实问题的过程中,即对真实现象或学习对象进行观察和实验等实践活动中才能养成批判和质疑等科学精神。根据维果斯基的"最近发展区"理论,引起探究的问题显然不能是一些学生只需要通过回忆去按图索骥,就能得到与标准答案一致的结论的低级问题,而应当是那些走在学生现有发展水平之前但通过与他人合作能加以解决的具有挑战性的高级问题,即我们平常

① 肖川. 论学习方式的变革[J]. 教育理论与实践, 2002, 22(3): 4.
② [美]国家研究理事会. 美国国家科学教育标准[M]. 北京: 科学技术文献出版社, 1999.
③ 熊士荣, 肖小明, 苟娇娇. 科学探究学习教学实施的研究[A]. //中国教育学会科学教育分会大学工作委员会. 第五届全国科学教育专业与学科建设研讨会会议论文集[C]. 中国教育学会科学教育分会大学工作委员会: 怀化学院, 2009: 8.

所讲的让学生"跳一跳可以够得着"的问题①。简言之,是与学生经验有关的真实问题。

有研究者认为进行探究学习的问题的来源还应根据不同地区、不同学校、不同年级以及不同学科而有所区别②。如果是生活在大都市的学生,可以和社区共同开展如环保之类的主题活动;如果是生活在偏远山村的学生,可以引导学生多了解一下外面的世界是什么样子的。如果是重点学校,可以从自编的校本课程中选取活动内容;如果是普通学校,可以定期组织开展相关主题单元的活动。如果是低年级的学生,可以选择一些能适合他们心理特点的游戏类活动;如果是高年级的学生,可以选择一些需要进行抽象思维的话题。如果是语文学科,问题要侧重于情感的体验和感悟方面;如果是数学学科,问题要侧重于逻辑推理方面;如果是外语学科,问题要侧重于语言的交际方面;如果是科学学科,问题要具有一定的科学性。所谓科学性问题是针对客观世界中的物体、生物体和事件提出的,问题要与学生必学的科学概念相联系,并且能够引发他们进行实验研究,从而开展数据收集和利用数据对科学现象作出解释的活动。

(3) 怎样提出问题

要使探究学习能够顺利而有效地开展,关键在于教师如何创设问题的情境。如果是教师提出的问题,如何进行有效的提问就非常关键。北京师范大学的裴娣娜教授认为,教师在创设问题情境时应注意四个方面:一是问题要有序,有层次性;二是问题的难度要适宜;三是问题能激发矛盾,具有启发性;四是问题要少而精,切忌泛而杂③。还有研究者认为,教师应针对学生所学知识和材料中的"疑点、惑点",多问几个"为什么",并试着让学生回答;不要过多地顾及问题的质量档次,鼓励学生随时记下自己不能回答的问题,建立问题库;教会学生由一个问题出发,多角度全方位地提出各种问题,实行纵横对比,假想出各种答案;让学生大胆地毫无拘束地互问互答,通过辩论、演讲等提升问题的档次④。

教师创设问题情境的关键在于能够抓住学生的认知冲突或者是情感上的矛盾。例如,在武汉实验区展示的一节小学三年级的科学课上,教师首先提出了本节课的主

① 徐学福. 维果茨基最近发展区及其对探究教学的启示[J]. 广西师范大学学报(哲学社会科学版),2003,39(1):102—106.
② 郭莲花. 探究学习及其基本要素的研究[J]. 教育学报,2004(01):8—12.
③ 裴娣娜. 主体参与的教学策略——主体教育·发展性教学实验室研究报告之一[J].学科教育,2000(01):8—11+49.
④ 许波红. 引领学生走进自主学习的殿堂[J]. 新课程(教研版),2012(02):110.

题——"纸锅烧水",当这一命题被呈现在幻灯片上时,同学们那一双双惊奇的目光足以证明了这一情境的创设引发了学生们的认知冲突——在学生已有经验里,纸是不能被当作锅拿来烧水的,而教师却提出了"纸锅烧水"的问题,这就和学生的先前经验产生了相冲突的地方,这无疑会激发学生探究的欲望。又如某小学四年级的一堂以"青蛙和蛇"为文本的语文课上,青蛙和蛇在自然界中本来是一对天敌,而课文中讨论的是他们两个要不要成为朋友。教师抓住了"天敌"和"朋友"这两个词语,也即"既然是天敌,无论如何也不可以成为朋友的"这一摆在学生面前的,在其现实生活中也可能会遇到的两难问题,确实引起了学生的情感共鸣。在这节课结束的时候,教师让学生分别以自己喜欢的角色(小青蛙和小蛇),通过写一封简短信件的方式告诉对方自己的决定。后来,尽管下课铃响过很久,但是全班学生都沉浸于情境之中,不愿意离开教室,甚至还有的同学因为纠结和为难而落泪。这充分说明了教师创设的问题情境真正地触动了学生的心灵世界,这不就是探究学习的真谛所在吗?

第二章　探究学习的典型模式与相关研究概述

当前,伴随着强调以"科学探究"为核心的科学教育改革,世界范围内形成并发展了一些有代表性的探究学习模式。从施瓦布正式使用"探究学习"这个概念以来,科学教育实践中的探究学习互动的基本形式是类似的,都反映了探究学习的五大特征,但由于不同的探究学习所涉及的主题和内容领域不同,其教学模式也有所不同。本章首先对近 50 年来该领域比较经典的探究学习模式逐一阐述,进而在"封闭—开放"连续统上对探究类型作出进一步分析,最后通过分析这些不同模式的操作程序,析出大多数模式所具有的一般过程,参阅国内外相关研究成果,分析我国基础教育阶段开展探究学习的实践困境,为建构技术赋能的探究学习理论奠定基础。

一、探究学习的典型模式

探究学习模式是将探究学习理论应用于科学学习实践的有效载体,是推动探究学习理论和实践发展的关键因素。有学者认为,探究学习模式的结构包含理论基础、学习目标、操作程序及实施条件四大要素①。探究学习模式建构在一定的教育学、心理学、新兴的学习科学和神经科学等理论的基础之上,其学习目标以发展学生的科学探究能力为主,注重学生科学精神与科学态度的习得和迁移。探究学习总是寓于一定的情境中,具备学生自主学习所应有的实施条件。探究学习模式具有时间性、顺序性、可操作性等特点,在教学实践中表现为一整套的操作程序。有很多典型的探究学习模式,笔者选取了如下七种经典模式进行详细阐述。

---

① 靳玉乐.探究学习[M].成都:四川教育出版社,2005:89.

（一）生物科学探究模式

20世纪50年代，随着苏联人造卫星的上天，美国社会各界一致认为教育改革迫在眉睫。在改革浪潮的带动下，施瓦布于1961年在哈佛大学的演讲中首次提出了"作为探究的科学教学"（teaching of science as enquiry），此后这种思想逐步由施瓦布所领导的生物科学课程研究会（biological sciences curriculum study，BSCS）①开发出并用于中学生物学习的课程和学习模式——生物科学探究模式。这种模式的根本性质就是让学生运用与生物学家类似的方法来获取知识，即首先提出问题，然后用特定的方法来解决问题②。生物科学探究模式可以采用多种形式，一般包括以下几个阶段。

第一阶段：确定研究对象和方法。在这一阶段，教师给学生设置一个探究情境，或限定一个探究主题和范围，告知学生在探究过程中可以运用的方法。

第二阶段：学生构建问题。在教师限定了探究主题和范围后，学生围绕这个主题进行思考，分析其中涉及的各种因素，以及各种因素的作用和相互关系，并提出探究的问题。

第三阶段：推测问题症结。提出问题后，学生需要对问题进行进一步分析和推测，给出假设，思考问题解决的可能途径。在这个环节，教师可以通过问题引导学生的探究活动，逐步逼近问题的关键所在。

第四阶段：解决问题。通过上述步骤，问题的解决途径不断清晰，学生就可以通过思考形成问题解决的方法，或者通过实验设计的方法，或者对已有数据进行重新整理、加工和处理，形成问题解决方案。

（二）学习环模式

学习环（the learning cycle）模式是基于建构主义原则的一种探究式教学模式，最早在20世纪50年代末60年代初由罗伯特·卡普拉斯（Robert Karplus）提出。学习环主要用于实现以下学习目标：第一，使学生将新的概念与先前所学的知识相联系；第二，使学生更为准确、全面地理解有关科学概念和原理；第三，鼓励学习批判性、创造性地思考；第四，帮助学生形成科学推理的技巧与方法，提高科学推理水平；第五，激发

① BSCS官方网站[DB/OL]. http://www.bscs.org/.
② 靳玉乐.探究学习[M].成都：四川教育出版社，2005：117.

学生的好奇心、求知欲,形成对科学的积极态度;第六,帮助学生培养科学精神①。在操作程序上,安东·劳森(Anton Lawson)归纳了学习环模式的三个阶段②。

第一阶段:概念探索。学生在一个环境中通过数据形成和验证假设,以解释和理解信息。

第二阶段:概念介绍。当学生通过探索建构了自己的理解时,教师适时地将新的概念介绍给学生,这不同于传统的讲授方式总是先给出概念再给予解释。

第三阶段:概念应用。将刚刚形成的概念应用到新情境中,这个阶段旨在对概念进行推广应用,训练学生的演绎推理技能。

通过这样的结构,学习环引导学生发展自己的概念,提升学习的参与感和主人翁意识,从认识论的角度洞察科学探究的本质。

(三) 5E 学习模式

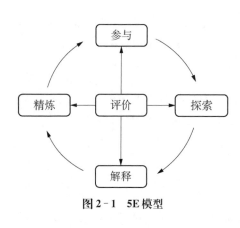

图 2-1 5E 模型

5E 学习模式是在学习环模式基础上发展起来的,其主要改进体现在它有一套更完备、更符合学生认知规律的学习程序和学习策略。5E 学习模式将探究学习过程划分为如下五个紧密相连的阶段③,如图 2-1 所示。

第一阶段:参与(engage)。在这个阶段,由教师通过演示、故事或者其他活动引起学生注意,创设情境并呈现学习任务。要使学生投入到探究学习中,需要充分考虑学生的学习经历和已有的学习经验,激发学生学习新内容的动机。

第二阶段:探索(explore)。在探索阶段,学生借助学习材料开展学习活动、分析现象、建构概念。在这个过程中,教师可以作为促进者引导学生的学习活动,与学生一起开展探索活动,引导学生克服可能遇到的挫折,帮助他们进行观念的重建。

① Lawson A E. Science Teaching and Development of Thinking [M]//Science Teaching and Development of Thinking. Wadsworth/Thomson Learning, 1995.

② 靳玉乐.探究学习[M].成都:四川教育出版社,2005:92—94.

③ Orgill M K, Thomas M. Analogies and The 5E Model[J]. Science Teacher, 2007, 74(January):40-45.

第三阶段：解释（explain）。在解释阶段，学生可以解释说明自己的观念和理解，还可以展示自己在探索过程中所使用的技巧和探索行为。教师可以通过提问或者随堂测试的方式进一步掌握学生的认知状况，并且能够针对学生的经验和解释，给出准确的概念以澄清学生的错误概念。

第四阶段：精炼（elaborate）。在精炼阶段，学生通过教师提供的扩展内容，进一步深化对概念的理解，获得更丰富的信息及恰当的技巧。通过更多的活动，学生能将知识迁移到新的情境中，从而扩展他们对概念的理解。

第五阶段：评价（evaluate）。在以上每个阶段，学生都可以反思自己的探究学习行为并进行自我评价，教师也可以对学生的探索过程、概念理解和解释情况进行评价。教师可以通过简短的问题或者随堂测试等形式对学生的学习情况进行评价，这种评价可以是正式的，也可以是非正式的，目的就是改进学生的探究学习状况，从而提高学生对于科学概念的理解。

有时为了保持模型的价值，相关研究者必须在收集了新的信息、见解和知识之后，修改当前模型。7E教学模式是美国的前教师协会会长艾森卡夫（Eisenkraft）在2003年提出的，7E模型在5E模型的基础上，将参与元素扩展为激发（elicit）和参与两个组件，将精炼和评价的两个阶段扩展为精炼、评价和拓展（extend）三个部分[1]。从而，该教学模式细分为7个教学或学习步骤，分别为激发、参与、探索、解释、精炼、评价和拓展。图2-2展示了从5E模型到7E模型的过渡。

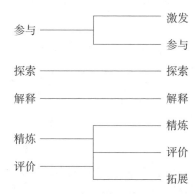

图2-2 从5E模型到7E模型的过渡

（四）过程导向的指导性探究学习模式

过程导向的指导性探究学习（process-oriented guided inquiry learning，简称POGIL）[2]模式是以学习者为中心的探究教学策略，已经在世界各地有效应用于高中

---

① Eisenkraft A. Expanding the 5E model：A Proposed 7E Model Emphasizes "Tranfer of learning" and the Importance of Eliciting Prior Understanding[J]. Journal the Science Teacher，2003，70：58-59.

② Moog R S，Spencer J N，Eds. Process Oriented Guided Inquiry Learning[M]. American Chemical Society，Washington，DC，2008.

和大学阶段的化学课堂上。在 POGIL 学习环境中,学生积极参与到学习概念和内容的掌握中,借助精心设计的有指导的探究活动在自组织的团队中发展重要的学习技能。POGIL 采用小组学习的形式,通过精心设计的学习活动开展学习。POGIL 学习模式具有三个主要的特征:一是通过自组织团队开展学习,教师是学习的促进者而不是信息的提供者;二是引导学生通过探索建构理解;三是使用学科内容促进学生重要的过程技能的发展,包括高阶思维、学习能力以及知识迁移能力。POGIL 方法的目标是:通过学生建构自我理解的方式掌握学习内容,发展和提高如信息处理、口头和书面表达、批判性思维、问题解决、元认知和评价等重要技能。POGIL 的核心要素有三个:小组学习中学生的积极参与;基于学习环模式的有指导的探究学习材料;聚焦于学生技能的发展。

慕格(Moog)和斯潘塞(Spencer)在《过程导向的指导性探究学习》(*Process-Oriented Guided Inquiry Learning*)一书中,以“原子的构成”为例来说明 POGIL 模式与传统讲授教学模式的差异所在。在传统的课堂教学中,教师会直接告诉学生:原子是由质子、中子和电子构成的;质子的数量就是“原子序数”,决定原子的种类。在 POGIL 教学活动中,处理同样教学内容的方法是完全不同的。活动首先给学生提供一系列不同元素的原子和离子的图表,并标示相应的质子、中子和电子的数量和位置。通过一系列指导性的问题,引导学习者识别具有相同质子数的原子是同一种元素。同样,学生会被问到数字 6 作为元素周期表中碳元素的标识的意义。在这个时候,“原子序数”的概念就形成了,用来描述给定元素原子的质子数。因此,通过学生探索图表所提供的信息,不断发展出质子数量决定了元素种类的概念,在学生建构理解之后再将“原子序数”的概念介绍给学生。此后学生使用元素周期表识别其他元素的质子数量就是概念应用的阶段。

POGIL 活动设计的关键环节有两个:首先,要有丰富的、适当的信息资源供学生探索,从而学生基于此可以建构目标概念;其次,必须精心设计引导性问题,以良好的结构帮助学习者形成合适的结论,同时在这个过程中,学生的学习技能得以发展,开始的问题应该能够引导学习者形成概念,后面的问题能够引导学习者在新的情境中应用概念,加深理解。在 POGIL 活动中,学生通过小组合作的方式(一般 3 到 4 人,每个人可以扮演一个角色),通过精心设计的活动在教师的指导下开展探究学习。

（五）知识整合模式

知识整合（knowledge integration，KI）模式由美国加州大学伯克利分校的马西娅·林（Marcia C. Linn）及其合作者提出，是一种引导学生走向一致性科学理解的探究学习模式①。学生在进入科学课堂之前，对于物质世界和科学现象，往往有着各自的观点和看法。这些观点来源于不同境脉下的各种经验，包括访问博物馆、个人观察、各种文化活动以及图书、报纸网络等各种媒体通道。马西娅使用"观念"一词来指学习者所持有的各种独特的观点或看法②。让·皮亚杰（Jean Piaget）很早就注意到学生对科学持有不同观念③④。当学生探索自然世界的时候他们会产生很多有关科学的想法。对于任何科学问题，学习者都具有多种观念。比如，学生也许会认为热和温度是一回事，因为生活中"今天很热"和"今天温度很高"表达了相同的意思，也有学生会认为二者不同。所有这些观念和想法，在知识整合框架理论里被称为"观念库"（a repertoire of ideas）。知识整合就是建立在这个由学习者发展出来的用于解释他们所观察到的事物的"观念库"之上的。这种取向充分利用学生们所持有的各种各样的观念，尊重学生们带到科学课堂中的已有观念。许多早期研究的证据已经表明，如果教师关注学习者带到学习任务中的已有知识和观念，将这些知识当作新教学的起点，并在教学过程中监控学生概念的转化，那么就可以促进学生学习⑤。同时，这一模式鼓励每一位学生切实地分析他们所观察到和所经历过的事物的意义。KI模式给出了能够形成一致性观念的各个过程的组合，KI模式来源于教学中的协同研究。研究表明，KI模式是一种能够促进学习者对一个科学主题建立一致性观念的有效方式。KI模式包括以下四个阶段。

第一阶段：析出观念。在这个阶段，教师应鼓励学生清楚地表达他们在多种境脉中产生的观念，来析出他们带入科学课堂的各种观念。同时，需要充分尊重学生的观

① ［美］马西娅·C·林，［以］巴特-舍瓦·艾伦. 学科学和教科学：利用技术促进知识整合［M］. 裴新宁，等译. 上海：华东师范大学出版社，2016：122—129.

② Linn M C, Eylon B S. Science Learning and Instruction: Taking Advantage of Technology to Promote Knowledge Integration［M］. 2011, Routledge, New York.

③ Inhelder B, Milgram S. The Growth of Logical Thinking from Childhood to Adolescence: An Essay on The Construction of Formal Operational Structures［J］. Growth of Logical Thinking fom Childhood to Adolescence An Essayon the Construction of Formal Operational Structures, 1958, 29(5): 412–414.

④ Piaget J. The Science of Education and the Psychology of the Child［M］. 1970, NY: Orion Press.

⑤ ［美］约翰·D·布兰斯福德等. 人是如何学习的［M］. 程可拉，等译. 上海：华东师范大学出版社，2013：11.

念,并在此基础上开展进一步的教学活动。这个过程很重要,因为当教学不能引出学生所持有的一定范围的观念时,学习者通常会摒弃学校传统的观念而保留他们在日常生活经历中获得的想法①。

第二阶段:添加新的规范观念。KI 的第二个过程是增加规范的且能够与已有观念整合的新观念。学生们更倾向于接受教学带给他们的新知识并在下次考试中运用他们,而不是探究不同观念的矛盾之处,或是判断哪些观念是相似的、哪些是不同的。如果观念一直是孤立的,那么这些观念很快就会被遗忘。设计学生能够理解和接受的观念,是这个环节中最为重要和困难的部分,对新观念进行测试和精制以利于整合是非常必要的。

第三阶段:运用科学证据分辨各种观念。KI 的第三个过程是鼓励学生分辨各种观念。为了分辨各种观念,学生需要理解科学证据。因此,帮助学生学习如何使用证据评价他们的观点是一个重要的 KI 过程。很多研究表明,成功的探究项目重视为学生提供机会,让他们检验和精制观念,发展评价新信息的标准并对其进行实践检验。

第四阶段:鼓励反思。KI 的第四个过程是鼓励反思,激发学生监控自己的学习进程并对自己的观念进行整理。设计良好的反思活动可以帮助学生发展出对科学统一且一致的理解。反思活动可以帮助学生确认他们知识中的重叠和裂痕,帮助他们找到自己所持各观念之间的联系以及解决自相矛盾的问题。通过反思,学生可以审视自己的探究学习过程并监控问题解决的全过程,从而提升知识整合式探究学习的学习效果。

(六) 基于问题的学习模式

PBL 模式即基于问题的学习(problem based learning)模式,也称为问题式学习,由医学教育家霍华德·巴罗斯(Howard Barrows)于 1969 年在加拿大麦克马斯特大学首创,是国际上较为流行的一种教学模式。该模式就是把课堂知识情境化,以情境问题为导向,引导学生去参与、去思考,培养学生的合作探究能力,充分挖掘知识本质,注重学生思维成长的教学模式。并且,该模式强调将学习者置于真实的、有意义的问题情境中,通过小组协作来解决真实性问题。PBL 教学最初应用于临床医学教学领域,因其在学生未来职业能力培养上具有突出价值,因此被广泛应用于医学、生物学、经济

---

① Linn M C, Hsi S. Computers, Teachers, Peers: Science Learning Partners. [J]. Lawrence Erlbaum Associates, 2000: 460.

学、管理学、心理学等多个专业领域的教学中。

虽然目前 PBL 教学模式存在多种变式,但总的来看,这些变式均主要包括以下三个教学环节:第一,任务设计。通过设计结构不良的、开放的且具有一定复杂性的真实性任务,为学生的小组协作学习提供恰当的问题情境。第二,小组协作学习。学生通过小组合作来分析和解决问题,并获得相应的知识能力,其中包含了自主探究、合作分享、自我反思等多种学习活动。第三,教师评价。教师基于 PBL 学习目标对学生的学习表现和学习效果进行评定。在这三个环节中,小组合作学习可以视为实施整个教学过程的中心环节。

PBL 模式的特点可以概述为 5 个"重心"①:(1)以解决问题为重心。学生依据问题来选择知识,横向整合自己所有的知识和经验,打破各学科乃至各专业间的界限,广泛灵活地寻求解决途径。(2)以学生为重心。基于案例学习和小组讨论的形式,学生自行决定学习的内容和进度,相互教育、共同进步,同时也参与教学的评估过程中。(3)以合作学习为重心。学生按照"组内合作,组间竞争,各尽其能"的指导原则努力建立起积极协调、相互帮助并具有竞争氛围的团队关系。合作学习一方面使学生从组内其他成员处获得知识,从而可以多途径地完善个人知识体系,另一方面可以帮助学生形成良好的竞合意识。(4)以教师的辅助为重心。教师的角色从主导转向辅导,教学任务转变成:为学生提供学习材料、引导和监控学习过程、评估教学效果、帮助学生反思并改进学习状况等。(5)以学习的建设性为重心。PBL 将学习目标锁定在建立完善的学习体系上,学生不仅通过各种形式不断地获取新知识、提高理论认识,而且形成提出、分析和解决实际问题的学习技能。

(七)萨其曼探究训练模式

关于怎样才能使探究教学实现实践层面的真正变革,使其真正成为改变学生学习方式、培养学生探究意识与科学精神的有效途径,美国伊利诺大学的理查德·萨其曼(Richard Suchman)教授,早在 20 世纪 60 年代已对此作出深入而独到的研究,形成了独具特色的探究教学思想。萨其曼从信息加工的角度诠释了探究的结构与功能,以饱满的热情全身心地投入到训练儿童探究技能与培养儿童探究能力的研究与实验中,形成了自己独具特色的探究训练模式。

---

① 张楠楠,朱昌蕙,王国庆.关于新型教学模式 PBL 的思考与探讨[J].现代预防医学,2008(08):1480—1481+1483.

萨其曼以科学研究人员探究过程的基本要素为依据,结合小学生心理特点和小学科学这门课程的实际,认为探究训练模式应包括以下四个基本探究阶段①。

1. 展示问题情境

萨其曼坚信人有一种天生的好奇倾向,这种倾向促使人们在面对陌生现象时尽力想找到其发生的原因。但一般说来,人们总是以一种原始的方式保存着"好奇心",未能意识到这是一种进行科学研究的可贵的动力和心理资源。这样,人们就很难对自身的思维方式加以分析和改进。因此,他认为探究训练的第一步就是激发儿童的好奇心,并积极地引导儿童进行探究的欲望。怎样才能有效地激发儿童的好奇心呢?在萨其曼看来,设置一个令人倍感困惑与诧异的问题情境是激发儿童好奇心的有效途径。因而,探究训练的起始阶段就是向儿童展示一个令其倍感惊奇的问题情境。如双金属片例子:在日常生活中,金属经过加热,并不一定会导致弯曲,但是在探究训练中,把一个带柄的双金属片置于火焰上,不久,金属片居然会变成弧形。这对于并不了解金属片的物质结构与特性的学生而言,就对他们现有的知识结构构成了挑战,产生了认知冲突。他们会好奇地想知道"为什么会这样",从而激发出他们的探究兴趣,开始探寻其发生原因的探究活动。另外,萨其曼强调问题情境最终必须是儿童经过一定的探究可以解决的,只有这样,才能让儿童体验到理智探险的愉快,提高他们探索未知世界的兴趣与勇气。

萨其曼认为展示问题情境可以采取多种方式。在探究训练中,他选择用教学影片来展示问题情境。但是,他强调展示问题情境的教学片与传统的教学片是截然不同的。传统教学片的设计旨在对某一事件作出说明与解释,为儿童直接建立概念与原理,学生可直接从影片中获得结论。在这样的教学片面前,儿童丧失了学习的自主性,完全处于被动的地位。这是因为在整个学习过程中,儿童只能机械地按照影片的播放顺序来了解事件、学习原理、获得概念。萨其曼认为教学片不能仅局限于说教,类似于教师、教科书的作用,探究训练中可充分利用教学片呈现信息的生动性与连续性,向全体儿童展示一个清晰的、令人诧异的问题情境。它的作用在于激发儿童的探究兴趣,给儿童的探究指定一个范围与方向,激励儿童自己作出解释。而且,随后的学习活动都得交给教师或是儿童自己。这样既没有教授原理或概念,也没有剥夺儿童学习的自主性,相反可确保儿童探究的自主性,以便儿童集中精力来解决问题。

---

① 马金林. 小学数学探究教学研究[D]. 南京师范大学,2011.

在展示问题情境之前,萨其曼要求教师应该根据儿童的人数进行一定的分组,以便在随后的探究中,每个儿童都能积极地参与探究训练。探究训练中,每个小组应轮流参与一个完整的探究训练活动。当一个小组在进行探究活动时,其他小组成员负责记录探究小组所采用的策略,并试图从所搜集到的数据中作出自己的解释。另外,在这一阶段里,教师还需要向儿童说明探究的程序与收集资料的方式,要提醒儿童在决定各变量间的关系或检验复杂的假设之前,注意对问题情境的特性进行分析。

2. 建立假设与搜集资料

一般而言,根据科学的探究程序,在收集资料之前应该假设一个可能的解释,以用于指导资料的收集。在萨其曼看来,这虽然符合一定的逻辑顺序,但在具体的探究训练中,也可以根据问题情境的特点与难易程度调整这一顺序,解决问题可以先从建立一个假设开始,也可以先从搜集资料开始。从搜集资料开始的探究活动,往往适用于问题对儿童太复杂而不能立即进行假设推理的情况,同样也适用于那些刚开始进行探究训练的儿童,因为他们不熟悉探究的逻辑结构,也没有较好的探究技能,要在短时间内对问题情境提出一个假设比较困难。在探究训练中,提出假设与搜集资料几乎是同时出现的,二者实际上很难分开。

萨其曼在探究训练中采用的资料搜集方式显得独具匠心。他摒弃了让儿童直接通过动手做实验来搜集资料的方式,别出心裁地设计出一种特殊的提问方式,以帮助儿童获取信息、建立假设。该方式要求儿童向教师提出只能用"是"或"否"来回答的问题,以避免学生要求教师对问题作解释,从而自己承担起解决问题的责任。比如,在双金属片的实验中,儿童不能问"热是怎样影响金属的",但可以问"是不是加热使得金属变成了液体"。因为在第一个提问中,儿童没有表明他需要什么信息,而是要求教师帮他确立热与金属之间的关系。而第二个问题则是在以假设的方式搜集信息,表明儿童自己在思考加热、金属、液体之间的关系,教师只是提供相应的数据罢了。萨其曼曾经说:"这样的问题在某种程度上几乎就是一个假设,它不仅可以避免由教师来为学生建构与发展概念,而且让学生自己承担了分析问题的责任。"[1]他认为这样的提问有许多优点:可避免学生在实验室实验中因操作复杂仪器引起的分心;使诸如一些"如果把一杯水放在太空轨道上使它失重,木塞会浮出水面吗?"或"如果把仪器放在纯真空中将会发生同样的事情吗?"等课堂上难以做到的实验成为可能,扩大数据搜集的空间;

---

① Suchman J R. The Elementary School Training Program in Scientific Inquiry[J]. Urbana, 1962: 45.

教师也可充分参与儿童的探究过程,因为儿童通过提问获取资料时,就把自己的思维更多地展现在教师的面前,他的整个探究活动在教师面前变得更为"可见",教师因此知道何时该给予儿童相应的指导,以提高儿童的探究技能。

萨其曼认为,儿童通过提问来搜集资料时,最理想的就座形式是教师与儿童在黑板前面围成一个半圆形,用来记录探究过程的录音机放在中间挨着教师。同时,他强调儿童提问的顺序不应受到限制,不能让儿童提了一个问题后,要等到其他人提问后,才有第二次提问的机会。儿童可以在获得提问的机会后,连续问多个问题,直到他自己放弃为止。因为一个问题还不足以检验一个假设。再者,儿童可避免因过分关注自己再次获得提问的机会,使自己的思绪中断。这样,儿童就可以在自己先前提问的基础上更好地组织新问题,做出合理的假设与推理;同样,这更有利于儿童提问的连贯性,也便于其更好地储存与加工源于自己或同学提问的信息。

3. 获得解释

在这一阶段中,萨其曼认为儿童须组织自己所获的资料并对问题形成解释。从理解已收集的信息到从信息中获得一个清晰的解释,其间不仅存在着其概念系统的调整,还存在着其思维的辐合。如果收集的资料能证明假设,那么这个假设就成了问题解释的一部分。如果收集的资料与假设相反,就需要重新提出假设和重新收集资料加以验证。当所有的假设都被证实而不需要作进一步修改后,综合这些假设,问题的解释就产生了。如对双金属片的弯曲可以作如下结论:看似一把小刀的金属片是由两种不同金属焊接在一起的双金属片。由于这两种金属的膨胀系数是完全不同的,当它们同时受热时,它们不同的膨胀速度构成的内部张力就使得金属片弯曲成弧形。

在探究的这一阶段,萨其曼还指出,教师可要求儿童回顾所开展的探究活动,促使儿童得出结论。当儿童回顾其探究活动时,教师要注意两种情况。第一种情况是儿童可能对一个他们认为能说明所有资料的解释感到满意,但实际上并非如此,可能有些重要因素尚未分离出来。面对这种情况,教师应设法让儿童搜集更多的资料,或进一步分析已有的资料。第二种情况是儿童可能对所作的结论感到不满意,要求教师证实他们的解释。这种情况多出现在年龄较小的儿童身上,他们很可能因为教师没有确认他们的解释而感到灰心丧气。虽然教师在探究训练中肯定儿童的解释会削弱儿童的独立探究精神,但为了避免儿童产生失落、灰心等消极情感体验,萨其曼认为,教师有时作出这种确认也是必要的。当儿童逐渐从探究过程中获得经验和信心以后,他们会更愿意接受自己的结论,进一步发展成为真正的探究者。

4. 反思探究过程

萨其曼曾说:"如果想让一个人理解与调整自己的探究过程,那么必须把他的注意力从他吸收与加工的信息中移开,并且指向吸收与加工这些程序本身。"[1]在他看来,只有这样才能真正实现让儿童熟悉探究过程的逻辑结构,并且获得探究技能的探究训练目标。为了使儿童集中注意于过程,但又不阻碍他们正在进行的探究,萨其曼采用的技巧是插入一段所谓的"评论",以反思和指导儿童的探究。儿童每个时间段的探究活动都被录制下来,教师可在儿童获得解释后或是稍后某个时间向全班同学回放。每遇到一个提问就停播,教师与儿童一起讨论这个问题的作用及其优缺点。这时,儿童不再专注于搜集数据和寻找解释,而是通过回顾来反思过去的思维活动。萨其曼认为这一过程的作用类似于足球教练向运动员播放其比赛的录像。当运动员远离赛场的兴奋时,他们能更客观、更理性地分析自己及队友的行为,也能更好地接受教练的批评与建议。如果教练设法在比赛时向运动员说教,永远也不可能达到这一效果。

此外,在这一阶段,教师还要注意引导儿童形成有关因果关系的逻辑结构和探究策略。儿童每次都根据这些策略检查自己的探究行为,通过录音即时再现每次具体经验,便可理解与归纳探究的逻辑结构,明白自己在探究中情急之下所使用的探究策略,以及运用这些策略与否的不同效果。每经过一次反思活动,儿童就能更清楚地看到,使用系统和有成效的思维带给他们的成功。

萨其曼强调探究不能程序化,因为有效的探究策略是极其丰富的。因此,儿童可自由地实验自己的问题、构想和组织探究过程。但是,总的来说,探究训练的这四个基本阶段在他的眼里是按科学探究的逻辑顺序来划分的。各阶段之间相互联系,存在着简单的逻辑顺序。在实际的训练中,忽略这一顺序将会产生错误的假设、低下的效率以及重复劳动。

二、探究层级连续统

在教学实践中,就不同的探究学习模式而言,其探究的目标和深度也并不相同。根据教师提供给学生的信息和指导的程度,不同类型的探究学习活动可以构成一个从封闭到开放的连续统,有学者将探究层级分为验证性、结构性、指导性和开放性四

---

[1] Suchman J R. The Elementary School Training Program in Scientific Inquiry[J]. Urbana, 1962: 45.

类①,如图2-3所示。

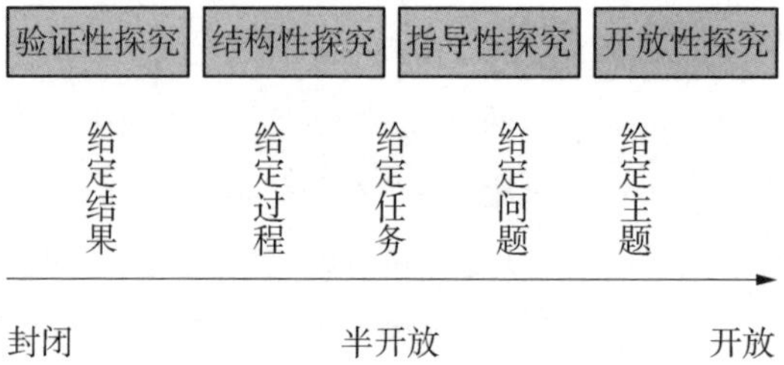

图2-3 探究层级连续统

在该探究层级连续统中,就不同层级的探究学习活动而言,其问题、程序和结果的来源也不同,如表2-1所示。

表2-1 探究层级

探究层级	描　　述	问题	程序	结果
(1) 验证性探究	学生在结果已知的情况下进行验证性探究	√	√	√
(2) 结构性探究	学生按照教师给定的问题和程序进行探究	√	√	
(3) 指导性探究	学生在教师给定问题的引导下自定程序进行探究	√		
(4) 开放性探究	学生提出问题并自定程序进行探究			

注:打勾表示教师预先给定的内容。

对于验证性探究而言,探究的问题、过程和结果都是预先给定的,学生需要做的就是通过探究活动验证教材上的知识内容,开展探究活动的目的往往是让学生养成良好的观察和记录数据的习惯,比如,学生遵循严格的实验要求,验证氯化钙和碳酸钠的反应,生成碳酸钙白色沉淀。对于结构性探究而言,探究主题、问题、任务和程序往往是教师给定的,但学生在探究的过程中,需要通过收集到的证据进行解释论证,形成探究的结论,例如在氯化钙和碳酸钠反应实验中,教师只告知学生实验的实验材料和步骤,不告知背后的实验原理,请学生通过观察生成物进行解释论证、形成结论。指导性探究只告知学生探究的主题和问题,学生自己设计实验进行探究学习,比如教师要求学生研究复分解反应,探究的问题是复分解反应发生的条件是什么。对于第四类开放性探究活动,指的是学生在给定主题下,完全开放地自己提出探究的问题和任务,拟定探

---

① Banchi H, Bell R. The Many Levels of Inquiry[J]. Science and Children, 2008, 46(2): 26.

究过程,开展调查、实验和数据收集活动,最后进行综合、分析并形成结论或撰写探究报告的探究学习活动。开放性探究学习活动对于学生的科学探究能力、问题解决能力、批判性思维能力、论证推理能力等各方面的要求较高。

三、探究学习的一般过程

我国《义务教育小学科学课程标准(2017 年版)》指出:"认识科学探究的过程和方法,培养科学探究能力。"在本标准颁布之前,国内外不少研究者便已提出自己关于科学探究过程的种种看法和理解。

成功进行探究学习需要什么样的步骤,即其构成因素是什么? 美国教育心理学家戴维·库伯(David Kolb)在其实验性学习模型[①](model of experiential learning)中指出,探究学习过程应该包括以下几个步骤:(1)围绕一个主题导入一个问题,该问题要与学生的兴趣和经验相结合,以激发其动机;(2)呈现相关事实、实验观察、原理理论、问题解决策略等,鼓励学生探索,并提供反思上述内容的机会;(3)要在方法上给予指导,同时注意引导学生采用恰当的思维方式;(4)允许并鼓励学生进一步探索,尤其是在新的学习材料上应用。

库伯只是大概论述了探究学习的四个步骤,贾斯蒂斯(Justice,2002)则提出了探究学习更详细的构成步骤,具体包括:(1)卷入一个主题或者发展基础知识;(2)提出问题;(3)明确要解决这个问题需要知道什么;(4)识别资源和收集数据;(5)评定和分析数据;(6)信息整合;(7)交流新产生的理解;(8)评估是否成功。贾斯蒂斯认为,这八个构成步骤在自我反思和自我评估的指引下不断循环反复,构成一个探究学习环,而学习者的责任心在确保这个学习环持续运行下去的过程中发挥维持探究学习的重要作用[②]。

特罗布里奇、拜比尔和鲍威尔等人(Trowbridge,Bybee 和 Powell,1996)认为,科学探究的基本程序包括形成问题、建立假设、设计研究方案、检验假设、表达或交流结

---

① Kolb D. Experiential Learning:Experience as the Source of Learning and Development[M]. 1983.

② Justice C,Warry W,Cuneo C,et al. A Grammar for Inquiry:Linking Goals and Methods in a Collaboratively Taught Social Sciences Inquiry Course[J]. The Alan Blizzard Award Paper:The Award Winning Papers,2002 (1).

果等①。《美国国家科学教育标准》提出,科学探究的过程主要包括:观察;提出问题;查阅书籍和其他信息资源来寻找已有知识;利用各种工具搜集、分析并解释数据;做出调查结果、合理解释、预测和构建模型;交流结果②。美国国家研究理事会(2000)认为,科学探究包括形成科学研究问题、收集数据、建立假设、检验假设和交流结果;《英国国家科学课程》将科学探究过程的构成成分定义为制定计划、获取并表达证据、思考证据、评价四步;另外,我国《全日制义务教育科学课程标准(实验稿)》(2001)提出,科学探究主要包括提出科学问题、进行猜想和假设、制定计划和设计实验、获得事实与证据、检验与评价、表达与交流等六个步骤③。除此之外,还有一些学者认为,科学探究包括了猜想与解释、实验与操作、明显地看到操作结果、记录获得的信息、结论与交流等④;或者认为科学探究涉及提出科学问题、进行假设或猜想、制定研究方案和收集数据、得出结论并作出解释、对研究方案进行评估、交流和推广科学探究的六个基本步骤⑤,等等。

尽管大家对于科学探究过程的认识仁者见仁、智者见智,研究者们依据不同标准对科学探究过程进行了不同的划分。但整体而言,他们对于科学探究的一些基本过程,如提出或形成问题、建立假设、制定研究方案检验假设、得出结论、评估、交流结果等的认识却较为一致。因此,根据已有研究成果,科学探究的过程概括而言主要包括以下几个步骤:观察和提出问题、形成假设、收集证据检验求证、得出和解释结论、评估、交流与讨论(如图2-4所示)。

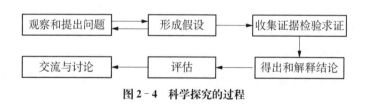

图2-4 科学探究的过程

(1)观察和提出问题:科学探究需要发现问题并能够提出问题,运用已有的知识

① Trowbridge L W, Bybee R W. Teaching Secondary School Science: Strategies for Developing Scientific Literacy[M]. Simon & Schuster Books For Young Readers,1996.
② [美]国家研究理事会.美国国家科学教育标准[M].北京:科学技术文献出版社,1999.
③ 陈琴,庞丽娟.科学探究:本质、特征与过程的思考[J].教育科学,2005(01):1—5.
④ 刘占兰.幼儿科学教育[M].北京:北京师范大学出版社,2000.
⑤ 柴西琴.对探究教学的认识与思考[J].课程·教材·教法,2001(8):4.

和能力来解决问题,探究过程中可能还会出现新的问题。恰当的问题引出能够激发人们内在的驱动力和求知欲。"问题"贯穿于科学探究的始终。

(2)形成假设:实质上就是对提出的问题进行猜想。即根据已有的事实和资料,设想出有研究价值的问题的因果或结论。假设的功能在于,它不但是一种带有方向性的有待验证的想象,而且它还影响着确定研究活动的过程组织、研究逻辑和选择研究途径。假设不是无目的的胡思乱想,而是把大脑思索的范围限制在所研究的问题上,从而使研究人员探索的目标更加有的放矢。一旦形成假设,研究人员可以根据确定的目标,在限定的范围内有计划地设计、进行一系列的研究活动。因此,假设是教育科学研究探索的必经阶段,是准确把握教育规律的正确途径和有效手段。

(3)收集证据检验求证:科学探究需要事实和证据。问题经常在现象(事实)的观察中被引出,随后则需要对问题可能的答案作出猜测和假设(如科学上的假说),而要证实自己的猜想,就需要事实和证据来证实或证伪,对科学性问题的解释进行评价也需要收集可靠的事实和证据。分析信息、处理事实证据贯穿于探究的始终。

(4)得出和解释结论:科学探究需要运用原理和方法来对自己所做的猜测、假设作出科学解释。在分析和整理了资料和事实证据后,也需要提炼出解释,评价后常常需要修改甚至需要通过反复实验、反复观测来证实现象与解释是否一致。解释要超越现有知识,提出新的见解。对于科学界,这意味着知识的增长;对于学生,这意味着对现有理解的更新。

(5)评估:科学探究需要不断的评估。评估的实质是对探究的反思过程,讨论科学探究中所存在的问题、获得的发现和改进建议等。整个探究过程当中,首先需要对问题进行评估,包括所提出的问题是否科学合理,是否是可探究的问题,是否是新的问题,是否是有价值的问题等。其次对猜想、假设(假说)进行评估,比如,支持猜想、假设(假说)的根据是否充分,证据是否确凿,方法是否规范,得出的解释是否合理。另外也要将自己对问题的解释与其他人的解释,特别是体现科学性的解释进行对比,评估自己的结果。评估有利于发展学生的批判性思维,教师要以多种形式引导学生养成对探究过程和探究结果进行评估的意识。

(6)交流与讨论:围绕得到什么结论,如何得出结论,有什么体会等问题进行讨论与交流。探究实验是在小组合作的基础上完成的,教师要注意加强培养学生的合作意识。

四、相关实证研究概述

中国古代荀子曾说:"不闻不若闻之,闻之不若见之,见之不若知之,知之不若行之",著名发明家本杰明·富兰克林也曾总结道:"告诉我,我会忘记;教给我,我会记住;让我参与,我会学会"(Tell me and I forget, show me and I remember, involve me and I understand)①。这些话反映了著名学者对通过探究进行学习的高度认可。而李(Virginia S. Lee)在其著作《探究式教与学》(*Teaching and Learning through Inquiry*)②中,对不同学科使用探究式学习的实证效果进行了总结,发现探究式学习增强了叙述批判性思维技巧,提高了其独立探究的能力,对自己的学习表现出更强的责任心以及智力增长。学生在学校中学习,其终极目标就是为了其踏入社会之后能够自我探究式地解决各种问题,因此,早日在学校中进行探究,并且学会探究,具有重要意义。

在过去的三十年里,很多国家和地区在科学教育方面投入了大量经费开展课程改革、教师专业发展等,其最主要的目标之一是鼓励教师在教学过程中采用科学探究的方法,提高学生对科学概念和科学过程的理解。其中,美国在这方面的努力最为突出,美国国家科学基金会(National Science Foundation, NSF)、美国国家研究理事会(National Research Council, NRC)和美国科学发展协会(American Association for the Advancement of Science, AAAS)三大组织投入了大量经费开展相关研究和实践活动。有实证研究表明,在科学教育中,类似 KI 模式的探究式教学方法对于学生科学概念的理解和掌握比传统的讲授教学方法效果要好。例如,在一所市郊学校里,接受探究式物理教学的 6 年级学生,比起在同一个学校体系中接受常规方法教学的 11 年级和 12 年级的学生,在回答物理的概念性问题时完成得更好③。另一项研究是以 7 至 9 年级的城市学生与 11 年级和 12 年级的市郊学生相比,研究表明接受探究式教学的低年级学生更好地掌握了基本物理原理④。但也有另外的研究显示,探究式教学的效果并不

---

① 林众,冯瑞琴,罗良.自主学习合作学习探究学习的实质及其关系[J].北京师范大学学报(社会科学版),2011(06):30—36.

② Lee V S. Teaching and Learning Through Inquiry: A Guidebook for Institutions and Instructors [M]. Stylus Pub LLC, 2004.

③ The ThinkerTools Inquiry Project: Making Scientific Inquiry Accessible to Students. Princeton, New Jersey: Center for Performance Assessment, Educational Testing Service.

④ White B Y, Frederiksen J R. Inquiry, Modeling, and Metacognition: Making Science Accessible to All Students[J]. Cognition and Instruction, 1998, 16(1): 3-118.

好,甚至是负面的。以至于美国学术界 2006 年发起了一场"建构主义教学:成功还是失败"的大辩论,围绕探究学习等建构主义教学方式与传统的讲授式为主的直接教学方式的效果进行了激烈的辩论,论辩双方各抒己见,那次辩论并没有达成明确的结论①②。

为了评估科学探究教学的效果,2002 年 NSF 资助了一项研究③,考察 1984 年到 2002 年所有关于中小学科学探究教学的实证研究成果,形成综述报告,以便为后续相关政策的制定提供参考。该项目定义了探究学习的范畴和类型,在此基础上遴选出 138 项探究教学实证研究成果。进而构建了详细的探究科学教学概念框架,对科学内容、学生参与、教学要素及学生表现等进行了详细的分类和描述。通过这个框架,对所有论文报告进行了教学类型和方式的编码,进而对研究类型和研究结果进行了编码。最后进行了统计分析,结果如下:(1)在学生内容学习和记忆保持方面,71 项研究(51%)报告了正面影响,45 项研究(33%)报告了混合影响,19 项研究(14%)报告了没有影响,有 3 项研究(2%)报告了负面影响;(2)在科学概念理解方面,探究情况与学生的科学概念理解并没有统计上的相关性,研究者对分析模型进行了修正,发现探究情况会影响学生积极思考和根据数据得出结论的表现,而学生是否积极思考和得出结论能够促成学生的科学概念理解;(3)在学生的学习态度方面,大多数研究显示,在学生的调查和探究过程中,学生能够积极思考,学习态度是积极而负责任的,有利于学生知识的建构;(4)探究层次和学习产出之间的关系尚不明确,研究者的建议是适度探究,具体如何把握探究的层次和程度,还需要更多的研究来证明。

尽管围绕科学探究教学的相关研究有很多,但能够详细呈现中小学科学日常课堂教学中探究式教学开展的具体过程和方式的研究成果较少。丹尼尔·卡普斯(Daniel K. Capps)与芭芭拉·克劳福德(Barbara A. Crawford)选取了 26 位 5 到 9 年级的科学老师,通过课堂观察、问卷、访谈等混合研究方法,试图揭示教师日常教学过程中探

① 何克抗. 对美国"建构主义教学:成功还是失败"大辩论的述评[J]. 电化教育研究,2010(10):5—24.

② Kirschner P A, Sweller J, Clark R E, et al. Why Minimal Guidance during Instruction does not Work: An Analysis of the Failure of Constructivist[J]. Based Teaching Work: An Analysis of the Failure of Constructivist, Discovery, Problem-Based, Experiential, and Inquiry-Based Teaching, (November 2014), 2010: 37 - 41.

③ Minner D D, Levy A J, Century J. Inquiry-based Science Instruction—What is it and does it Matter? Results from a Research Synthesis Years 1984 to 2002[J]. Journal of Research in Science Teaching, 2010, 47(4): 474 - 496.

究教学的实际状况①。研究发现，在这些教师的课堂教学中，涉及探究层面的部分非常少，并且往往是比较基础的探究技能，例如使用显微镜或数学运算，缺乏更高层次的探究行为活动，也没有关于探究概念和思想的讲解（显性的）或渗透（隐性的），鲜见（仅有4位提到）教师涉及科学本质相关内容的教学。该研究还发现，总体而言，教师对探究式教学的认识非常有限，在探究和科学本质的认识上，教师之间存在差异，二者之间存在相关性。具体而言，教师对探究和科学本质的认识与教师实践之间存在相关性，认识越深刻的老师越倾向于在教学中使用探究教学策略。在访谈中，研究者发现了另外一个突出的问题：很多教师认为自己的教学是探究式教学，而实际上不是。这充分说明，很多教师并不知道什么样的教学是探究式教学。

五、我国基础教育中探究学习的实践困境

2001年6月，以国务院名义颁发并由教育部转发的《基础教育课程改革纲要（试行）》，吹响了新一轮课程改革的号角，这份纲领性文件对于课程教学方式改革给出了如下指导意见：改变课程实施过于强调接受学习、死记硬背、机械训练的现状，倡导学生主动参与、乐于探究、勤于动手，培养学生收集和处理信息的能力、获取新知识的能力、分析和解决问题的能力以及交流与合作的能力。

为了让课程教学方式改革落到实处，在这次课程改革中，改革者提出了一项引人注目的政策，即提出了一门全新的"研究性学习"课程，要求学校面向所有学生，将其作为必修课程开设。在《理解困境：课程改革实施行为的新制度主义分析》一书中，柯政援引了很多课程论专家的说法："研究性学习"课程被广泛地认为集中体现了新课程的精神，是课程改革的一个亮点。② 2001年，教育部颁发了《义务教育课程设置实验方案》，3—9年级学生必须修习综合实践活动，而"研究性学习"是其主要内容。从那时起，"研究性学习"课程在全国义务教育阶段全面推行。上文已就探究学习和研究性学习的关系进行了辨析，由于我国新课改所提倡的研究性学习的主要学习方式就是探究学习，故从"研究性学习"课程的实施状况也能窥见我国探究学习开展的情况。2010年左右，柯政就"研究性学习"课程的实施情况进行了调查，调查结果显示研究性学习

---

① Capps D K, Crawford B A. Inquiry-based Instruction and Teaching About Nature of Science: Are They Happening? [J]. Journal of Science Teacher Education, 2013, 24(3): 497-526.
② 柯政. 理解困境：课程改革实施行为的新制度主义分析[M]. 北京：教育科学出版社,2011：6.

政策在实施过程中已经被消解了"①,其具体表现是:

不同学校在研究性学习课程的实施行为方面表现出较强的相似性,这些相似的实施行为构成了一套稳定的研究性学习课程政策实施行为模式,即"做材料"满足巨大的课时缺口、主要利用节假日时间来"集中地"实施研究性学习、教学过程中的形式重于实质。

除了在"研究性学习"课程中实施的探究学习,新课改以来,作为课程实施主要依据的课程标准鼓励教师在科学、语文、数学等课程中普遍开展探究式教学活动。虽然"研究性学习"课程的实施不尽如人意,那在其他课程中,探究学习的开展情况如何呢?有学者提到,在多数学校的课堂中,学科教学依然是教师的独角戏,而培养学生的科学探究能力似乎是研究性课程的专属任务。加之研究性课程缺乏系统的学科主题,指导教师中多数也没有"研究"的经验存储,课堂中的"研究"处于无序和随意状态,"研究无学科,学科不研究"的状况十分普遍,学校的研究性学习似乎已经形成了如下的开展模式:"教师出题目——学生上网——资料下载——写小论文"。在学程设计形式化的同时,内容也逐渐空洞化,学生觉得"学不到什么东西",逐渐也失去了兴趣,反倒觉得"满堂灌"至少还有东西"灌"进来②。然而,在实际科学教学中,对如何实施探究性教学也存在着许多认识上的偏差,探究性教学在由应然向实然过渡中陷入了困境。王海波老师曾撰文对实践层面中存在的探究性教学误区进行了分析,他指出近几年在教学实践中存在的误区主要有以下七种:(1)探究唯一;(2)重视学生的自主性,轻视教师的指导性;(3)重视课内探究,轻视课外探究;(4)轻视小组合作;(5)探究模式化;(6)重过程、轻结果和评价;(7)探究要求成人化等③。徐学福则在《探究学习教学策略》一书前言中认为,课堂上教师对学生的探究不加干预,任其自流,导致探究学习的泛化与低效,体现在三个方面:(1)问题泛;(2)方法泛;(3)结论泛。这种种泛化现象导致了当下的探究学习实践非常低效④。从几位学者的著作中,我们已经能够感受到我国探究学习的实践困难。近年来,笔者曾多次进入 S 市、Z 省多地中小学课堂听课,包括科学、数学、综合实践活动(研究性学习)课,其中很多课采用的正是探究式教学形式。通

---

① 柯政. 理解困境:课程改革实施行为的新制度主义分析[M]. 北京:教育科学出版社,2011:24.

② 赵健,裴新宁,郑太年,等. 适应性设计(AD):面向真实性学习的教学设计模型研究与开发[J]. 中国电化教育,2011(10):6—14.

③ 王海波. 科学课程探究教学误区浅析[J]. 当代教育科学,2005(06):42—43.

④ 徐学福. 探究学习教学策略[M]. 北京:北京师范大学出版社,2010:1—2.

过听课以及与任课教师、一线教研员讨论,作者发现,当前我国探究学习开展的问题与障碍可以归纳为以下几个方面。

(一) 探究学习形式化严重,学生探究自主性不足

笔者在大量公开课展示活动中看到了这种现象,大多数此类课堂呈现出一种"忙碌"的探究过程:提出探究问题——提出假设和猜测——数据的收集和分析(或实验)——形成结论——交流报告——评价。在整个课堂教学过程中,短短的 45 分钟被强行切分为几个阶段,分配给每个环节的时间基本上也就 5—8 分钟,教师忙于赶进度,完成这样一次完整的探究教学活动。对于大多数同学来说,他们也只是疲于应付这种赶鸭子式的探究学习方式,尽力跟上教师预先制定好的课堂节奏。这种形式化的探究学习带来的最大问题就是学生探究自主性的丧失,而学生的自主性恰恰是探究学习的本质体现。

另有学者提出,从我国目前的现实情况来看,实践中一个非常典型的探究模式,即起始阶段是开放式的,但是最终要以教师把学生直接引导到他设定的知识、观点或程序上为终结,教师总是试图用近乎微妙的方式让学生往专家的观点上套,往教师知识上靠[1]。人们总是保持传统的惯性,新的理念经常被加到原来的设计框架之中,使之更适于课堂的实践和局限。结果,本应强调学生自主建构的探究式学习,变成了完全由教师独自把持和严格控制的探究活动[2]。

再者,传统的科学教育采取的是老师讲、学生听的传授式教学,教师是教学的主体,是"主角",学生是教学的客体,是"配角"。这种教学观是传统的知识观使然,知识观决定教学观,有什么样的知识观就会有什么样的教学观。传统的知识观认为"知识是不以人的意志为转移的"、知识是"客观真理"或"客观规律"的反映。学校教育就是把这种真理忠实地灌输给学生,教学自然就是把这"不变的真理"忠实、高效而灵活地变为"现成的知识"传递给学生,那么教师的"教"本质上就是知识的传授(灌输),学生的"学"本质上就是对知识的接受(吞咽),师生间是知识的灌输与被灌输的关系,这种知识观下的教学长期束缚着教师和学生。

现在大力提倡学生通过探究进行学习,把学生从幕后推向前台,教师则退居幕后。这种突然的角色换位,让教师很难适应。以前教学中信奉的"老师讲、学生听"的金科

---

[1] 任长松.探究式学习[M].北京:教育科学出版社,2005:13.
[2] 任长松.探究式学习[M].北京:教育科学出版社,2005:14.

玉律被打破了,传授式的教学被否认,探究性的教学被强调,在这种新的教学方式面前,许多教师感到茫然、无所适从,在实际教学中出现了"重视学生的自主性,而忽视教师的指导"的误区。对先前教学观的否认也就意味着对原有知识观的否认,于是"一切知识都需要探究""探究唯一"等探究教学的误区的出现就不足为奇了。

(二)缺乏真实的探究情境,学生的问题意识缺乏

问题是探究学习的起点,但笔者发现,在探究学习实践中,学生普遍缺乏问题意识。很多时候,教师给出探究主题后,学生并不能提出有价值的研究问题。而当学生无法提出有价值的探究问题时,教师会直接为学生提供探究问题。出现这种状况的原因,一方面是学生习惯了传统的授受式教学方式,习惯了被教师"喂着吃",逐渐丧失了主动思考的习惯;另一方面是缺乏提出问题所需要的真实情境。对于第一部分的原因,要改变这种状况,需要一个长期的过程。对于探究情境的创设,教师可以通过多种途径和手段达成,创建问题提出的支架,引导学习自主发现、提出问题,迅速发展的媒体技术在这方面大有可为,后续章节会重点讨论技术给养可能带来的改变。

我国探究学习环境设计的思路一般是情境设计、问题设计、认知工具设计、资源设计、评价设计。然而在问题设计中,有的问题比较平淡,没有太大的探究性;有的问题脱离实际,没有根据学生现有知识的水平、认知结构去设计,事实上,有效的问题并不在于是否一定由学生提出,关键在于是否适合学生的发展需要[①]。例如,以设计水质监测方法为例,当教师直接告诉学生什么是 BOD 和 COD,学生则很难想象这个概念是什么。如果我们引入水中溶解氧的概念,再说明水中有机物等污染物质降解时需要氧气,就能让学生理解为什么我们用水中溶解氧含量作为水质的一项重要指标。这样同学们才能更好地理解 BOD 和 COD。另外设计时要充分考虑到学生因素。

(三)探究学习目标不清晰,难以开展有效的评价

探究学习目标可分为学科内容三维目标和探究素养目标两个部分,学科内容目标可以从知识和技能、过程和方法、情感态度和价值观三个方面入手,而探究素养目标应

---

① 秦国周,方达科.网络环境下探究学习情境设计中存在的问题及对策[J].中国教育信息化,2008(16):39—41.

当包含探究精神和探究态度、探究方法和探究能力、探究行为习惯三个层面[1][2]。在研究性学习等探究性教学实践中,探究目标不清晰的问题普遍存在。由于没有一致的目标,导致学生的兴趣点和关注点过于分散,集中的展示和分享缺乏共同理解;并且,有效的教学评价应该对教学目标保持一致,目标的不清晰就会导致评价标准的缺失,从而无法开展有效的评价。

由于探究性教学方式是从西方传入,教师对其产生的背景和本质缺乏完整的认识,只能从国内翻译的外国资料中获得零散知识:认为探究性教学就是教师让学生像科学家搞研究那样学习科学,是只重过程而不重结果的。包括杜威的"除了探究,知识没有别的意义"以及布鲁纳的"知识是过程,不是结果"等只言片语。于是,科学教师在实施探究性教学的过程中,自然就会有"重过程,轻结果"以及"探究要求成人化"等倾向。在这种观念的笼罩下,科学教学的过程就演变成了重视对科学技能的学习,轻视对科学概念和原理的理解;重视学生的动手活动,轻视学生的思维训练。

对于探究学习的评价,应该兼顾学生的探究过程表现和探究结果(探究能力、知识建构、科学态度等),覆盖探究素养目标和学科内容目标。评价主体也应当多元化,不仅仅是教师评价,还应该包括学生自评和互评,甚至应该邀请领域专家和家长等参与评价。评价的形式可以采用访谈、调查、测验、报告、档案袋等多种形式,基于数字化探究学习环境的嵌入式评价也是近年来国际上的研究热点,后面章节将围绕技术赋能的探究学习评价进行重点探讨。

(四)教师缺乏开展探究式教学的知识和经验,指导作用有限

相对于授受主义的学习方式,探究学习要求教师转变角色,由单纯的知识传授者转变为学生学习的促进者和合作者,能够创设探究情境,引导和启发学生,促进探究学习的顺利开展。与其说探究式教学活动中的教师是教师,不如说是教练。然而,就当前探究教学实践状况而言,教师与这样的角色转变差距还较大,一方面,由于受到课程考试的限制,教学中会倾向于应试的知识传授。另一方面,我们现在的大多数教师缺少通过探究进行科学学习或进行科学探究的体验,更不用说在科学教学中熟练、准确地运用探究的方式来教学的知识和技能以及对学生的探究学习进行有效的指导。南

---

[1] 刘儒德. 探究学习与课堂教学[M]. 北京:人民教育出版社,2005:199.
[2] 靳玉乐. 探究学习[M]. 成都:四川教育出版社,2005:196—199.

京大学的张红霞教授在 2003[①] 年和 2013[②] 年,分别对 21 个省市自治区的小学科学课教师进行了科学素养水平的调查,大样本的问卷调查结果显示:教师科学素养整体水平较为低下,对科学本质的认识不够清晰;两次调查的结果对比发现,教师群体在科学知识和科学方法层面都有显著进步,但其教学行为几乎无变化。科学本质观的内涵之一是科学探究[③],教师对学生科学探究不能进行有效的指导,根本上不是因为科学知识的缺乏,而是因为其自身也没有探究体验。同时,现任科学教师自身所持有的传统式的科学教育观念根深蒂固,并呈现出代际传递的趋势。另外,在学生时代没有科学探究的体验,当他们成为科学教师后,自然会模仿这种授课方式。还有一部分原因是探究学习的开放性,开放性的探究问题可能会超出教师的知识储备,导致教师产生无力感和挫败感,甚至部分教师担心学生会看不起自己,而有意回避一些问题。教师在探究式教学的认识方面,也容易存在误区,有些教师将探究学习等同于"做实验""做中学""合作学习",忽略了探究所特有的价值内涵;在实践中,教师对学生的主体性把握不当,要么把学生完全框在事前设计好的课堂活动里,留给他们的自由空间很小,要么就误将"自主"等同于"自由"甚至"自流",使得课堂变得杂乱无章[④]。基于该现实问题,围绕一些大概念和生产、生活中的热点问题建设一批成熟的探究课程(校本课程),以及相应的工具、环境和资源,对于缓解教师探究式教学开展的困难会有很大帮助。

综上所述,我国基础教育探究学习实践中存在的上述问题阻碍了课程改革的推进,亟待解决。这些问题并不仅仅存在于中国的课堂上,通过对英文文献的调研发现,在其他国家的课堂上,开展探究学习的过程中也同样存在很多类似的困难[⑤⑥]。有学者[⑦]将

① 张红霞,郁波. 小学科学教师科学素养调查研究[J]. 教育研究,2004(11):68—73.
② 张红霞,万东升,郁波. 科学教师科学素养十年变化及其与中庸思维的关系[J]. 苏州大学学报(教育科学版),2013,1(01):72—76.
③ 魏婕. 小学科学教师科学本质观现状调查研究[D]. 重庆大学,2019.
④ 肖思汉,William A. Sandoval. 如何将科学探究的主体还给学生——基于课堂互动分析的经验研究[J]. 课程·教材·教法,2014(07):48—54.
⑤ Anderson R D,Helms J V. The Ideal of Standards and The Reality of Schools:Needed Research [J]. Journal of Research in Science Teaching,2001,38(1):3-16.
⑥ Roehrig G,Luft J. Constraints Experienced by Beginning Secondary Science Teachers in Implementing Scientific Inquiry Lessons. Research Report. [J]. International Journal of Science Education,2004,26:3-24.
⑦ Kim M C,Hannafin M J,Bryan L A. Technology-enhanced Inquiry Tools in Science Education:An Emerging Pedagogical Framework for Classroom Practice [J]. Science Education,2007,91(6):1010-1030.

科学课堂中技术使用失败的原因归结为几个方面：缺乏教师的指导，学校文化和情境因素的复杂性，学校日常教学中理想和现实之间的差距，模式一般化，无法在探究课中准确地讲授科学内容，忽略了科学教学中探究的必要性，无法在基于探究的科学课上适当地指导和帮助学生，有关探究的知识不足。具体而言，教师和学生无法明确自身在探究学习中所需要充当的角色和责任[1]，教师缺乏成功开展探究学习的相应经验、内容知识和教学策略[2][3]。另外，大量研究显示[4][5][6][7][8]，对于同样的知识内容，如果采用探究学习的方式，往往会花费更多的时间，并且探究学习的目标往往与高利害考试的目标不一致，从而影响学生在这些考试中的表现。

[1] van der Valk T, de Jong O. Scaffolding Science Teachers in Open-inquiry Teaching[J]. International Journal of Science Education, 2009, 31(6): 829 - 850.

[2] Crawford B A. Learning to Teach Science as Inquiry in the Rough and Tumble of Practice[J]. Journal of Research in Science Teaching, 2007, 44(4): 613 - 642.

[3] Kim M C, Hannafin M J, Bryan L A. Technology-enhanced Inquiry Tools in Science Education: An Emerging Pedagogical Framework for Classroom Practice[J]. Science Education, 2007, 91(6): 1010 - 1030.

[4] Blanchard M R, Southerland S A, Osborne J W, et al. Is Inquiry Possible in Light of Accountability?: A Quantitativecomparison of the Relative Effectiveness of Guided Inquiry and Verification Laboratory Instruction [J]. Science Education, 2010, 94(4): 577 - 616.

[5] Lewis T. Design and inquiry: Bases for an Accommodation Between Science and Technology Education in the Curriculum? [J]. Journal of Research in Science Teaching: The Official Journal of the National Association for Research in Science Teaching, 2006, 43(3): 255 - 281.

[6] Penuel W, Fishman B J, Gallagher L P, et al. Is alignment enough? Investigating the Effects of State Policies and Professional Development on Science Curriculum Implementation [J]. Science Education, 2009, 93(4): 656 - 677.

[7] Singer J, Marx R W, Krajcik J. Curriculum Materials for Science Education Reform[J]. Educational Psychologist, 2000, 35(3): 165 - 178.

[8] Stage E K, Asturias H, Cheuk T, et al. Science education. Opportunities and Challenges in Next Generation Standards [J]. Science, 2013, 340(6130): 276 - 277.

第三章　探究学习中技术赋能的作用空间

　　科学教育从注重科学知识到注重科学探究,需要改变以教师为中心的传统讲授教学方式,而实施以科学探究为主要形式的探究学习方式。通过对我国基础教育领域探究学习现状的调查和考察发现,对于一线教师而言,探究学习的开展存在很多实际的困难和问题。信息技术可以改变学习体验,催生新的学习形态,提供新的学习方式,并将世界连接起来。信息技术的融入为科学教育实践中的这些困难和问题的破解提供了可能的解决方案。

　　本章首先探讨信息技术与教学方式的转变之间的关系,进而提出技术赋能的探究学习的定义和内涵,分析技术赋能的探究学习环境和活动设计的理论基础,构建探究学习中技术赋能的作用空间,最后讨论教学实践中可能存在的技术失能风险。

一、信息技术与教学方式的转变

　　近 20 年来,以多媒体计算机与网络通信为标志的现代信息技术在人们的工作与生活中得到了广泛而深入的应用,彻底改变了人类的生产和生活方式。随着我国"互联网＋"战略的实施,互联网的创新成果正加速与经济社会各领域深度融合,不断推动技术进步、效率提升和组织变革,提升实体经济创新力和生产力,形成更广泛的以互联网为基础设施和创新要素的经济社会发展新形态。在全球新一轮科技革命和产业变革中,互联网与各领域的融合发展具有广阔前景和无限潜力,成为不可阻挡的时代潮流,正对各国经济社会发展产生着战略性和全局性的影响。我国正在加速构建高速、移动、安全、泛在的新一代信息基础设施,推进信息技术的广泛运用,致力于形成万物

互联、人机交互、天地一体的网络空间[①]。《国家中长期教育改革和发展规划纲要
(2010—2020 年)》把加快教育信息化进程作为一项重大目标,着重指出:信息技术对
教育发展具有革命性影响,强调充分利用优质资源和先进技术,构建先进、高效、实用
的数字化教育基础设施,开发网络学习课程。建立数字图书馆和虚拟验室,鼓励学生
利用信息手段主动学习、自主学习,增强运用信息技术分析解决问题的能力。由此促
进教育内容、教学手段和方法现代化,提高教师应用信息技术水平,更新教学观念,改
进教学方法,提高教学效果。但是,尽管信息技术在很多领域取得了重大成效,但在教
育领域的应用成效却一直没有凸显出来。截至 2020 年 12 月,我国学校网络基础环境
基本实现全覆盖。教育部科学技术司的报告数据显示[②],全国中小学(含教学点)互
联网接入率已达到 99.7%,出口带宽达到 100 M 的学校比例从 12.8%(2015 年)
跃升到 98.7%。其中,52 个贫困县已实现了学校网络全覆盖,99.7%的学校实现
了百兆带宽。95.2%的中小学拥有多媒体教室,学校统一配备的教师和学生终端
数量分别为 1060 万台和 1703 万台。尽管多媒体计算机和投影仪在教室中已经基
本普及,宽带网络也已经接入教室,但以教师讲授为主、以知识传授为目的的课堂
教学方式并没有发生太大的变化。有学者认为,多年来我国基础教育教学改革取
得了不小的成绩,但是整个教学改革尚无大的突破,主要问题在于,教学改革注重
了传统意义上的内容、手段和方法的改革,而忽视了信息时代背景下的教学方式转
变[③]。因此,关注和推进基础教育改革,实现教育理论与实践的双向互动,致力于促成
中国基础教育的前沿当代发展,必须充分认识到我们已经处在一个信息通信技术迅猛
发展的时代。

(一)信息技术在教学中的作用方式

如何有效地将信息技术应用于课堂教学中,这需要考虑技术层面上的问题,但更
多地应该考虑教学法层面的问题。早在 20 世纪 90 年代初,国际上就有学者针对课堂
教学实践中计算机使用方式开展了研究,有研究通过对教师群体的大样本(n=608)调

---

① 杨银付. "互联网+教育"带来的教育变迁与政策响应[J]. 教育研究,2016(06):4—7.
② 教育部. 让亿万孩子同在蓝天下共享优质教育资源——"十三五"期间教育信息化有关情况介绍[DB/
OL]. http://www.moe.gov.cn/fbh/live/2020/52692/sfcl/202012/t20201201_502584.html.
③ 丁钢. 新技术与教学方式的转变——学校变革的核心[J]. 现代远距离教育,2013(01):3—7.

研发现,计算机并没有整合到课堂教学实践核心环节中,而仅仅是教学过程中的一种修饰和补充①,另有一项研究(n=516)显示,大多数教师将计算机用于事实性知识的强化②。苹果明日教室(Apple Classrooms of Tomorrow,ACOT)项目的研究者也发现,在教室中使用最先进的设备,最困难的部分不在技术,而是教师需要具备对于教和学的新理念③。直到今天,对于大多数课堂教学而言,这种状况并没有太多的改变,信息技术的主要使用方式就是将其作为教师讲授时的课堂演示工具,这一过程中,存在着将信息技术作为课堂教学的"点缀"、作为教学媒体或教学辅助手段、作为学生低级思维活动的工具,以及将数字化学习方式与传统学习方式完全割裂等现实问题。可以断言,仅仅在课堂中使用信息技术,本身并不会改变传统的以教师为中心的教学方式,也无法实现教学结构的变革。

在计算机辅助教学的早期研究中,倾向于把计算机作为程序教学机器或智能导师,从而替代教师的作用④⑤⑥。20世纪90年代初,相关领域的研究者提出要从新的视角来看待技术对教育教学的价值,例如,莎伦·德里(Sharon Derry)和苏珊娜·拉乔伊(Susanne P. Lajoie)提出把技术作为思维拓展工具⑦;加夫瑞尔·所罗门(Gavriel Salomon)和大卫·帕金斯(David Perkins)将其定义为"学生的认知伙伴"⑧;西蒙·霍伯(Simon Hooper)和劳埃德·里伯(Lloyd P. Rieber)建议教育者基于强大的技术设

---

① Hadleyand M, Sheingold K. Commonalities and Distinctive Patterns in Teachers' Integration of Computers [J]. American Journal of Education,1993,101(3):261-315.

② Becker H J. How Exemplary Computer-Using Teachers Differ from Other Teachers:Implications for Realizing the Potential of Computers in Schools [J]. Journal of Research on Computing in Education,1994,26(2):291-321.

③ Edwards P L. Education and Technology:Reflections on Computing in Classrooms [J]. Educational Leadership,1996,55(3):90-91.

④ 石田晴久. Computer-assisted Instruction:An Overview of Operations and Problems [J]. Ipsj Magazine,1968,10:1103-1113.

⑤ Hammond A L. Computer-assisted Instruction:Two Major Demonstrations [J]. Science,1972,176(4039):1110-2.

⑥ Anderson J R, Boyle C F, Bj. R. Intelligent Tutoring Systems [J]. Science,1985,228(4698):456-62.

⑦ Lajoie S P, Derry S J. A Middle Camp for (Un)lntelligent Instructional Computing:An Introduction [M]//Computers as Cognitive Tools. Routledge,2013:9-20.

⑧ Salomon G, Perkins D. Learning in Wonderland:What Do Computers Really Offer Education? [J]. Immunoassay Automation,1992:129-135.

计能够挖掘学习者潜力的学习环境①;查尔斯·费舍尔(Charles Fisher)等使用技术来促进课堂中的同伴交互和课堂活动②。1996年,戴维·乔纳森(David H. Jonassen)提出了最具影响力的观点,他认为学生与技术互动有三种方式:关于技术的学习(技术作为课程)、技术中介的学习(技术作为媒介工具)以及借助技术的学习(技术作为认知工具),如图3-1所示③。

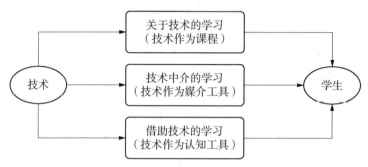

图3-1 学生与技术交互的三种方式

长久以来,学校教育中以知识传授为目的的教学方式都是去情境化的,对学生学习而言比较枯燥被动,而非生动真实。乔纳森提倡第三种方式,也就是将技术作为认知工具,认为教师不能仅仅将技术工具定位为教学辅助性工具,而应该将其作为学生的认知伙伴,让学生使用技术完成真实任务、解决真实问题,以提高其问题解决能力和批判性思维能力,实现一种脱离技术所无法实现的学习方式,有学者称其为"技术赋能的学习"④。乔纳森在早期著作中提到,电子邮件和电子公告板等网络上的同步和异步交流软件能够帮助学习者开展协作学习和非正式的推理活动。在2000年左右,以博客、Wiki为代表的Web2.0技术快速发展起来,Web2.0工具为基于网络的协作学

① Hooper S, Rieber L P. Teaching with Technology[J]. Teaching: Theory into practice, 1995, 2013: 154-170.

② Fisher C, Others A. Classroom Technology and the New Pedagogy [J]. Journal of Computing in Childhood Education, 1994, 5: 119-129.

③ Jonassen D H. Learning with Technology: Using Computers as Cognitive Tools[J]. Handbook of Research for Educational Communications and Technology, 1996.

④ Ertmer P A, Ottenbreit-Leftwich A. Removing Obstacles to the Pedagogical Changes Required by Jonassen's Vision of Authentic Technology-enabled Learning[J]. Computers & Education, 2013, 64: 175-182.

习和合作问题解决提供了无限的可能性和广阔的空间①②③。就国内外课堂教学实践而言,关于技术的学习往往体现在信息技术类课程的开设上④⑤,随着计算机终端和网络接入的普及,技术媒介的学习也逐步成为常态,如基于 MOOCs 平台的线上学习。而诸多调研报告显示⑥⑦⑧,技术作为认知工具开展真实的问题解决学习,一直都没有真正进入课堂教学实践中。各种新技术和多样化的学习智能终端为课堂的改变提供了基础条件,技术的参与为新型课堂教学方式和个性化的学习提供了可能。技术支持课堂从教师中心转向学生中心,从个体学习转向小组合作学习,从单一直接传授逐步走向引导学生自主发现。技术从单纯地提供多媒体演示逐渐成为学生自主学习、合作探究的学习工具。技术能够更好地支持有意义的发现式学习,促进学习者高层次思维发展,形成创新意识、问题求解、选择决策、批判思维、团队协作、自我管理等 21 世纪技能与核心素养;超文本学习、游戏中学习、活动化学习、问题引导的学习、项目学习等新的学习方式,将代替讲解与训练,成为课堂上主要的学习方式⑨。

(二) 借助信息技术变革传统教学方式

2001 年,马克·普伦斯基(Marc Prensky)提出了数字土著(digital natives)的概念,他认为,当今的学生成长在数字环境下,能自信而娴熟地使用技术。由于其生活环境和生活方式(数字化世界)的不同,当今学生的思维模式已经发生很大的改变,呈现

① Bull G, Thompson A, Searson M, et al. Connecting Informal and Formal Learning Experiences in the Age of Participatory Media[J]. Contemporary Issues in Technology and Teacher Education, 2008, 8(2): 100-107.

② 钟志贤, 汪维富. Web2.0 学习文化与信息素养 2.0[J]. 远程教育杂志, 2010, 28(04): 34—40.

③ Schrum L, Levin B B. Leading 21st-century Schools: Harnessing Technology for Engagement and Achievement[M]. Corwin Press, 2009.

④ 李艺, 朱彩兰, 董玉琦. 普通高中信息技术课程标准及其研制概述[J]. 中国电化教育, 2003(07): 13—17.

⑤ 任友群, 隋丰蔚, 李锋. 数字土著何以可能?——也谈计算思维进入中小学信息技术教育的必要性和可能性[J]. 中国电化教育, 2016(01): 1—8.

⑥ National Education Association. Access, Adequacy, and Equity in Education Technology: Results of a Survey of America's Teachers and Support Professionals on Technology in Public Schools and Classrooms [J]. National Education Association, 2008.

⑦ Project Tomorrow. The New 3E's of Education: Enabled Engaged Empowered. How Today's Educators are Advancing a New Vision for Teaching and Learning[J]. 2011.

⑧ 王军锋. 数字化学习调查研究[J]. 现代教育技术, 2009, 19(S1): 4.

⑨ 戴晓娥. 信息技术对课堂教学的影响[J]. 中国电化教育, 2013(02): 93—97.

出开放而多元化发展的特点,他们是"数字土著"的一代,而他们的教育者则是"数字移民"。由于思维方式的差异,原有的教育系统已经不能满足学习者的学习需求。如何使传统的以教师为中心的课堂教学结构发生根本性变革,营造信息化教学环境、实现新型教与学、变革传统教学结构将成为未来教育研究的核心①。2010 年 11 月发布的《美国国家教育技术计划》(National Educational Technology Plan 2010,NETP2010)通过回顾和总结技术对各行业的影响,认为技术进步并没有给教育带来多大影响的关键在于技术没有触及学校教学结构,所以在教育系统中未发生重大的结构性变革②。

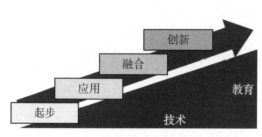

图 3-2　教育信息化发展的四个阶段

联合国教科文组织(United Nations Educational, Scientific and Cultural Organization, UNESCO)将教育信息化分为起步、应用、融合和创新四个阶段,如图 3-2 所示。回顾我国教育信息化的发展,从 20 世纪 90 年代起步发展到现在,信息技术在课堂教学中的应用已经超越了单一学科的简单应用,走向深度融合与创新,当前教育信息化发展的关键与落脚点是要变革传统课堂教学结构——将教师主宰课堂的"以教师为中心"的传统教学结构,改变为既能充分发挥教师主导作用,又能突出体现学生主体地位的"主导—主体相结合"的教学结构③。

然而,变革教学模式和转变教学方式也仍然有差别。教学模式更多的是涉及课堂内的教学,而教学方式则更为关注一切与学习行为相关的方式,二者在研究取向上是存在差异的④。目前,由于我们还没有从教学方式转变的层面展开新技术的研究,导致教育研究或者教育技术研究还处在一个相对滞后于社会生产方式、社会互动方式等方面变革研究的状况。而这样的状况显然与当前的教育实践不相符合。因此,开展这一问题的研究将有助于丰富教育研究的方法和引导教育实践发生根本性转变。教学方式是一种文化现象、文化实践,同时又受文化的影响,不同文化背景下的教学方式呈

① Prensky M. Digital Natives, Digital Immigrants Part 1[J]. On the Horizon, 2001, 9(5): 1-6.

② U. S. Department of Education, Office of Educational Technology, Transforming American Education: Learning Powered by Technology, Washington, D. C. , 2010.

③ 何克抗. 如何实现信息技术与教育的"深度融合"[J]. 课程·教材·教法,2014(02):58—62.

④ 丁钢. 新技术与教学方式的转变——学校变革的核心[J]. 现代远距离教育,2013(01):3—7.

现不同的文化特征。信息技术环境所构建的以开放、共享、交互、协作为核心的新文化，为教学方式变革注入了新能量，奠定了重新思考教学方式变革的基点。从宏观上，开放的价值文化消解了原有教育体系的传播模式。从中观上，逆序的时空重组了教学要素、重构了教育流程。从微观上，去中心化的实践方式使教学交往从单向传授转向多向互动，为协调教与学之间的平衡带来了新契机。在信息技术营造的新文化形态下，探索教学方式创生与超越的趋向，是我们自觉思考、亟须回答的问题。变革意味着有意义的转变，教学方式的变革须形成从外在形式到内在本质的超越，在促进学生全面而有个性发展的核心价值追求下，朝向先学后教、精准化、实践创新、关注协作互助的方向变革，形成新的文化实践品格，即从先教后学转向先学后教、从标准化转向精准化、从知识灌输转向实践创新、从注重个体学习转向协作互助，促进教与学的内在融合，形成新文化渗透[①]。

信息技术在改变教学结构的同时，也在改进课堂环境与功能。传统课堂环境的封闭性与功能的单一性，制约了学生学习的时间和空间，也深刻影响了师生的教学方式。信息技术的发展迅速改变着人们的生活方式与教育方式，也为课堂环境与功能的改进提供了机会与可能。因为信息技术的介入与支撑，课堂环境由封闭走向开放，课堂功能由单一走向多样[②]。学习终端使学生突破课堂局限，开放式教育平台与资源增强了课堂功能。信息技术改变着课堂的时间和空间，为学生提供在线学习，促进学生泛在学习，为教学的时间、地点和进度提供了弹性，适应了学生个性化、选择性的学习。

综上所述，传统以教师为中心、以知识传授为目的、以讲授为主的课堂教学方式已经不能满足当代学生的学习需求，借助信息技术实现以学生为中心的、面向真实的问题情境、自主合作探究的有意义学习，已经成为近年来教育信息化理论和实践研究的热点问题。

二、技术赋能的探究学习

技术在教育中的价值取向是教育技术研究需要明确的重要问题，也就是说，我们需要思考的是，应该在什么样的思想指导下进行学习技术的设计和应用才能满足学习

① 冯永华.教育信息化促进教学方式变革[J].教育研究,2017,38(03)：115—117.
② 蔡晨君,侯兰,杨咏.海淀区基础教育信息化建设学校自主发展模式四——支撑型学校信息化运作模式[J].中小学信息技术教育,2014(09)：84—86.

对技术发展的需要。它直接影响着该领域研究的目标、内容和方式,体现在教育技术实践的方方面面。本节首先对技术教育的价值作出了思考,其次提出了技术赋能的探究学习的定义和内涵。

(一) 关于"技术赋能"和"技术赋能学习"

1. "技术赋能"的定义和内涵

就最一般的意义而言,技术就是制造和使用人造物[①]。技术由来已久,从钻燧取火、打制石器开始,人类社会的发展就离不开技术的发展,甚至可以说,人类社会的发展史也就是技术的发展史。纵观整个人类社会发展史,"我们从一个机器加强天性的时代(提高行动速度、节省体力、织补衣服)发展到了一个用机器摹写天性的时代(基因工程、人工智能、医疗器械身体植入)"[②],"技术无可比拟地创造了我们的世界,它创造了我们的财富,我们的经济,还有我们的存在方式"[③]。技术对人类的生产方式和生活方式的塑造超乎想象,甚至已经超出了人类自身可控的范围。虽说从人类长远发展而言,技术的塑造作用不见得是个好事,但正是在这样的背景下,我们需要重新思考和认识技术的教育教学价值。

在文献检索和阅读过程中,笔者发现,关于技术在教育教学中的作用与价值,国内学术界往往会使用"技术支持"这个关键词,而国际上除了使用"technology supported"之外,还有一大批研究者使用"technology enhanced"(技术增进)这个词,另外"technology enabled"(技术赋能)这样的术语也经常被使用,且近几年对于"technology enabled"这个术语的使用明显增多,这在一定程度上反映了中外研究者关于技术教育价值在认识论上的差异[④]。但是,通过国家政策和文件,可以看出,国家层面关于技术

---

① Carl Mitcham. Philosophy of Technology. In Paul T. Durbin, ed. , A Guide to the Culture of Science, Technology, and Medicine[M]. The Free Press, 1980.

② [美]布莱恩·阿瑟. 技术的本质[M]. 曹东溟, 王健, 译. 杭州: 浙江人民出版社, 2014: 6.

③ [美]布莱恩·阿瑟. 技术的本质[M]. 曹东溟, 王健, 译. 杭州: 浙江人民出版社, 2014: 4.

④ 注: 对此,笔者通过 Google Scholar 和中国知网分别对英文文献和中文文献进行了检索验证[检索日期: 2016 - 05 - 05],使用"technology supported"+("education" or "learning" or "instruction")作为检索关键词精确搜索,返回约 12,100 条结果,使用"技术支持"+("教育" or "学习" or "教学")作为检索关键词精确搜索, 找到约 11,800 条结果; 使用"technology enabled"+("education" or "learning" or "instruction")作为检索关键词精确搜索,返回约 6,890 条结果,使用"技术赋能"+("教育" or "学习" or "教学")作为检索关键词精确搜索, 找到约 54 条结果; 使用"technology enhanced"+("education" or "learning" or "instruction")作为检索关键词精确搜索,返回约 27,100 条结果,使用"技术增进"+("教育" or "学习" or "教学")作为检索关键词精确搜索, 找到约 33 条结果。

对教育的价值有着很高的期待和定位,我国 2011 年发布的《国家中长期教育改革和发展规划纲要(2010—2020 年)》就明确指出:"信息技术对教育发展具有革命性影响,必须予以高度重视。"同样,在美国 2016 年国家教育技术规划文件"为未来做准备的学习:重塑技术在教育中的角色"(*Future Ready Learning:Reimagining the Role of Technology in Education*)中,重塑技术在教育中角色所用的术语就是"technology enabled"一词,全文使用这个术语多达 26 次①。其他如 OECD 的报告中这个术语也被频繁提到②③,印度、新加坡、加拿大等国家教育行政部分与机构也纷纷提出了技术赋能的学习相关行动纲要并搭建相关学习环境/平台④⑤⑥。根据笔者对技术价值的思考和实证研究中技术的作用和价值,本书使用"技术赋能"一词作为关键术语,以表达技术在课堂情境下的探究学习实践中不可替代的重要价值和作用。虽然笔者在博士论文中使用的是"技术使能"一词,但考虑到近三年很多人开始使用"技术赋能"这一词汇,国内已经有了很高的认知度,故本书采用"技术赋能"这一说法。

祝智庭教授在《创客教育:信息技术使能的创新教育实践场》一文中提出,信息技术在创新教育中起到了必不可少的作用,可以归结为"使能"(enabling)作用:使创客们由不能变为可能,由小能变为大能⑦。并将信息技术在创客教育中的使能作用总结为三个方面:(1)信息技术为创客教育提供了便捷的搭建环境;(2)信息技术为创客小组成员间的交流提供了便利条件;(3)信息技术还可以为创客教育提供社会化评估的平台。

技术赋能往往与使能技术有关,查冲平的博士论文对使能技术进行了界定,他认为使能技术即"使之能"的技术。教学或学习中,人们往往由于各种原因,无法完成自己能够完成的任务。相对应,一些学习技术系统具备众多良好的功能,同样由于各种

① U. S. Department of Education, Office of Educational Technology, Future Ready Learning:Reimagining the Role of Technology in Education, Washington, D. C. , 2016.

② The Nature of Learning:Using Research to Inspire Practice[DB/OL]. https://www.oecd.org/edu/ceri/50300814. pdf.

③ Kenn Fisher. Technology-enabled Active Learning Environments:An Appraisal[DB/OL]. http://www.oecd.org/education/innovation-education/centreforeffectivelearningenvironmentscele/45565315.pdf.

④ Department of Higher Education Ministry of Human Resource Developmnet Government of India. Technology Enabled Learning[EB/OL]. http://mhrd.gov.in/technology-enabled-learning.

⑤ Commonwealth of Learning of Canada. Technology Enabled Learning[EB/OL]. https://www.col.org/programmes/technology-enabled-learning.

⑥ Singapore Technology-enabled Learning Experience Conference [EB/OL]. http://www.singaporetele.edu.sg/.

⑦ 祝智庭,孙妍妍. 创客教育:信息技术使能的创新教育实践场[J]. 中国电化教育,2015(01):14—21.

原因,这些功能并没有被发挥出来。使能技术的目标就是找出这些原因,并提供方法、策略来消除这些原因,以推动人们去完成任务,或者促进系统去实现它本已具备的功能①。

2. 关于"技术赋能学习"的定义和内涵

"技术赋能学习"的观点源自 2010 年美国联邦教育部教育技术办公室颁布的《国家教育技术规划》(National Educational Technology Plan, NETP)②。NETP2010 的主题为"变革美国教育:以技术赋能学习"(*Transforming American Education*:*Learning Powered by Technology*),其愿景旨在强调以学习者为中心,通过技术为学习者的学习提供支持。NETP2010 首次提出了一个"技术赋能学习"模型,该模型突出了在以技术为支撑的时代,教育必须以学习者为中心,将学习者作为分析和设计整个学习生态系统的"逻辑起点",技术应成为学习生态系统的组成部分,而非作为教育应用中的孤立技能而存在,所有的教育技术都将紧紧围绕学习者的学习活动而展开。作为"技术赋能学习"观点的延伸,NETP2016[主题为"为未来做准备的学习:重塑技术在教育中的角色"(*Future Ready Learning*:*Reimagining the Role of Technology in Education*)]进一步指出,"技术是推动学习变革的强大动力,它能够帮助重建和提升师生关系,重塑学习和协作方式,能够提供适应性学习体验以满足学习者的学习需求"③。"技术赋能学习"体现了技术在教育领域应用从"技术为主"导向到"学习者学习"导向的转变,体现了人们对技术价值的理解从最初强调学习者"学会使用技术"到"应用技术学习",再到"利用技术变革学习"的转变过程。

在语义层面,"技术赋能学习"泛指技术为人类学习赋予某种能力或能量,以更好地实现个体的学习目的;特指采用合适的技术支持学习者解决学习问题的能力,其目的在于改善学习者的学习绩效(学习的效率、效果和效益)。例如,技术改变了人类学习的时空结构,使"人人能学、时时能学、处处能学"成为可能;技术丰富了信息表现/知识表征的形式,改变了学习资源的分布形态,为学习主体提供个性化的学习支持服务;技术支持师生和数据、内容、资源之间的无缝连接,有助于学习者与教师、资源、内容和学习伙伴之间进行全向互动;技术能为学习者构建逼真的体验式学习情境和智能化学

① 查冲平. 协同学习系统的协调机制研究[D]. 华东师范大学, 2012.
② 祝智庭, 贺斌. 解析美国《国家教育技术规划 2010》[J]. 中国电化教育, 2011(6):16—21.
③ 赵建华, 蒋银健, 姚鹏阁, 李百惠. 为未来做准备的学习:重塑技术在教育中的角色——美国国家教育技术规划(NETP2016)解读[J]. 现代远程教育研究, 2016(02):3—17.

习环境；技术促使人们对"有效学习"及其影响因素的理解更加透彻等。"技术赋能学习"特别聚焦于使用技术变革学习体验和支持学习者进行个性化学习，通过个性化体验帮助学习者更多地参与学习活动，让学习者更好地实现个性化学习，有效促进学习者的个性化成长。

"技术赋能学习"的理论观点是各种新兴技术的逐渐成熟以及教育领域强调以学习者为中心价值取向相结合的产物，其凸显了以学习者为中心，以新兴技术为支撑的当代教育变革取向。作为国际教育信息化发展方向的标的，美国《地平线报告（高等教育版）》最新预测显示：物联网、云计算、大数据、三维计算、人工智能5种新兴技术将对教育发展产生持久且深刻的影响，而且其将引领技术变革教育的总趋势。技术变革教育的根本核心在于"利用技术变革学习"，方兴未艾的新兴技术必然会引起学习者认知方式、学习方式和学习生态发生意义深远的改变。5种新兴技术赋能学习关系的模型如图3-3所示。

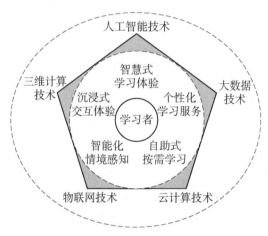

图 3 - 3　新兴技术赋能学习关系模型

新兴技术的持续发展给"技术赋能学习"增添了新的内容，不断丰富了其内涵。例如，物联网是互联网的延伸，其主要功能是实现物与物之间连接，通过嵌入式感知技术进行信息和数据的收集。基于物联网技术的感知能力主动获取学习情境信息，根据学习情景的动态变化，为学习者提供智能化的学习服务，促使其进行情境式的学习；云计算作为互联网"云脑"的中枢神经系统，通过强大的计算能力对物联网产生的海量数据进行集中存储和协同处理。云计算技术能为学习者提供按需自助的学习服务，促使其主动承担自身的学习责任,学会按照自己的意愿积极、主动、创造性地寻求知识,而非被动学习;大数据技术对存储在云平台上的数据(特别是非结构性复杂数据)进行实时分析,以挖掘数据背后隐藏的规律和价值。利用数据挖掘和学习分析技术,从学习行为轨迹、学习状态数据中寻找学习者的学习困难和瓶颈位置,为其提供有针对性的学习干预和个性化学习支持服务;人工智能(Artificial Intelligence,AI)基于海量数据的收集和挖掘进行深度学习,从而让计算机做出类似人的判断与决策。人工智能与三维计算技术的结合,让人类的大脑产生"错觉",将视觉、听觉、嗅觉等感觉器官与计算机系统发生相互作用,有效增强人机交互性能,使人们在其中获得真实感和交互体验。基于虚拟/增强现实(Virtual Reality/Augmented Reality,AR/VR)和人工智能技术构建具有体验式、交互性和智能化的学习环境,能够极大地激发学习者的学习兴趣和学习动机,给予学习者在现实世界中难以获得的学习体验,有效促进学习者高阶思维、问题解决和创造能力的提升。

从技术的价值性这一角度出发,笔者认为在中国的语境下,技术支持、技术增进与技术赋能这三个术语能够反映技术的不同价值。不妨尝试拿植树作例子进行隐喻说明,刚刚移植栽种的树往往会用三根交错的竹竿给予固定,如图3-4a所示,此处竹竿的作用可以隐喻教学过程中技术支持的价值,技术仅仅是教学开展过程中的一种辅助手段。在计算机进入教育的早期,往往称之为计算机辅助教学(computer assisted instruction),体现的就是技术支持的价值所在,这是教育信息化发展起步阶段技术在教育教学中所体现出来的价值。在树木生长的过程中,为了提高树木的生长速度,往往通过施肥的方式来达成,如图3-4b所示,这可以隐喻教学中技术的增进作用,比如借助多媒体课件,通过生动的多媒体组合教学方式能够增进传统课堂的教学效果,这就是技术对于教学的增进价值,对应教育信息化发展应用阶段技术在教育教学中所体现出来的价值。荒漠化是环境安全的巨大威胁之一,近年来,随着荒漠化治理技术的发展,在荒漠中栽种防风固沙树木的技术成为防治荒漠化的重要手段,如图3-4c所示,这可以隐喻教学中技术的赋能作用,即借助多种多样的学习环境和技术工具转变传统的教学模式,实现教学结构的重构与创新,实现个性化与适应性的学习,其对应教育信息化发展融合与创新阶段技术在教育教学中所体现出来的价值。拿植树作为隐喻可能不甚严谨,但笔者认为这个隐喻比较形象生动,能够让广大教育实践者特别是一线教师具象化地审视与思考技术的价值。

a 技术支持   b 技术增进   c 技术赋能

图 3 - 4　技术的价值

（二）技术赋能的探究学习的定义及其内涵

科学与技术无论从理论上还是实践上都是密不可分的[①]。"科学很大程度上是通过仪器和方法，即通过技术对自然进行探索的。如果没有观察和理解现象的仪器，没有显微镜、化学分析方法、光谱学、云室测量磁电现象的仪器、X 射线衍射分析方法以及大量衍生方法，现代科学根本不可能存在。"[②]科学探索的方式就是使用仪器和实验等技术来回答特定的问题，科学不仅利用技术，而且从技术当中建构自身[③]。信息技术以计算机通信为代表，在其开发应用的早期阶段，主要应用领域就是科学研究。近半个世纪以来，在科学家的日常科学研究活动中，不管是自然科学研究还是人文社会科学研究，对于计算机建模和可视化工具的使用需求都与日俱增[④][⑤][⑥][⑦]。

在科学教育中，学习者围绕一定的科学内容，开展探究学习活动，增进科学知识，提高批判性思维能力[⑧]。类似科学家的科学研究活动，学生开展探究学习活动同样也

① 刘大椿. 科学技术哲学导论[M]. 北京：中国人民大学出版社，2005：332—358.

② ［美］布莱恩·阿瑟. 技术的本质[M]. 曹东溟，王健，译. 杭州：浙江人民出版社，2014：65.

③ ［美］布莱恩·阿瑟. 技术的本质[M]. 曹东溟，王健，译. 杭州：浙江人民出版社，2014：67.

④ Michael Batty. Generative Social Science：Studies in Agent-Based Computational Modeling by Epstein，Joshua M. [J]. Journal of Ecological Anthropology，2006，11(2)：546 - 549.

⑤ Jacobson M J，Wilensky U. Complex Systems in Education：Scientific and Educational Importance and Implications for the Learning Sciences[J]. Journal of the Learning Sciences，2006，15(1)：11 - 34.

⑥ Giles，Jim. Computational social science：Making the Links[J]. Nature，2012，488(7412)：448 - 50.

⑦ Mitchell M. Complexity - A Guided Tour. [M]. 2009.

⑧ Lederman J S，Lederman N G，Bartos S A，et al. Meaningful Assessment of Learners' Understandings about Scientific Inquiry—The Views About Scientific Inquiry（VASI）Questionnaire[J]. Journal of Research in Science Teaching，2014，51(1)：65 - 83.

离不开技术的使用。技术在探究学习开展的过程中具有不可或缺的作用,如果缺少了技术这个要素,相应的探究学习活动是无法开展的,基于此,本书提出技能赋能的探究学习这一术语,以描述科学教育中依托技术得以开展的探究学习活动,定义如下:

技术赋能的探究学习(technology enabled inquiry learning,TEIL),指的是借助数字化、网络化的探究学习工具和环境,为探究学习各个环节实现全过程的支持,化解探究学习开展的困难和障碍,使课堂环境下难以实施的探究学习活动得以实施,从而增进探究学习的效果。

1. 借助强大的虚拟仿真技术,突破课堂中科学探究活动开展的时空局限

科学教育的内容涉及面非常广,在我国初中科学课程标准里,课程内容分为"科学探究""生命科学""物质科学""地球和宇宙",以及"科学、技术、社会、环境"五大模块[1]。就内容的时空跨度而言,覆盖了人类能够感知和超出感知之外的物质世界的所有时空范围:在时间上,从以亿年为单位的地球的演化和以万年为单位的人类的进化,到以小时为单位的花开花谢,以分秒计算的化学反应,甚至稍纵即逝的光的传播;在空间上,从原子、分子、细胞这样的微观世界,到肉眼可见的宏观世界,再到浩渺宇宙的宇观世界。传统课堂教学有着严格的时空限制,以探究为核心的科学教育内容涉及面如此广泛,学生更多是通过抽象的文字符号进行体验和感受,学习的有效性难以保证。而借助可视化技术和虚拟仿真技术等信息技术手段,则可以真正做到"笼天地于形内,挫万物于笔端",特别是对现实中不可观察的过程(如分子的相互作用、天体的运动)进行动态的、交互式的可视化处理,从而突破课堂中科学活动开展的时空局限性。

2. 提供丰富的认知工具,真正实现以学习者为中心的探究学习

自学校教育出现以来,学生的学习工具以纸笔为主,听讲、记忆、复述、练习和考试是学生认知活动的主要方式。如上文所述,科学家在科学研究的过程中总是借助一定的仪器和工具,近代以来,科学与技术是交织在一起互为促进、共同发展的。在以纸笔为主要学习工具的传统科学课堂上开展探究学习,其困难是不言而喻的。在技术赋能的探究学习过程中,借助强大的可视化技术和交互技术,学生可以在探究学习环境中进行探究并实时获得反馈,通过虚拟实验进行变量的操控、数据的收集并观察结果,通过传感器技术(GPS、温度传感器等)和网络通讯技术开展户外探究活动,技术成为学生探究学习不可或缺的认知工具。

---

[1] 中华人民共和国教育部. 初中科学课程标准[R]. 2012.

3. 搭建开放式学习平台,促进探究学习过程中的对话与分享

科学家的科学实践活动需要交流与合作,需要在科学共同体中进行成果的分享和研讨。同样,科学教育中,学习者也需要以科学实践共同体的形式开展探究学习,探究学习是一种社会化活动,学习者需要围绕探究主题进行互动和协商,分享探究学习的成果。"学习是合法的边缘性参与",在科学实践共同体中,学习者作为新手从观察开始,通过不断地参与探究、对话、分享互动,逐渐建构起自己对科学和科学探究的认识,从而形成良好的科学素养和探究能力。借助开放的探究学习平台,可以将不同班级、不同学校、不同地区、不同国家的学生链接起来,将中小学生与科学家链接起来,将学校和科研院所、社会链接起来,将课程学习内容与开放海量的数据资源链接起来,在多样化的链接中实现对话与分享。

4. 基于物联网技术的智能化感知,促进学生情境式学习并提供智能化服务

物联网通过各类传感设备与互联网连接,达到物与物之间的联系,实现物与物之间的信息交换和通信。物联网具有感知、传输、处理、应用、业务5个层次的网络结构。其中,感知层是物联网最主要的部分,能够洞察最细微的信息活动,是实现智能化感知的关键,自动识别技术使物联网具有超越人类常规视觉、嗅觉和触觉范围的高灵敏度感知能力,从而实现学习情境信息的全方位自动感知与主动获取。传输层对感知层收集的实时信息进行分类管理,通过有线、无线等不同方式将信息准确、可靠、有指向性地传输给信息处理设备,达到信息的完整传递,从而为学习者主动推送更符合其学习需求的个性化资源。为学习者提供情境化的学习资源,才能实现移动学习的连续性与生成性,提高学习成效。处理层对收集到的海量信息进行协同处理,实现信息的多视角分析。基于学习情境的多向信息交互,并为学习者社会性交互提供信息化平台与工具,有助于学习者之间形成强烈的对话与互动,从而提升学习者的认知准确度并加深其对知识的理解。物联网为人类提供更具灵敏、智能的服务,其最终目标是适应不同的应用需求,实现智能化服务。

5. 借助云计算技术和大数据,为学生提供个性化的按需自助和精准服务

云计算具有强大的存储能力和运算能力,主要以基础设施、软件和平台等形式对用户提供"按需即用,即需即用"的服务,从而满足了用户的个性化需求,为其提供按需自助的服务。首先,基于IaaS(Infrastructure as a Service,基础设施即服务)将运算任务和数据存储放在云端,降低了应用程序对终端设备的硬件要求,使学习者不受学习设备的限制开展移动学习;其次,移动云摆脱了时间和地点的限制,云存储带来的大量

学习资源,使学习者根据自己的时间通过教育终端自主地选择学习资源进行学习;最后,基于 SaaS(Software as a Service,软件即服务)对教育软件进行应用服务接入,有助于教育软件的功能完善与个性化设计。

大数据具有海量的数据规模(volume)、快速的数据流转(velocity)、多样的数据类型(variety)和巨大的数据价值(value)特性①。教育大数据则主要指学习者的学习行为数据,即通过对学习行为和过程进行量化处理,并对学习者产生的海量数据进行分析,从而实现对学习者进行科学地个性化指导。教育大数据的关键技术是数据挖掘(educational data mining,EDM)和学习分析(learning analysis, LA)。教育数据挖掘和学习分析技术在教育软件中的应用主要体现在分析学习行为数据,提供各种学习资源和个性化自适应学习三个方面。通过分析学习者的学习数据,及时掌握他们的学习状况,为其提供更有效的学习支持服务;通过记录、分析学习者的学习偏好、学习兴趣、学习特点和学习条件等数据,可以有效地指导开发各种适合学习者高效学习的资源;通过学习分析技术,对所收集到的学习数据进行分析,为不同学习者建立学习模型,描绘出学习者"肖像"和学习路径"轮廓",依照个性化的学习轨迹进行学习资源等内容的动态呈现,为其提供有针对性的学习指导。

6. 人工智能赋能教育创新,实现课堂环境、教学方式和学习方式的变革

人工智能赋能亦可用"人工智能＋教育"(artificial intelligence in education)指代,根据目前的信息技术创新发展水平,AI 应用并赋能教育,主要是指 AI 替代、延展和增强了学习者的感觉认知能力、分析判断和决策能力以及操作和行动能力。人工智能赋能的课堂教学,将掀起人类学校教育史上的新一次课堂革命。传统课堂向智慧课堂转变,使课堂更加智慧化,教室更加网络化、数字化和智能化。人工智能赋能转变教学方式并提升学习效率,在优化课堂资源配置、突破学习时空限制、促进课堂公平、适应学习个体差异、满足个性化学习需求、促成教学方式和学习方式转型、丰富学科课程内容等传统课堂教学长期的梦想和追求方面,具有不可替代的赋能加力功能和促进课堂变革的内生性动力。

三、技术赋能的探究学习的理论基础

针对科学教育实践中探究学习开展的实践困境,思考技术赋能的作用空间,需要

---

① 洪阳,侯雪燕.海洋大数据平台建设及应用[J].卫星应用,2016(06):26—30.

不同层面的学习理论和已有研究成果的支持和指导。本节将围绕建构主义、人本主义、情境学习等五种学习理论的主要观点以及教育神经科学的相关研究成果,分析已有的理论观点对技术赋能的探究学习的价值和指导作用,从而为本研究的理论构建和实证研究夯实基础并指明方向。

(一)建构主义学习理论

建构主义理论是 20 世纪 90 年代兴起的一种新的认识论和学习理论,在知识观、教师观、学生观、教学观和学习论等各个方面提出了一系列新的观点,强调了学习的主动建构性、社会互动性以及情境性。建构主义理论的发展和形成过程涉及 20 世纪多位教育心理学界的学者。20 世纪 60 年代前后,让·皮亚杰(Jean Piaget)和杰罗姆·布鲁纳(Jerome Seymour Bruner)的思想中就包含了建构主义的思想,他们的认知学习观主要是解释客观的知识结构如何通过交互作用内化为个人认知结构。而西蒙·佩伯特(Seymour Papert)教授通过基于 LOGO 语言的一系列研究进一步发展了建构主义学习理论,把学习视为在新旧知识之间建立联系的过程,是人与人之间的互动过程,是社会性联系的建立过程[①]。20 世纪 70 年代以后,苏联心理学家列夫·维果茨基(Lev Vygotsky)的教育思想传播到美国,对建构主义理论的进一步发展产生了很大的推动作用。维果茨基强调社会文化历史对人的心理发展的作用,特别是强调活动和社会交往在人的高级心理机能发展中的突出作用。20 世纪 90 年代以来,伴随着多媒体计算机与万维网技术的不断发展及其在教育中的广泛应用,作为一种理论视角的建构主义因其对数字化、网络化学习环境设计与应用的指导价值,获得了教育研究者和实践者更多的关注。建构主义对于技术赋能的探究学习具有以下几方面的理论启示。

1. 探究活动能够促成学习者的知识建构

在对知识的看法上,建构主义认为知识不是客观的东西,而是主体的经验、解释和假设。随着科学技术的不断发展,知识在不断更新。此外,即使被证明正确的知识,也不是放之四海而皆准的,知识有其相应的适用范围,需要具体问题具体分析。建构主义还认为,知识不能以实体的形式存在于人类个体之外。尽管人们发明了各种语言符号来描述知识,赋予了知识外在的形式,但哪怕是经典的数学定理,对每个具体的学习者而言,都可能存在完全不同于其他人的理解,因为理解是个体学习者根据自己的经

[①] [美] R. 基思·索耶. 剑桥学习科学手册[M]. 徐晓东,等译. 北京:教育科学出版社,2010:44.

验对知识的主观解读。也就是说,科学知识有其客观性,追求真理是人类一直以来的不懈追求,但科学知识并不是关于这个世界上问题的标准答案,而仅仅是一种解释。对学习者个体而言,如果没有主观上去理解和接受知识,那么这些知识对个体而言就是毫无意义的。教学无法把知识"原封不动"地教给学生,学生更没有办法"无条件接受"。学生的学习是一个知识建构的过程,是学生在已有经验和知识的基础上"同化"和"顺应"的过程。学生不是被动的接受者,学习应该是一个主动的过程,而这样的学习过程就是通过学习活动来实现的。正如第一章探究学习特征一节中所讨论的,探究活动能够促成学习者的知识建构,这个过程体现了建构主义理论的指导作用。

2. 情境创设是探究学习顺利开展的基础和条件

知识不仅是学习者建构的,而且是情境性的,知识在具体情境中总是有自己的特异性。建构主义认为,学习总是与一定的社会文化背景,即"情境"相联系。情境是建构主义理论的一个重要的核心概念,建构主义者强调情境对学习的重要性。建构主义者所说的情境,是学生意义建构的基础和平台,是学习活动开展的"支架",是"同化"与"顺应"机制发生的现实背景,是教师与学生、学生与学生对话和协作的空间。探究学习活动要创设真实的问题情境,它能够吸引学习者的注意力,并且引导学生发现问题、积极开展探究活动。

3. 探究学习要考虑学习者的经验基础

作为人类个体的学习者,在教学活动开始的时候,头脑中并不是一片空白的,在以往的学习、生活或工作中,往往已经具备了丰富的经验和大量的观念,当然,这些经验和观念可能是片面的,甚至是错误的。有些知识内容对于学习者而言可能是陌生的,但学习者往往会根据已有的类似经历和已有经验进行逻辑假设与判断,从而建构自己的认识。所以,在建构主义者看来,任何教学都不能忽视或者轻视学生的已有经验,而是应该把学生的已有经验作为新知识的生长点,通过各种活动引导学习者对原有的经验和认识进行加工和处理,更新知识结构。就探究学习而言,教师需要多方了解学习者对所探究主题的已有经验和认识,引导学习者不断探索寻求问题解决的方法,并围绕已有的经验和知识进行提问、讨论和反思,从而建构新知识。

4. 充分认识协作对于探究学习活动开展的价值

社会建构主义是认知建构主义的进一步发展,是以维果茨基的思想为基础发展起来的,它主要关注学习和知识建构的社会文化机制。社会建构主义认为,虽然知识是个体主动建构的,而且只是个人经验的合理化,但这种建构也不是随意的建构,而是需要与他人磋商并达成一致来不断地加以调整和修正，并且不可避免地要受到当时社会文化因素的影响。也就是说，学习是一个文化参与的过程，学习者只有借助一定的文化支持来参与某一学习共同体的实践活动，才能内化有关知识。所谓学习共同体，就是由学习者及其助学者(包括专家、教师、辅导者)共同构成的团体，他们彼此之间经常在学习过程中进行沟通交流，分享各种学习资源，共同完成一定的学习任务，因而在成员之间形成了相互影响、相互促进的人际关系，形成了一定的规范和文化。知识建构的过程，不仅需要个体与物理环境的相互作用，更需要通过学习共同体的合作互动来完成①。社会建构主义理论的这些观点启发我们，在探究学习开展的过程中，要充分认识协作的重要性。事实上，实践中很多探究学习活动都是以小组协作的方式开展的，这充分体现了社会建构主义的思想。

综上所述，建构主义学习理论对探究学习的组织和开展具有重要的指导意义，是技术赋能的探究学习研究的重要理论基础。有学者指出，建构主义对于教育的最大贡献在于教育思想上进一步强调了认知主体的主动性，在科学教育上指出了科学知识学习的困难性，但在我国进行科学教育理论探索和实践的过程中，在应用建构主义原理发展学生自主性的同时，应注意防止激进建构主义的负面影响②。

按照激进的建构主义认识论观点，客观世界是不能被人真实地反映的，人所认识的世界图像是按照人已有的认知图式，有目的地建构的。因此，由于不同的人有不同的认知图式，或不同的旧有经验，所以对同一种事物的认知会产生不同的建构方式与结果。从哲学上看，这种观点与主观唯心主义的不可知论相同，而与科学精神是相违背的，也是与当代科学教育的目标相悖的。

(二) 人本主义理论

作为心理学的"第三势力"，人本主义心理学产生于20世纪50年代末和60年代初，主要的代表人物有亚伯拉罕·马斯洛(Abraham H. Maslow)、卡尔·兰塞姆·罗杰斯(Carl Ransom Rogers)等。在对精神分析、行为主义等传统理论进行深刻批判的基础上，人本主义把人的本性与价值提到了心理学研究的首要位置上，阐述了人的潜能和动机在人的发展中的重大作用，提出了注入"自我实现""顶峰体验"等一系列涉及人类高级精神生活领域的范畴。下面将从两个方面重点探讨人本主义理论对技术赋

---

① 张立昌. 课程与教学论[M]. 西安：陕西师范大学出版社，2012：233.
② 张红霞. 建构主义对科学教育理论的贡献与局限[J]. 教育研究，2003(07)：79—84.

能的探究学习的理论启发。

1. 马斯洛的需要层次理论

需要层次理论是研究人的需要结构的一种理论,是马斯洛在 1943 年发表的《人类动机的理论》一书中提出的,马斯洛认为人类行为的驱动力是人的需要,需要是人类内在的、天生的存在,而且按先后顺序发展。他将这些需要分成了由下而上的五个层次:(1)生理需要;(2)安全需要;(3)爱与归属的需要;(4)尊重需要;(5)自我实现的需要。马斯洛认为人类共有真、善、美、正义、快乐等内在本性,具有共同的价值观和道德标准,达到人的自我实现的关键在于改善人的自我意识,使人认识到自我的内在潜能和价值。人本主义心理学的目的就是促进人的自我实现。[①]

马斯洛提出的需要层次理论对于技术赋能的探究学习的开展具有重要的启发意义。首先,探究学习提倡学生探究的主动性和积极性,马斯洛认为,要调动主动性和积极性,其动力在于学习者的需要,要让学习者明确探究学习的目标,并将学习目标和学生的发展需要联系起来,从而引发注意,调动学生的参与积极性。其次,在探究学习的过程中,特别是校外情境下开放式的探究学习活动中,要注意首先满足学生基本的生理需要和安全需要,设计一种能够让学生可以无忧无虑地进行自由探索和表达的空间和氛围,进而组织开展调查研究活动。对于存在危险的探究情境,可以借助数字化的模拟仿真实验环境进行科学探究,消除安全隐患,实现教学目标。给予学生足够的权利,构建形成探究学习小组,尊重学生的意见和发现,让学生体验探究的乐趣和意义,通过形成报告、发表调研成果等活动满足学生自我实现的需要。

2. 罗杰斯的自我理论

罗杰斯的自我理论与马斯洛的自我实现论在基本观点上是一致的,都认为人有追求自我价值实现的共同趋向。但他更强调人的自我指导能力。相信经过引导,人能认识自我实现的正确方向。关于自我的形成,罗杰斯认为,刚出生的婴儿没有自我概念,自我概念是在个体与环境相互作用的过程中形成的。一般来说,在自我概念的形成过程中,儿童都怀有一种得到他人积极关注的心理倾向[②]。

罗杰斯所强调的人的自我指导能力的论断对开展探究学习的价值和意义提供了强有力的理论支持。在探究学习的过程,学习者的自我概念是在个体与环境相互作用的过程中形成的,要重视学习者学习环境的体验性和参与性,探究的目的就是让学生

---

① 库少雄. 人类行为与社会环境[M]. 武汉:华中科技大学出版社,2014:57.
② 库少雄. 人类行为与社会环境[M]. 武汉:华中科技大学出版社,2014:58.

通过与环境的互动体验科学探究的过程,建构科学知识。

(三) 情境学习理论

20 世纪 80 年代末,学习理论从获得隐喻转向参与隐喻,参与隐喻的学习观认为,知识不能通过传递与接收的方式获得,知识从根本上是处于实践之中的[①]。关注知识的情境性是对于知识本质认识的一个重大突破,情境学习研究者将学习与学习发生的社会情境之间的关系作为研究的重点。跨学科研究者围绕知识、学习、认知的情境性开展了多视角的研究,其中包括以约翰·斯里·布朗(John Seely Brown)、艾伦·柯林斯(Allan Collins)和保罗·杜吉德(Paul Duguid)为代表的心理学视角,以让·莱夫(Jean Lave)和爱丁纳·温格(Etienne Wenger)为代表的人类学视角,以及以詹姆斯·格里诺(James G. Greeno)等为代表的知识情境观。尽管研究者们的研究视角有所不同,表现在研究侧重点上、使用的语言上以及所提出的解决问题的方案上存在差异,但研究的出发点都是对学校教育实践中普遍存在的去情境教学方式的反思和批判,并且将研究视野拓展至对各行各业从业者的学习的研究[②]。

当代学校教育往往并不提供学生参与相关领域文化实践的机会,学校所提供的课程以及作为学校文化特殊组成部分的考试并不能帮助学生有效地进入知识的真实应用领域。不同学派从不同的侧面给出了情境学习理论的主要观点:(1)心理学取向的情境理论十分关注改革学校情境下的学习,因此特别注意达到特定的学习目标和学会特定的内容,其研究重点是真实的学习活动中的情境化内容,中心问题就是创建实习场,在这个实习场中,学生遇到的问题和进行的实践与今后校外遇到的是一致的。布朗等学者认为,情境学习指的是发生在一定情境中的学习,情境学习理论强调知识与情境之间动态相互作用的过程,学习者在情境中通过活动获得了知识,学习与认知在本质上是情境性的[③]。(2)人类学视角的情境学习理论与认知理论不同,它不是把知识作为心理内部的表征,强调情境学习的社会性交互作用,莱夫和温格将情境学习定义为"合法的边缘性参与",将知识视为个人和社会、物理情境之间联系的属性以及互动的产物,将研究学习的焦点移至实践共同体中学习者社会参与的特征,从而将"实践

① 李翠白. 西方情境学习理论的发展与应用反思[J]. 电化教育研究,2006(09):20—24.
② [美]J·莱夫,E·温格. 情境学习:合法的边缘性参与[M]. 王文静,译. 上海:华东师范大学出版社,2004:总序 13.
③ Brown J S, Collins A, Duguid P. Situated Cognition and the Culture of Learning[J]. Educational Researcher,1989,18(1):32 - 42.

共同体"的建构视作教学的新隐喻①。(3)萨沙·巴拉布(Sasha A. Barab)和托马斯·达菲(Thomas M. Duffy)提出,人们在某种现实情境中通过实践活动不仅获得了知识与技能,同时还形成了某一共同体成员的身份,即发展认知和身份建构两者不可分离②。本质上,"合法的边缘性参与"这一术语描述了一个新手成长为某一实践共同体成熟成员的历程,强调学习是学习者文化适应与获得特定的实践共同体成员身份的过程。

情境学习与情境认知的研究者都十分强调按照真实的社会情境、生活情境、科学研究活动改造学校教育,使学生有可能在真实的、逼真的活动中,通过观察、概念工具的应用以及问题的解决,形成科学家、数学家或历史学家等看待世界的方式和解决问题的能力,从而使学习真正有利于学生对某一特定共同体文化的适应。情境学习与情境认知的研究正是试图通过设置基于工作的、模仿从业者真实活动的学习环境,或借助信息技术设计的逼真、仿真环境和虚拟实境来提高学习的有效性,并保证知识向真实情境的迁移③。

开展技术赋能的探究学习的基础是探究学习环境的设计与开发,情境学习理论对于探究学习环境的开发具有如下指导性原则:提供真实的学习场景;能够开展真实的学习活动;提供接近专家及其工作过程的机会;提供多元化的角色和视角;通过协作构筑知识;借助反思形成抽象思维;借助表达令知识清晰化;教师在关键时刻提供指导与支架;在任务中整合对学习的真实性评估④。基于设计良好的探究学习环境,探究学习活动的设计要着眼于以下几个方面⑤:第一,需要给学习者提供复杂的、真实的情境。对于默会知识而言,明确的教学是难以进行的,此时,多样化情境对学习者获取通用的、抽象的知识以及思维能力的养成则具有不可替代的作用,能够帮助学习者生成问题、提出各种假设,并在解决结构不良的、真实的问题的过程中获取知识并提高探究能力。多样化情境通过丰富的例证或类似问题,有助于学习者进行知识迁移。第二,

① [美]J·莱夫,E·温格. 情境学习:合法的边缘性参与[M]. 王文静,译. 上海:华东师范大学出版社,2004:总序 13

② Barab S A, Duffy T M. From Practice Fields to Communities of Practice[C]// Theoretical Foundations of Learning Environments. 2000:25 - 55.

③ 高文. 情境学习与情境认知[J]. 教育发展研究,2001,21(8):30—35.

④ 李翠白. 西方情境学习理论的发展与应用反思[J]. 电化教育研究,2006(09):20—24.

⑤ Young M F. Instructional Design for Situated Learning[J]. Educational Technology Research & Development,1993,41(1):43 - 58.

给学生提供适当的学习支架。支架是指学习者处于维果茨基所说的"最近发展区"的最佳挑战水平上时,给予适当的支持,同时,随着学习者在实践共同体内从新手向熟手的转变,这种支撑要逐渐减少。支撑的方法包括内隐思维过程的外化,给予暗示性的间接指导等。此外,在专家身边工作以及与同伴合作也能提供有效的支持。第三,教师能够基于特定的情境组织并监控学习过程、与学生进行互动,其角色发生了改变,由知识的传授者转变为学生学习的指导者和帮助者。作为新手,学习者在探究学习中往往面临各种问题,这就要求教师对学习情境能够充分认识,并且能够作为教练引导学习者在情境中开展探究学习活动。第四,设计者必须确定如何对探究学习进行适当的评价。传统测验主要测量回忆陈述性知识与程序性知识,而不能适当地评价高级思维技能与发现问题以及解决问题的能力。目前学习的评价出现以下若干种趋势:自我参照评定;测量灵活、可迁移的知识与技能;考虑以学习者为中心的测量尺度的多样性与灵活性;要求生成与建构;实施持续的、进行中的过程评价和伴随式评价。总之,评价要与学习自然地整合在一起。具体的方法包括记录从新手成长为专家的成长档案袋;强调知识应用而不是知识记忆的表现性评价;以及反映知识理解程度的概念图等。

(四) 关联主义学习理论

1. 关联主义学习理论的基本原理

加拿大学者乔治·西门斯(George Siemens)于 2005 年提出一种有别于传统学习理论的数字化时代的学习观,即关联主义(connectivism)的学习观。其基本原理包括:学习与知识建立于各种观点之上;学习是一种将不同专业节点或信息源连接起来的过程;学习可能存在于非人的工具设施中;具备学习的能力比掌握当前的知识更重要;为促进持续学习,需要培养与保持各种连接;发现不同领域、理念与概念之间联系的能力至关重要;知识的流通是所有关联主义学习活动的目的。该学习观认为,数字化时代的学习建立在与信息节点保持高度连通的基础上,知道"从哪里寻找答案"比知道"答案是什么"更加重要。根据关联主义的观点,在学习环境的构建与应用中,应当更加注重个体知识的有效管理,支持快速获取信息、加工信息。例如,在相关的研究中所提出的关注信息节点的聚合、打造嵌入型的学习场域、注重个人知识管理以及延展社会网络,等等。关联主义学习理论被誉为"里程碑式"的数字时代学习理论。网络技术与连结的建立作为学习活动开始将学习理论引入数字时代,学习能力来源于各种节点和连接的重构与建立,通过建立各信息源之间的连接,并经过自我组织之后,有用的信息模式也被创造出来,即"学习是一个网络节点连接的过程",其不再被视为内化的个人活动,而被解释为"网络联结和网络创造物"。

2. 关联主义学习理论对探究学习的指导意义

关联主义学习理论是建构主义学习理论在网络环境下的扩展,将理论核心从知识的内在建构延伸到网络节点和连接,将人们对事物的认识由原本过分关注事物本身(管道中的内容物)引导到关注事物之间的关系(管道)上来,关注学习资源的链接,认为"学习和知识蕴含在不同的观点中"。基于关联主义的探究式学习包括以下几个方面:(1)强调非正式学习环境构建,侧重建立数字资源连接关系和获取环境;(2)强调资源节点和连接的建立,网络环境下学习就是连接的形式,各个节点和连接代表着各个知识/资源,建立节点和连接表示对各个知识/资源创建了学习管道;(3)强调学习决策,注重资源来源,将资源的准确识别、传递、迁移过程交由数字化学习共享空间完成;(4)强调知识观点的展现,探究学习环境仅提供各个知识/资源的节点和连接,而不给出确定性的答案,即各方观点的呈现。

(五) 活动理论

1. 活动理论基本原理

活动理论是一个社会心理学框架,起源于康德与黑格尔的古典哲学和马克思的辩证唯物主义,最早由前苏联学者维果斯基提出,后经列昂捷夫、鲁利亚不断丰富和完善,是社会文化活动与社会历史研究的成果[1]。活动理论认为,人在一生中要涉猎多种活动类型,其中游戏、学习和工作分别是学前期、学龄期和成人期占主导地位的三种活动形式,这三种活动中都蕴涵着丰富的学习因素[2]。

活动理论以活动为基本分析单位,以维果斯基为代表的第一代活动理论提出了活动的中介思想,认为在人类行为的刺激和反应之间有一个中介,即二次刺激。"中介"(mediation),即工具调节了我们的经验和对现象的理解,这一观点是维果茨基对理解人类思维和认知的主要贡献(如图 3 - 5 所示)[3]。

后来的活动理论均以此为基础,但是第一代活动理论的分析单元依然仅仅关注个

---

① 徐恩芹,胥旭. 活动理论指导下的网络自主学习研究——大学生网络自主学习行为现状的个案调查[J]. 远程教育杂志,2012,30(04):87—92.

② 吕巾娇,刘美凤. 活动理论的发展脉络与应用探析[J]. 现代教育技术,2007(01):8—14.

③ 吴刚. 活动理论视野下的学习反思与重构[J]. 武汉理工大学学报(社会科学版),2013,26(05):830—835.

体,还没有关注到群体。第二代活动理论的代表人物是列昂捷夫,他扩展了活动理论的框架,使分析单元由个体扩展到群体,并提出了活动的层次结构,认为活动有三个等级,即:活动(activity)、行为(action)和操作(operation)。其中活动是最高等级,活动的目标是固定的,驱动活动的动力是主体的动机。行为是活动的基本组成部分,行为往往是目标导向的。操作是指一定条件下的操作,行为是靠一系列的操作完成的,这些操作是无意识的、自动化的,而且所有的操作最初需要有意识的努力,随着实践和内化的进行,越来越自动化。后来,芬兰学者恩格斯托姆认为列昂捷夫的活动理论虽然关注了群体,但是却没有考虑到社会大背景的影响,于是在此基础上发展出了第三代活动理论,即把活动置于社会大背景下,将活动与活动相互联系,形成更大的活动系统,并进一步丰富了列昂捷夫的活动层次理论,形成了活动的四层次结构模型,即活动系统、活动、行为和操作[1]。如图 3 - 6 所示,与之前的活动理论相比:(1)从共同体层面研究活动有利于分析人类各种形式的活动。(2)丰富了活动系统的要素,突出了主体与共同体成员之间的互动。(3)在模型中通过对活动目的、客体、工具、共同体、主体与共同体成员之间遵守的规制和劳动分工等要素的界定,完整地描述了活动发生的情境[2]。

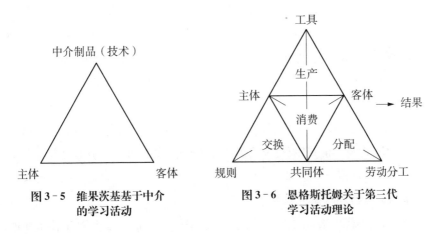

图 3 - 5 维果茨基基于中介
的学习活动

图 3 - 6 恩格斯托姆关于第三代
学习活动理论

2. 活动理论对探究学习的启示

根据温内和拜瑞(Winne 和 Perry)的观点,自主学习既可以是一种事件(event)或活动(activity),又可以是一种能力(ability),作为事件或活动的自主学习是作为能力的自主学习的一种缩影或外在表现形式,作为能力的自主学习是作为事件或活动的自主

① 庞维国.自主学习——学与教的原理与策略[M].上海:华东师范大学出版社,2004:4—10,271—276.
② 项国雄,赖晓云.活动理论及其对学习环境设计的影响[J].电化教育研究,2005(06):9—14.

学习的概括特征。据此推论,自主探究学习既可以表现为学习者的学习能力,也可以表现为具体的学习活动。作为一种能力,自主探究学习的概括性和指导性较强;作为一种活动,则具有较强的外显性和可观察性。也就是说,学习者外显的自主探究学习活动可以反映出他们的自主探究学习能力。

活动理论不仅可以用于指导设计整个探究活动,也可以作为一种任务分析的方法,设计指向真实情境的问题。应用活动理论可以从几方面来设计问题及整个活动:明确活动系统的意图,分析活动系统的成分,分析活动子系统,分析系统内的活动结构,分析活动系统中的矛盾,分析情境脉络。无论是对简单活动成分的分析,还是对复杂的活动子系统内部要素之间的互动与矛盾的剖析,都在于要理清活动的内在机制,从而在新的意义层面上模仿或重塑活动系统。

活动理论不仅能作为理解学习活动的有用框架,也可以作为对在学习技术环境下探究学习活动设计的行动框架。而学习活动的设计是教学设计的核心环节,内容比较广泛,但至少包括以下四个部分,即活动任务或主题的设计、活动基本流程和步骤的设计、活动监管规则的设计、活动评价规则的设计。活动任务或主题的设计中,活动任务或主题不是活动的目标,而是为实现既定的学习目标需要完成的训练内容;活动基本流程和步骤的设计则包括确定活动所包含的子活动或操作及其顺序、每个子活动或操作中师生间的任务分工、协作小组的任务分工及进度安排、各子活动或操作的成果形式;活动监管规则的设计包括规定各阶段的活动成果形式、规定教师向学生提供的学习支架的内容和类型、规定干预和反馈的时机、规定时间进度的安排、规定调整活动目标和任务的时机、规定应奖励和惩罚的行为;活动评价规则的设计包括规定评价主体、规定评价对象、规定评价参照、规定明确的评价标准、规定评价计分方法等。

(六)认知神经科学研究成果

20世纪80年代以来,认知神经科学发展迅速,很多研究发现对于技术赋能的探究学习的开展具有很强理论指导意义。认知科学研究者和脑科学研究者近50年来一直在研究分析人类如何创造和使用知识,研究发现,学生要有效地学习,就必须通过自身积极的活动来塑造他们的脑[①]。就此而言,探究学习相对于传统的授受式学习能更大程度上刺激并塑造学习者的脑,从而产生更好的学习效果。科学教育的目的是培养

---

① [美]戴维·苏泽. 心智、脑与教育:教育神经科学对课堂教学的启示[M]. 周加仙,等译. 上海:华东师范大学出版社,2013:6.

知情的决策者,使学生具有进行正确决策的知识基础和能力。科学教育要培养学生在学习期间,以及在毕业以后继续前行的人生中,成为对自己的生活方式、生涯选择、事业发展,以及事关环境、能源、科学技术应用、科学伦理等涉及社会经济发展的关键问题,能够作出知情的、明智的抉择。基于这样的学习目的,基础教育阶段科学教育学习的内容不仅要学得少一点、深一点,而且应该把学习组织成为趋向于大概念的、连续的、有联系的学习进程。这些观点得到了来自认知神经科学的支持。① 科学教育中探究学习的主题选择应该围绕学科大概念,不应停留在形式化的探究学习表面,而应该围绕相关的科学内容,采用探究的方式开展深度学习。

四、探究学习中技术赋能的作用空间模型

尽管一直以来对于科学课堂中如何有效使用探究教学法存在很多的争论,但研究者们有一个共识:促进探究活动的开展是最重要的任务②③④。近年来,信息技术的发展为探究学习活动的有效开展创造了条件。使用计算机模拟技术对科学现象和过程进行建模,学生在虚拟实验的过程中设计实验方案,通过改变实验变量和参数,观察相应的实验结果,从而理解并建构科学知识。例如在电路试验中可以改变电阻,观察电流的变化,建构形成对欧姆定律的认识。借助信息技术工具开展探究学习的关键是使用何种技术,何时使用技术,以及如何使用所选择的技术工具。在教学实践中,学生在探究学习的过程中往往出现大量问题,比如,学生不知道如何选择正确的变量,难以对可验证的假设进行正确的表述,受到牢固的先前观念的影响,学习者有时无法将实验数据和假设联系起来,无法通过实验得出正确的结论。近年来,探究学习的研究焦点就是寻找合适的支架和认知工具,以创设有效且高效的情境,化解探究学习实践中出现的这些问题⑤。基于计算机的学习环境能够借助虚拟仿真技术整合多种认知工具,

① 韦钰. 以大概念的理念进行科学教育[J]. 人民教育,2016(1):41—45.

② Barab S A, Luehmann A L. Building Sustainable Science Curriculum: Acknowledging and Accommodating Local Adaptation [J]. Science Education, 2003, 87(4): 454 - 467.

③ Crawford B A. Embracing the Essence of Inquiry: New Roles for Science Teachers [J]. Journal of Research in Science Teaching, 2000, 37(9): 916 - 937.

④ Volkmann M J, Abell S K, Zgagacz M. The Challenges of Teaching Physics to Preservice Elementary Teachers: Orientations of the Professor, Teaching Assistant, and Students [J]. Science Education, 2005, 89(5): 847 - 869.

⑤ Jong T D. Technological Advances in Inquiry Learning[J]. Science, 2006, 312(5773): 532 - 533.

成为促进探究学习开展的可行路径。学生需要认知性和程序性的支持,从而能够在具有交互性、动态性计算机模型的学习环境中开展科学探究[1][2]。

早在 1991 年,菲利斯·布鲁门费德(Phyllis C. Blumenfeld)等学者对基于项目的科学学习中技术对学习过程的支持作用归结为六点[3]:提高兴趣和动机;提供信息获取的渠道;实现生动的、可操纵的描述;对学习过程结构提供策略性的支持;诊断和改正错误;复杂性管理和帮助产出。其后,伴随着网络技术的发展,信息技术工具的功能得到极大的拓展和强化,对学习过程的支持作用也愈加强化,其功能主要体现在创设情境、提供数据获取和处理工具、提供内容资源和元认知学习工具等方面。针对本书第二章最后一节中阐述的科学课堂中探究学习开展的实践问题,基于建构主义、人本主义等学习理论,考察当前信息技术所处发展阶段的已有技术方案,对探究学习具有赋能作用的技术特性可以概括为仿真性、情境性、可视化、沉浸性、趣味性、交互性、联通性、协作性和诊断性这九大特性。

综合已有文献[4][5][6],探究学习是以学习者为中心的学习方式,技术的赋能作用往往是通过探究学习环境的功能特性得以体现。从技术赋能的作用空间来思考探究学习环境的设计,技术赋能的作用空间可以贯穿于探究学习的全过程,如图 3-7 所示。从情境的创设开始,技术的有效使用能够引发学生的探究兴趣,激发学生的学习动机;多样的探究工具能够帮助学生进行探索发现;通过图文声像并茂的多媒体手段可以进行生动形象的科学演示;通过数字化的测量工具可以进行测量检验;借助同步或异步交流技术可以随时随地开展协商交流活动;可以使用多媒体集成工具创作科学探究报告,进行分享展示;嵌入式评价技术能够真实记录学生的探究学习活动过程,并及时给

---

① Linn M C, Lee H S, Tinker R, et al. Inquiry Learning. Teaching and Assessing Knowledge Integration in Science [J]. Science, 2006, 313(5790): 1049-50.

② Quintana C, Zhang M, Krajcik J. A Framework for Supporting Metacognitive Aspects of Online Inquiry through Software-based Scaffolding[M]//Educational Psychologist. Routledge, 2018: 235-244.

③ Blumenfeld P C, Soloway E, Marx R W, et al. Motivating Project-Based Learning: Sustaining the Doing, Supporting the Learning: Educational Psychologist: Vol 26, No 3-4 [J]. Educational Psychologist, 1991.

④ Edelson D C, Pea R D. Addressing the Challenges of Inquiry-Based Learning through Technology and Curriculum Design[J]. Journal of the Learning Sciences, 1999, 8(3-4): 391-450.

⑤ 陈琦,张建伟. 信息时代的整合性学习模型——信息技术整合于教学的生态观诠释[J]. 北京大学教育评论, 2003, 1(03): 90—96.

⑥ Novak A M, Krajcik J S. Using Technology To Support Inquiry In Middle School Science[J]. Science & Technology Education Library, 2006, 25: 75-101.

学生反馈以引导探究学习活动的顺利开展。由此可见,技术为探究学习活动的开展搭建了一个可实施的空间,从而实现了学习方式的变革。

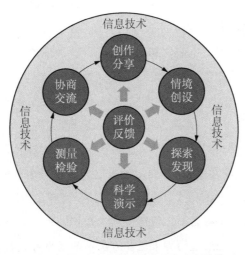

图 3-7　探究学习中技术赋能的作用空间模型

(一) 情境创设,引发学习兴趣与学习动机

探究学习的情境创设,应能够体现科学知识发现的过程、应用的条件以及科学知识在生活中的意义与价值。呈现有吸引力的问题情境,即通过视频、动画、游戏或模拟等呈现近似真实的情境性问题和任务。只有这样的情境才能有效地阐明科学知识在实际生活中的价值,帮助学生准确理解科学知识的内涵,引发学习者的探究兴趣和学习动机。在科学教育中,任何有效的教学都始于对学生已有经验的充分挖掘和利用。其实质是要解决生活世界与科学世界的关系,新课程呼唤科学世界向生活世界的回归[①]。但由于科学课程标准中涉及的内容很多,并且超出了学生的生活经验范围,一直以来,课堂教学存在很多困难。技术的发展,特别是 3D 建模、动画、虚拟现实、游戏等数字化技术让仿真情境的创设成为现实,并成为引发学习者学习兴趣与学习动机的重要条件。具体而言,借助技术创设情境的作用主要体现在以下四个方面。

第一,情境的创设有利于激发学生的探究兴趣和学习动机。学生普遍反映的学业之苦往往是由学习兴趣的缺乏所造成的,缺乏真实情境的学习是生硬而枯燥乏味的。

---

① 余文森(摘). 关于教学情境[J]. 职业教育研究,2007(9):63.

学生不知道为什么要学习这些知识,不知道科学知识从哪里来,也不知道能用到哪里,学生的学习是被动而机械的。在缺乏真实情境的课堂上,学生不会主动提出问题,他们的学习更多地表现为纯粹的记忆、回忆等智力活动,或者按照预定的路径进行的逻辑推理过程。没有问题的教学难以引发学习者强烈的探索和求知欲望,反而会逐渐消减他们的学习热情,对学习产生应付和逆反心理。这种现象在我国尤其突出,自古以来就有"头悬梁、锥刺股"的苦读精神流行于读书人之中,教学实践中经验丰富的老师们也不断摸索出各种外在于学习者的激励措施,但效果往往不甚理想。可以说,借助技术创设生动有趣的学习情境是激发探究兴趣、提升学生内在学习动机的有效途径。

第二,借助技术创设真实的问题情境能够帮助学习者按照知识产生的脉络开展认知活动。在传统的课堂教学中,学生面对的是以文字符号表征的现成的去情境化知识,一般以定义、定理、结论、推论、习题等形式直接呈现在学生面前。由于缺少对问题情境的深入理解和把握,学习者不知道这些科学知识的来龙去脉,除了套用定理和原理解题,不知道科学知识是通过何种渠道和方法不断发现和建构起来的,也不知道书本上的科学知识可以用来解决什么实际问题,这就给学生进行深度学习带来了障碍,不利于学生科学精神和批判性思维的养成和发展。科学思维的养成有赖于问题解决过程而不是定义原理的识记和强化练习。教学情境的创设有利于学生在探究学习时主动提出问题,借助信息技术的强大功能创设情境能够对知识产生的过程进行模拟和回溯,从而帮助学生深刻理解科学课程中的知识和内容,发展学生的科学思维能力。

第三,情境的创设有利于帮助学生在科学实践中实现知识的顺利迁移和灵活应用。科学知识对情境条件是很敏感的,通过参与具体情境中的学习,学生对于书本上科学知识的产生、发展和适用条件能够有更加直观和深刻的认识,从而对何种知识能够解决何种类型的问题有更加清晰的认知,从整体上把握问题解决方案所赖以存在的情境要素。在科学实践中,通过对情境的感知,基于实验设计、探索、观察、测量等探究活动,学生就能够不断思考和修正知识应用的条件,灵活地迁移和应用学到的知识,从而牢固地掌握科学知识的应用条件和限制因素。

第四,情境还能够引发学生在学习中产生比较强烈的情感共鸣,增强学生的情感体验。纵观整个科学史,科学发展的过程并不是一帆风顺的,每一次科学发展都有背后的故事,科学知识都是有温度的,背后有无数科学家的辛苦付出和不懈追求。学习情境能够把抽象的科学知识转变成有血有肉的场景和事件,能够再现或还原科学知识发现的脉络,在这些自然界和人类社会生活事件中均包含或强烈或含蓄的情感因素,能够打动并激励学生,引发学生的情感共鸣。因此,借助技术创设并呈现学习情境,有利于克服单纯认知活动所具有的缺陷,使学习成为一种包括情感体验在内的综合性活动,从而增强学生科学学习过程中的情感体验,这对于学习效果的提高具有重要的积极意义。

(二) 探索发现,将学习的主动权还给学生

学生的自主性是探究学习的核心和关键,而科学的发展历程一直都是通过一代代科学家不断探索发现未知世界、更新科学知识的过程,探索世界是科学活动的本质。一直以来,学校课堂上的科学教育难以让学生真正地进行探索发现,即使是实验课,也多为验证性科学实验,规范的实验仪器、实验材料、实验步骤,相差不多的实验现象和实验结果,在实验过程中一旦发生意外,往往会产生实验仪器损坏甚至其他安全事故。如何在学校科学教育中,给予学生探究发现的空间,是传统课堂教学中的难题。

自然科学探索的对象是自然界,是物质世界。数字化探究学习环境能够借助多媒体手段再造物质世界,从而给学生们创设可以在课堂上进行探究发现的空间。学生可以在万维网上借助网络公共数据库、教学资源库、多媒体百科全书、数字图书馆、数字博物馆、虚拟参观等获得丰富的探究学习资源;借助数字化实验平台、模拟仿真和建模软件等探究学习环境,通过操纵调整参数获得数据、发现规律、建构知识。在虚拟世界中,学生可以四处活动,探索未知世界,这种未知世界既可以是浩渺的太空,也可以是南极大陆,甚至细胞等微观世界。不仅如此,在知识整合模式的教学实践中,通过WISE这样的探究学习环境,学生也可以按照自己的步调进行科学知识的探究学习,WISE基于学生的先前知识,通过不断的探究让学生自主建构知识。

让学生在探究学习环境中进行探索发现,其最重要的价值在于将学习的主动权还给了学生。在技术环境的支持下,学生可以按照自己的先前理解,基于自己的知识水平,凭借自己的兴趣,依据自己的步调进行个性化的学习。在教学实践中,学生从被动接受突然转变到自主探究的过程中,可能会有无所适从的感觉,不知道该先做什么,再做什么。在这种情况下,就需要给学生适时地提供支架支持,可以是内置于探究学习环境中的任务指导、学习手册,也可以通过动画演示,或者教师讲解。在支架提供和撤除的时机上,过程性评价非常重要,笔者提倡在技术赋能的探究学习过程中开展伴随式评价,这一点将在下文评价部分详细阐述。

（三）科学演示，培养学生对现象的科学观察能力

学生通过探究学习环境开展学习的过程中，如果只是盲目地探索，那么学生对科学方法和科学规律很难有深入的认识。在科学教科书中，很多科学现象和科学原理往往以比较枯燥的公式和定理的方式呈现，学生很难提起兴趣来。而科学恰恰来源于对自然现象的好奇和探究精神，牛顿正是从对苹果落地这种想象的追问和思考中提出了万有引力定律。借助信息技术手段，人们能够变枯燥抽象的符号为生动有趣的动画和视频，能够再现科学知识发现时的场景，将宏观世界和微观世界的物质以可视化的方式呈现出来。

借助信息技术手段进行科学演示，能够培养学生对具体现象的科学观察能力。在我国神州系列飞船发射升空的过程中，有些大众媒体通过电脑动画模拟呈现了整个发射升空、运转回收的全过程。如果学生正在学习相关科学内容，通过观看动画，不仅能够提高其科学观察能力，而且对于学生认识太空探索实践、了解航空航天科技可以起到良好的作用。

如何保证科学演示的科学性，是教学实践中需要注意的问题。由于技术的限制，很多时候对自然科学现象的模拟与真实的科学现象之间是不能对等的，特别是在视角、观感上差异较大。而对于学生来讲，由于没有身临其境的经验，有时就会存在一定的误读，从而导致迷思概念甚至错误概念的形成。如何避免出现这样的问题呢，首先在科学演示动画设计制作的过程中，需要科学家、科学教师和软件技术人员通力合作，通过充分沟通最大限度地保证演示动画的科学性；然后在学生使用科学演示动画进行学习的过程中，要收集学生的知识理解情况，发现错误认识时能够给予及时的矫正。

（四）测量检验，让科学仪器与工具触手可及

科学家在科学研究的过程中，都是通过科学仪器来进行数据的收集，进而通过数据分析来获得研究结果。科学测量方法是科学研究中最重要的手段和技术，教会学生科学地使用测量工具是培养学生形成良好的科学态度的基本要求。科学教育中，一直以来都是通过实验课的开设来培养学生科学仪器的使用技能和实验方法的掌握。在很多学生的头脑中，科学仪器就是刻度尺、天平、酒精灯、试管等实验仪器，其实在科学研究实践中，科学仪器类别和数量很大，测量检验的方法也有很多。受限于学校教育的环境和条件，或者出于安全因素的考虑，很多科学仪器不能让学生动手去操作，能够进行操作的实验大多是验证性实验，无法进行实验探究。借助数字化技术，可以突破

这样的限制,那些科学家们当前正在使用的科学仪器与工具,学生也能"触手可及"。

最典型的应用就是传感器技术在科学教育中的应用。在当前的科学研究中,科学家使用大量传感器来获取大气、土壤、海洋中的各种数据。随着技术的发展和成本的降低,传感器技术进入学校,成为数字化实验室中最重要的实验仪器。例如,通过温度传感器实时获取并传输温度数据,学生可以在电脑屏幕上观察热交换的整个过程。不仅如此,通过 GPS 技术、二维码标签、水质监测仪,学生可以在户外进行科学探究。另外,通过虚拟现实、虚拟世界类探究学习环境,学生可以使用内置于环境中的各种探究工具进行测量和检验;通过虚拟实验室软件平台,不仅可以操作各种仪器,甚至还可以改变各种参数,进行低成本的反复实验,甚至可以开展类似于模拟炼油厂这样的大型实验。

学生能够借助各种技术工具,像科学家一样处理分析资料和数据。可以将信息技术用作解决问题的工具,利用数据库、电子表格和统计软件等对通过调查、实验收集到的数据进行分析处理;通过文字处理软件对收集到的文献资料进行整合加工,等等。

使用数字化工具开展科学测量和检验活动的一个问题,是如何对待误差。在真实的科学实践中进行测量,是存在误差的,并且误差只能减小,无法消除。误差就是科学研究的一部分,有很多科学研究成果是由于误差的存在而发现的。设计开发数字化测量工具,需要考虑误差这个因素,仿真一个随机的误差是可行的处理办法。

(五)协商交流,拓展对话的广度和深度

科学知识是通过社会性建构而形成的,学生需要参与社会交往活动来建立和完善他们对科学现象的理解[1]。借助信息技术工具,与异地的同伴进行分享、交流和协作,发表探究学习的心得、体会,能够增强探究学习的效果[2][3]。

协作性是探究学习的一大特征,基于网络通讯技术的协商交流活动,能够拓展探究学习过程中对话的广度和深度,从而培养学生的合作精神,有助于科学知识的社会建构。在传统课堂中,课堂互动的人数和频次受到很大的限制,很多学生在课堂上很难有发言的机会,有好的想法也无法表达出来,另外对话方式大多表现为师生之间的

① Komis V, Ergazaki M, Zogza V. Comparing Computer-supported Dynamic Modeling and 'Paper & Pencil' Concept Mapping Technique in Student' Collaborative Activity[J]. Computers & Education, 2007, 49(4): 991 - 1017.

② Simpson G, Hoyles C, Noss R. Exploring the Mathematics of Motion Through Construction and Collaboration[J]. Journal of Computer Assisted Learning, 2006, 22(2): 114 - 136.

③ 徐晓东. 校际协作学习相互启发的原理及其教育价值[J]. 教育研究, 2011(08): 103—107.

课堂提问。在基于网络的探究学习环境中,通过各种实时或非实时的通讯工具,有助于克服传统课堂中交流互动的限制,实现更大范围上的沟通与对话,甚至能够将科学家、家长、社区人员等课堂之外的人纳入到探究学习协商交流活动中。

协商交流还体现在探究数据、材料、资源、思想的共享上,借助网络存储空间与网络工具可以实现探究学习过程数据文件的快速分发与共享。技术工具的使用,能够提高探究学习过程中协商交流的效率,从而改善协作探究学习的效果。

在学习科学领域,计算机技术支持的协作学习(computer supported collaborative learning,简称 CSCL)发展日趋成熟。支持协作学习的设计包括聊天工具、邮箱、共享工作平台(shared workspace)以及分组管理等。小组合作作为科学探究的主要活动方式之一,在探究式学习环境的设计中得到了相应的体现,如在 nQuirc 平台小组探究数据及其资源的共享,Co-Lab 系统中聊天工具以及合作建模工作区等的设计。类似这样的设计在其他学习环境中也得到了重视,如 ModellingSpace、Cacoo 等。这些学习环境中关于聊天对话框以及共享工作区的设计,倡导了学生合作建模以及共享建模成果的观点,为学生协作建构高质量的专家型科学模型,培养其系统化思维提供了支持。尤其是共享工作平台的设计,还为远程教学提供了便利。小组学生可以在不同地点,同时进行一项学习活动,借助聊天工具进行交流和讨论。将这种合作方式融入到科学学习当中,可以为学生户外的科学探究提供更为有力的支持。因此,协作探究的形式不应拘泥于课堂,而是应该考虑户外科学探究的诸多可能。所以,在探究式学习环境的设计中,为学生的讨论和交流、互评以及共享等设计相应的功能,不但可以促进学生科学探究的有效性,还可以拓宽基于信息技术的探究式学习的途径,为教师科学探究教学打开更为宽阔的思路。

(六) 创作分享,使用证据以多种形式呈现探究成果

探究学习需要有明确的学习目标,要求学生使用证据来解释并回答要探究的问题并形成研究报告,往往是探究学习中的常见目标。探究学习过程中学生能否理解科学的涵义并对科学价值形成自己的认识,在科学探究报告中往往可以体现出来。在我国前些年研究性学习开展的过程中,研究性学习课程的考核往往以纸质的形式提交。在科学研究共同体中,研究报告往往也是以学术论文的形式进行公开发表。但在一些在线出版项目中,已经开始使用彩色照片,甚至视频的方式来呈现研究结果。另外在学术会议中,研究者往往是以 Powerpoint(简称 PPT)幻灯片的形式来展示自己的研究,

并且会在 PPT 中嵌入图片、视频、动画、声音等各种媒体文件辅助讲解。

笔者认为,技术赋能的探究学习应当鼓励学生使用多种形式来呈现探究学习的成果,比如 WORD、PPT、网页、思维导图等。可以让学生用文字处理软件来撰写报告;用演示文稿软件制作发言提纲;而且可以成为设计者,用多媒体和网页著作工具来制作和发布电子作品,表达自己对知识的理解。这是让学生体验成功的重要阶段。学生把自己的学习成果——探究学习活动计划、收集的有关资料、学习过程记录、学习成果总结等,以及完整的档案袋以汇报会的形式展示出来,教师根据学生的展示进行评价。汇报会可以采取以学生为主导,教师、家长共同参与的形式进行。在科学论证方面,图片、视频的说服力要比语言文字更强,提倡多样化的数据格式,有利于培养学生使用证据进行科学论证的能力,也能够提升学生进行多媒体表达的技能。

(七) 评价反馈,伴随学生探究学习的全过程

探究学习的学习目标不是单纯的理解与掌握科学知识,传统形成性或终结性评价方法,难以对探究学习进行有效的评价。在技术赋能的探究学习过程中,可以开展基于学习过程数据和学习分析技术的伴随式评价。关于伴随式评价这个概念,在教育学研究范畴内,目前尚没有相对完整和严格的界定,任友群教授首次提出并使用了伴随式评价这一概念[1][2]。国外有学者使用嵌入式评价和隐式评价[3]来表达同样的意思。

在探究学习环境中嵌入评价模块,可以对学习者的学习过程进行跟踪、评价和实时反馈,从而实现伴随式评价。通过预先设计的基于证据的评价模型,对学生学习的探究路径进行分析,对学生学习过程中的一些关键性成果进行评定,并给予学生即时的反馈,或给予学生学习支架的支持,根据过程记录情况和伴随式评价结果,最后能够对学生的整个探究学习项目给予等级评定。在笔者与 WISE 项目负责人马西娅·林(Marcia C. Linn)交流的过程中了解到,WISE 研究团队已经基于 WISE 开展嵌入式评价在探究学习过程中应用的相关实证研究。

探究式学习的评价是为了促进学生有效学习,促进学习目标的达成,其功能具体

---

① 任友群:伴随式评价:变革的先导[EB/OL]. http://learning. sohu. com/20160119/n435137106. shtml, 2016 - 06 - 11.

② 任友群. 警惕信息技术放大应试教育的负面作用[N]. 中国教育报,2016 - 05 - 17008.

③ Shute V J, Bauer M I, Zapata-Rivera D, et al. Melding the Power of Serious Games and Embedded Assessment to Monitor and Foster Learning: Flow and Grow[M]// Serious Games: Mechanisms and Effects. 2009: 295 - 321.

体现在以下几个方面：积极的导向功能、展示激励功能、反馈调节功能、成长记录功能和成效判断功能。探究学习评价重视知识的运用与理解的评价，重视探究学习所需要的实验技能的评价，训练学生查阅、收集、处理信息资料的能力。重视评价学习的过程，注重科学态度的培养、科学方法的训练，养成善于发现问题、分析问题的习惯。而且还经常采用活动化、游戏化、情境化的动态评价方法，使评价者和被评价者之间产生大量互动，从而促进学生的兴趣、态度、情感、价值观、创新精神等的协调发展。相比传统的学习评价，探究学习评价注重发挥评价的改进激励、反馈与引导功能。密切关注学生探究学习的每一个细节并及时调节，以利于学生的可持续发展。

在探究学习中应将质性评价与量化评价有机结合，发挥各自的优势特点。量化评价以其客观、严格、简明等特点，在以掌握具体知识为主要目标的传统教学中有很大的优势，而对于学生在探究学习过程中的表现和非智力因素等方面的发展，则显得无能为力。因此，对探究学习的完整而真实的评价需要质性评价来完成，质性评价能够全面、深入、真实地再现评价过程与评价对象。目前常用的质性评价方法主要有活动表现评价、档案袋评价、概念图评价、访谈、情境测验等。

另外，参与评价的人员应多元化，除教师的评价外，应加强学生的自我评价和相互评价，还应该让学生家长、社区人士积极参与评价活动。同时，考试评价的结果解释也更加人性化和质性化，关注学生的多元智能，适应学生的学习个性和特长。对创造性思维的答题过程给予鼓励和加分，给出具有教育学意义或心理学意义的说明和注解。元认知工具的使用，可以促进学生的自我评价与反思。学生的元认知水平和自我调节能力会影响探究学习中学习活动的顺利开展，进而影响探究学习的学习效果。借助元认知工具，让学生认识到自己的认知特点，从而克服自己探究学习过程中的认知缺陷，进行适当的元认知调节和控制，有利于改善学生对于探究学习的学习体验，提高学习投入度和成就感。

五、警惕教学实践中的技术失能与技术崇拜

尽管人们对技术变革传统教学方式充满了期待，很多管理者、研究者、开发者为此也付出了很多的努力，但在教育教学实践中，由于学校情境中的诸多条件限制，往往会出现不同程度的技术失能与技术崇拜的问题。

教师在课堂教学中能否有效使用技术的关键在于教师如何使用技术转变学生被

动的学习方式,而不是使用何种技术。要推进学校教学实践中技术的常态化应用,变革传统的教学结构,有效开展技术赋能的探究学习,就需要警惕教学实践中的技术失能现象,克服可能存在的困难和障碍。有学者将课堂教学中技术应用的障碍分为两类,一级障碍(first-order barriers),指的是外在于教师的因素,比如资源、教学培训、技术支持等;二级障碍,指的是教师的内在障碍,例如态度和信念、知识和技能等①。另有研究者基于 1995 年到 2006 年的 48 项相关研究分析发现,资源问题是技术整合于课堂的首要障碍(占 40%),包括硬件条件、网络接入、时间和技术支撑等几个方面的障碍②。近几年来,硬件环境和网络接入条件已经有了明显的改善,二级障碍成为阻碍技术转变教学方式的主要因素③。在学校教学实践中,教师已经意识到技术对于教育教学的重大作用,但很少有教师能够应用技术帮助学生实现有意义的学习④,而其中一个很重要的原因是教师对于技术使用的目的和方式缺乏清晰的理解和认识。

技术崇拜,或称技术狂热,在教育实践中不算普遍,但在一定程度上存在着。技术崇拜可概括为教师在课堂教学中对技术的过度依赖并蜕变为一种惯性或惰性,表现出对技术效用的乌托邦式幻想、对技术"养眼"效果的精神依赖、技术运用行为的"戒断症状"与技术使用寿命取决于学生的"耐受性"等症候,这与工具理性支配下的思维偏差、多重心理效应挤压下的理性阙如、对教学现代化内涵误读下的认知谬误以及视觉传播时代际遇等密切相关。为此,亟须通过对技术与教学关系的认识由"空想"转向"科学"、以教学艺术的"养心"延展技术手段的"养眼"、技术运用活动由"非理性"走向"理性"、学校等组织指导技术运用水平由"低层次"转向"高层次"以及课堂教学评价由"技术运用"转向"教学质量"等途径来治理技术崇拜⑤。

教师在教育实践过程中,需要充分认识到技术失能与技术崇拜的负面影响,形成正确的教学技术观,才能有效规避相应问题和风险。

---

① Ertmer P A. Addressing first and Second Order Barriers to Change:Strategies for Technology Integration [J]. Educational Technology Research & Development,1999,47(4):47-61.

② Hew K F,Brush T. Integrating Technology into K-12 Teaching and Learning:Current Knowledge Gaps and Recommendations for Future Research[J]. Educational Technology Research & Development,2007, 55(3):223-252.

③ Ertmer P A,Ottenbreit-Leftwich A T,Sadik O,et al. Teacher beliefs and Technology Integration Practices:A Critical Relationship[J]. Computers & Education,2012,59(2):423-435.

④ Keengwe J,Onchwari G,Wachira P. Computer Technology Integration and Student Learning:Barriers and Promise[J]. Journal of Science Education & Technology,2008,17(6):560-565.

⑤ 孙艳秋.课堂教学中的"技术崇拜":症候、成因与治理[J].电化教育研究,2018,39(07):77—82+90.

第四章　技术赋能的探究学习典型案例

信息技术能够为探究学习的有效开展提供技术工具和环境条件,强大的多媒体技术和便捷的网络技术为探究情境的创设、信息资源与数据获取、数据处理和加工、科学知识建构、创作交流和分享等探究学习的各个环节带来了极大的便利。研究有效利用各种信息技术工具和环境开展探究学习,对于实现信息技术在教育教学中的变革性作用具有很强的理论价值,对破解基础教育中探究学习实践困境具有很强的现实意义。

本章通过案例研究的方法,对近年来国内外典型的面向科学教育的探究学习环境进行分析,并系统梳理国内外相关研究成果。在案例分析的基础上,进一步优化上文构建的探究学习中技术赋能的作用空间模型。

一、典型案例的选择与分析方法

罗伯特·殷(Robert K. Yin)在《案例研究:设计与方法》一书中提到,作为一种研究方法,案例研究被普遍运用于心理学、社会学、教育学等社会科学类学科,个案分析能够帮助我们增进对个人、社会、组织、机构及其他领域的了解,能够帮助人们了解复杂的事物和现象。案例研究可以有探索性的案例研究、描述性的案例研究和解释性的案例①。本章的案例研究属于描述性的案例研究,其目的是具体地描述和呈现近年来国内外典型的探究学习环境,分析其功能特点以及如何赋能探究学习的开展和运作,并以典型的探究学习环境案例为脉络对相关的研究成果进行系统的梳理。

对于富有解释性的"怎么样"和"为什么"之类的问题,案例研究法是适合处理这类

---

① [美]罗伯特·K·殷. 案例研究:设计与方法[M]. 周海涛,李永贤,李虔,译. 重庆:重庆大学出版社,2010:5—8.

问题的研究方法①。本章要分析多个信息技术环境下典型的探究学习环境及其支持下探究学习的开展机制和实现形式,这属于"怎么样"的问题,通过回答怎么样的问题,也能够回答为什么要在探究学习实践中使用信息技术工具和环境,这是"为什么"的问题。

案例研究的研究对象,也称个案。本部分的主题是围绕技术赋能的探究学习展开的,为了研究的可操作性,确定研究对象为信息技术环境下探究学习环境和模式。托恩·德容(Ton de Jong)教授 2006 年在 Science 杂志上发表了该领域的一篇重要文章计算机模拟:研究性学习的技术进步(Computer Simulations: Technological Advances in Inquiry Learning),文中提出:"探究学习环境使得学习者能够在一个充满了真实材料的逼真的协作环境中主动参与到学习过程中,类似计算机仿真这样的技术发展使得探究学习更为有效,使用仿真技术模拟一种现象或过程,学生在操作实验的时候只需要调整某些参数,就可以观察到这种调整产生的变化效果②。"托恩在文中将探究学习环境界定为能够支持探究学习开展的在计算机上运行的一种虚拟仿真环境。笔者认为,这可以看作探究学习环境的狭义界定,就探究学习环境而言,虚拟仿真环境是其中最重要的一种形式,但信息技术环境下的探究学习往往并不仅仅局限在虚拟仿真技术这一种技术应用上。比如 WebQuest,作为网络环境下基于万维网的一种可操作性的探究学习模式,在教育实践中获得了广泛的应用。随着传感器技术的不断发展和计算机终端形式的不断改变,技术让更多探究学习形式成为可能。基于此,本书将探究学习环境定义为:借助传感器、虚拟仿真、网络通讯等技术赋能探究学习开展,使课堂环境下难以实施的探究学习活动得以实施的信息技术工具或平台。

笔者将基于信息技术工具和环境的探究学习归为五类,每类选取两个国内外有广泛影响的探究学习环境(模式)个案,选取的标准和依据主要是其在学术共同体中的影响,表现在相关研究成果的数量和质量上,重点考察其使用效果实证研究成果的情况。表 4-1 列出了本研究选取的不同类型的探究学习环境(模式)典型个案,本章围绕这些典型个案,就其设计开发历程进行考察和描述,分析其技术应用特点并讨论其对探究学习赋能的作用方式,在此基础上重点围绕探究学习环境对探究学习开展的影响,

① [美]罗伯特·K·殷. 案例研究:设计与方法[M]. 周海涛,李永贤,李虔,译. 重庆:重庆大学出版社,2010:11.
② Ton D J. Computer Simulations: Technological Advances in Inquiry Learning [J]. Science, 2006, 312 (5773): 532 - 533.

并对相关研究成果展开分析,最后在总结部分从技术赋能的作用空间的维度进行总结分析与讨论,进一步优化本书第三章构建的探究学习中技术赋能的作用空间模型。

表 4 - 1 案例研究的研究对象

类　　别	典型个案
基于万维网的网络探究学习	WebQuest、WISE、Big6
基于虚拟实验的探究学习	PhET、zSpace、NOBOOK
基于虚拟世界的探究学习	Whyville、River City、AWEDU
数字化学习空间内的探究学习	数字化实验室、Wallcology、nQuire
基于移动手持设备的户外探究学习	数字化微型气象站、泛在学习系统、ARTOOL

二、基于万维网的网络探究学习

1989 年,蒂姆·伯纳斯·李(Tim Berners-Lee)在《关于信息化管理的建议》一文中,描述了万维网的雏形。之后不久,服务器、浏览器等万维网产品和服务快速发展,网站数量爆炸式增长,万维网成为人类最大的信息资源库。开放的万维网打破了时空的局限,把学校和外部世界连接了起来,成为学习者了解和探索世界的窗口和平台。借助万维网,学习者可以自由探究,获取与个人感兴趣的问题相关的任何信息。假设一名初中生刚刚在科学课堂上学习了"天气与气象"这部分内容,她可以通过网络获取到最新的地方天气信息,并不断跟踪天气的变化。她还可以通过"中国气象数据网"这样的专业网站[①],获取地面或高空的气温、气压、相对湿度、水汽压等气象学家使用的专业数据。她可以通过 QQ、微信等即时交流工具随时与老师和同学讨论,甚至她还可以就感兴趣的问题发邮件给某些气象学家以寻求答案。

丰富的信息资源、基于网页呈现的富媒体技术、同步异步交流技术,这些都是网络给探究学习带来的便利,但网络的负面作用却不容忽视,网络信息庞大且杂乱无章,大量垃圾和不良信息充斥,对学生的学习和健康成长造成了很大的妨碍和困扰。如何高效获取和有效利用网络资源,同时减少不良信息带来的危害,以及如何设计开发优质的网络探究学习资源,是近 20 年来网络探究学习的研究热点。本章选取 WebQuest、

---

① 中国气象数据网[DB/OL]. http://data.cma.cn/site/index.html.

WISE、Big6 这三个典型案例,围绕其探究学习特点和相关研究成果进行分析和讨论。

(一) WebQuest

1. Webquest 概述

WebQuest(网络探究)模式是 1995 年由美国圣地亚哥州立大学伯尼·道格(Bernie Dodge)和汤姆·马奇(Tom March)创建的基于因特网的在线教学模式。WebQuest 官方网站上给出了 WebQuest 的定义:一种以探究为取向的课程形式,学习者使用的全部或大部分信息都是从网上获得的[①]。伯尼·道奇对 WebQuest 的定义是一种网络定向调查的学习工具[②]。该模式主要是以课程计划的形式呈现,根据教师提供的一些网络资源,学生以任务或设想的方式展开探究学习,在学习过程中要求学生经过信息的获取、收集、分析和运用来创造性地解决问题,最后以学生的学习过程和成果为依据,来评价学生的学习效果。在 Webquest 课程计划中,其核心往往是导言中呈现的一个开放性问题,这个问题为整个 Webquest 活动设置了清晰的目标,鼓励学生回顾原先掌握的知识,激发学习者进一步探索学习的动机;课程计划为学生设定具体的探究任务和探究过程,并提供了一些网上的信息资源链接,要求学生通过对信息的分析、评价与综合来得出创造性的解决方案。为了便于广大教师开展 WebQuest 教学活动,WebQuest 的提出者还为教师们提供了固定的设计模板和有关的规则及指导,使教师们不需要从头学习设计,因而操作性强,容易实施。

WebQuest 课程计划表现为一个围绕某一个主题的若干网页,一般分为导言(introduction)、任务(task)、过程(process)、资源(resources)、评价(evaluation)、结论(conclusion)这六个模块。但在不同的情况下,有些教师会增加一些模块,如首页、留言等。首页一般是简单介绍 Webquest 的相关概念,增加学生对其的了解;留言一般是是学生课下的讨论,方便及时解答学生的疑问,增加学生之间的互动。WebQuest 的主题、任务、过程、资源链接都是教师给定的,学生通过探究,分析综合形成结论,所以 WebQuest 活动处于探究层次连续统中的第二级:结构性探究。在 WebQuest 活动过程中,探究的情境性和问题性都体现在教师的导言部分,导言设计会影响学生的探究动机和探究兴趣;自主性和建构性主要体现在对网络探究过程的自我管理方面,如何有效地利用网络资源,分析综合形成自己的报告;WebQuest 模式鼓励采用小组合作的

---

① WebQuest 官方网站[DB/OL]. http://webquest.org/.

② Dim. webquest 八问八答[J]. 网络科技时代:信息技术教育,2002(1):8.

方式开展,重视探究学习的协作性。

万维网信息纷繁芜杂、良莠并存,WebQuest 活动的所有资源链接都是教师在设计阶段精心挑选过的,从某种意义上讲,探究学习的基本构想,就是帮助那些暂时不能单凭自己的能力去完成任务的学生,通过导言、任务、过程、资源、评价、结论这六个模块作为学习支架帮助学习者完成网络探究学习[①]。同时,由于 WebQuest 为教师提供有固定结构的教学设计流程模板和一系列的指导信息,这就相当于为一线教师提供了一种便于掌握、运用教学设计新理念的支架,从而使广大教师易于上手、易于实施[②]。

WebQuest 提出后,在一线教师群体中产生了很大的影响。二十多年来,全世界数以万计的教师建立了自己的网站,借助于 WebQuest 开展基于网络的探究教学活动。我国从 2001 年开始,在"惟存教育"网站的推动下系统地将这一教学模式引入国内,很多中小学教师参考这种方式创建了 WebQuest 学习网站,开始网络教学应用的尝试。

MiniQuest 是 WebQuest 模式的精简处理模式,与 WebQuest 相比,MiniQuest 的组成部分更为灵活,可以只包括情境、任务、成果三个部分,也可以有选择地增加过程、资源、评估等要素。一个基本的 MiniQuest 首先让学习者访问相关的网站,进行搜索、调查与研究,然后回到教室,在他们所学的基础上开展分析、讨论活动,并形成学习产品。MiniQuest 的特点包括以下几个方面:其一,MiniQuest 本身为真实问题的研究提供了框架,该框架引导学生带着特定的目的,通过专门的网络资源,回答有意义的问题,从而提升学习者自主学习的能力。其二,MiniQuest 能够很容易地插入到常规课中,教师不必用一个较长的网络学习单元来"代替"大量的常规课时间。其三,对于创建网络课程有着深刻认识的教师,就能够运用 MiniQuest 模式,在相当短的时间内开发出更为丰富的学习活动,更快更有效地在教学中注入探究学习经验。

2. 技术赋能的作用方式

WebQuest 案例中技术赋能的作用空间、具体作用方式、能够解决的问题见表 4-2。对于 WebQuest 案例而言,其技术赋能的最典型之处在于通过结构化的 WebQuest 模块引导学生在万维网上进行探究学习,就其作用空间而言无法归入第三章笔者分析构建的技术赋能的作用空间框架中,此处笔者使用支架作为其作用空间的描述,后面的案例作同样的分析。

---

① 徐光涛. 中小学专题学习网站生成系统的设计开发与应用研究[D]. 华南师范大学,2004:11.
② 何克抗,曹晓明. 信息技术与课程整合的教学模式研究之五——"WebQuest"教学模式[J]. 现代教育技术,2008,18(11):5—12.

表 4 - 2　WebQuest 案例中技术赋能的作用方式

作用空间	具体的作用方式	能够解决的问题
支架	结构化的 WebQuest 模块	探究学习目标不清晰
探索发现	开放的万维网资源	学生探究自主性不足
创作分享	PowerPoint 演示、思维导图等	教师的指导作用有限
评价反馈	量规评价、团队汇报展示	难以开展有效的评价

3. 相关研究成果

WebQuest 关注的是学生基于网络的自主学习、自主探究;探究的主题是现实生活中的真实任务,学生在探究活动中使用的全部或大部分信息都是从网上获取。整个学习过程基本上都是自主学习、自主探究,所以能较充分地调动学生的主动性、积极性乃至创造性,能有效地培养学生的创新精神与创新能力、合作精神与合作能力。迄今,学术界一般都公认,WebQuest 模式是"以学生为中心"教育思想的最典型体现[①],是美国信息技术与课程整合发展过程第一阶段(20 世纪 90 年代中期至 2003 年)最具影响力的整合模式[②],在实际应用中占据统治地位。翟小铭等[③]以目前物理科学研究重要形式——计算物理为背景,认为需要针对 WebQuest 模式与相关学科深度的融合作出改进,提出了 S-WebQuest 主题探究的模式。S-WebQuest 是基于虚拟仿真技术的网页主题探究教学,它以主题学习为主要的学习方式,借助于虚拟仿真技术为学生实践科学探究活动提供完整、真实的探究活动框架,带来真实的感官体验。另外就是作为 WebQuest 精简模式的 MiniQuest,第二章已有介绍,此处不再赘述。

实证研究显示,在 WebQuest 教学应用中,通过对学生学习行为的观察、记录和分析发现,学生的自我调节(self-regulation)行为与学业表现直接相关[④]。在"气体规律"科学课上,WebQuest 改进了学习效果,教师和学生对于 WebQuest 使用的看法都是正

① 何克抗. TPACK—美国"信息技术与课程整合"途径与方法研究的新发展(下)[J]. 电化教育研究, 2012 (06): 47—56.
② 何克抗. TPACK—美国"信息技术与课程整合"途径与方法研究的新发展(上)[J]. 电化教育研究, 2012 (05): 5—10.
③ 翟小铭, 项华, 穆明. 基于 S-WebQuest 的主题探究模式教学实践研究——例谈信息技术与物理学科教学深度融合[J]. 中国电化教育, 2015(05): 130—134.
④ Hsiao H S, Tsai C C, Lin C Y, et al. Implementing a Self-Regulated "WebQuest" Learning System for Chinese Elementary Schools. [J]. Australasian Journal of Educational Technology, 2012, 28(2): 315 - 340.

面的①。不仅在探究学习中获得良好的应用,有研究显示,WebQuest 作为语言学习工具能够改进交互、沟通、批判性思维、知识运用、社交技能、高阶思维能力和问题解决能力②,在医学英语教学中,WebQuest 对学习体验、协作体验、信息技能、兴趣与动机等若干方面的影响总体上趋于正面③。WebQuest 模式出现以来,在数学课程里应用较少,一项小学数学比例概念学习的 WebQuest 应用的研究显示,采用 WebQuest 教学的实验班学生,其成绩表现优于对比班学生,学习态度并无显著性差异,对学习过程中的技术使用、反馈等六个维度上的调查显示满意度更高④。

(二) WISE

1. WISE 概述

WISE 是基于网络的科学探究学习环境(Web-based inquiry science environment)的缩写,是一个功能强大的设计、开发和实施科学探究活动的在线平台,支持引导式探究、嵌入式评价、同伴协作、交互式计算机模型和教师定制等功能,旨在帮助学生以探究学习的方式学习核心科学概念并实现知识整合,能够为 KI 探究学习模式的开展提供全方位的支持。该项目由加利福利亚大学伯克利分校的马西娅·林(Marcia C. Linn)教授主持,来自全球多家机构的研究人员、教师、技术专家和课程设计人员组成的一个跨学科团队参与了其设计开发和应用研究⑤。

WISE 课程针对 6—12 年级的学生开发,力图在信息技术的支持下,为教师和研究者提供新形式的教与学环境,创造出可持续发展的科学课堂探究教学新形式。同时帮助学生以探究学习的方式学习核心科学概念并实现知识整合,能够为 KI 探究学习模式的开展提供全方位的支持。WISE 从 1994 年开始研发,经过三年的不断试验和完善,于 1998 年正式推广。世界上任何教师都可以在平台上免费注册账户,注册后即

---

① Alias N, Dewitt D, Siraj S. An Evaluation of Gas Law Webquest Based on Active Learning Style in a Secondary School in Malaysia. [J]. Eurasia Journal of Mathematics Science & Technology Education, 2014, 10(3): 175 - 184.

② Aydin S. WebQuests as Language-learning Tools[J]. Computer Assisted Language Learning, 2016.

③ 翁克山, 齐红. 基于在线协作探究学习的 ESP 教学研究——以基于 WebQuest 的医学英语教学为例 [J]. 电化教育研究, 2013(01): 90—96.

④ Yang K H. The WebQuest Model Effects on Mathematics Curriculum Learning in Elementary School Students[J]. Computers & Education, 2014, 72(1): 158 - 166.

⑤ Linn M C, Clark D, Slotta J D. WISE Design for Knowledge Integration[J]. Science Education, 2010, 87(4): 517 - 538.

可以生成一个学生访问码,该码对应一个班级,教师可以建立新的项目,也可以从已有项目库中运行或二次开发已有项目。学生注册时使用教师提供的访问码即可创建账户,并开始进入教师的 WISE 项目库开展探究学习。系统会记录学生的探究学习过程,教师通过访问管理工具可获得对学生的评价和反馈。WISE 不仅拥有简单的用户界面,还具备认知提示、内嵌的反思笔记、评价,以及在线讨论的功能,如图 4-1 所示①。同时,WISE 还提供了概念图工具以及各种用于绘画、图表制作和制图的软件工具。WISE 还可以调用各种应用现代网页技术开发制作的交互式模拟系统和模型。通过协同反思活动和教师的反馈,WISE 项目可以促使学生进行自我监督。

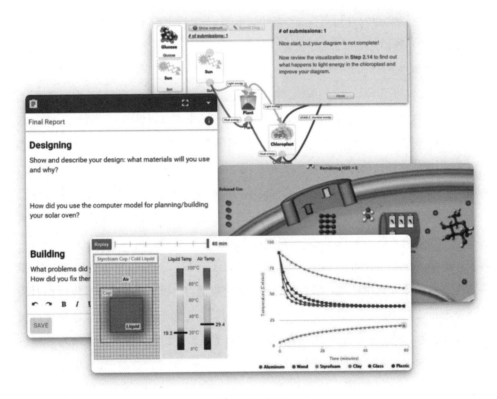

图 4-1 WISE

WISE 学习平台建立的目的是借助教师、学校、教育机构等学习共同体来促进教

① WISE 的特点 [DB/OL]. https://wise.berkeley.edu/pages/features.html.

师终身学习和学生的深度学习,通过网络技术将现实生活的实际问题与科学理念融合,让知识和实践接轨,实现以学生活动为主体的教学,让学生成为真正的科学探究者和科学评论家。在科学教育领域,世界各国对于科学课程应当发展学生对科学探究的理解、培养学生的科学探究能力已经达成了共识,许多国家的科学课程标准已明确提出了关于科学探究的目标。美国一直是科学教育改革的引领者,在 1996 年发布的《国家科学课程标准》中就把探究作为科学学习的核心。

2000 年左右,有美国学者调研发现,尽管国家科学课程标准和大多数州对于探究学习的呼声很高,但科学课堂上的探究实践活动并不多[1]。正是在这样的背景下,WISE 研究团队设计开发了 WISE 平台。在美国国家基金的大力资助下[2],这个网络学习平台已经持续开发并运行了 20 多年。并且,WISE 平台基于开放源代码技术构建,免费向世界各国用户开放源代码。

2. 技术赋能的作用方式

WISE 主要适用于 4—12 年级的学生,其中包含了地球科学、生命科学、物理科学、生物学、化学和物理等学科的探究课程项目。平台不仅为学习者提供了大量的在线工具,帮助他们对科学理解进行反思、绘制脑图、与其他同学在线讨论等,而且为教师提供了很多开发工具,能够帮助教师开发新项目,支持教师对学生的学习成果进行评价并提供反馈。WISE 平台的技术特色及其对科学教育探究学习的赋能作用主要体现在以下几个方面:

第一,实现对知识整合(KI)探究模式的良好支持。KI 理论是 WISE 研究团队科学教育研究最重要的理论成果,为探究学习提供了指导方针。项目学习中通过预测—观察—解释—反思(predict-observe-explani-reflect,POER)模式引导学生解读文本,学生首先进行预测并提供证据,之后观察所收集的数据,再用各种证据来解释他们对先前预测进行更改的原因。在探究活动开展过程中,关注知识整合,嵌入学习指导性阅读与写作提示,如设置暗示、提出问题、要求反思等,这些支架的提供对于学习者理解和整合科学知识起了良好的促进作用[3]。

---

① Becker H J. Internet Use by Teachers: Conditions of Professional Use and Teacher-directed Student Use. Teaching, Learning, and Computing: 1998 National Survey. Report ♯ 1 [J]. Access to Information, 1999: 35.

② 注:https://wise.berkeley.edu/网站首页显示,该项目受 NSF 项目多次资助,资助编号:0334199, 0918743, 0822388, 0733299, 0455877, 0128062, 9805420.

③ 况姗芸. WISE 科学探究平台对我国研究性学习平台建设的启示[J]. 中国电化教育,2010(01): 78—81.

第二，为学生提供活动模板搭建探究活动支架。通过 WISE 项目，学生可以探究那些对个人来讲有意义的问题。他们能够像科学家一样研究他们感兴趣的现象。这样可以帮助学生认识到科学研究并非遥不可及，并提高他们实现目标的动机。每个 WISE 项目都分解为若干探究活动，以探究地图（inquiry map）的树状结构呈现，这就为学生的探究学习提供了支架，在探究活动序列中，每项活动都有具体的操作环节。学生可以对分配给自己的匿名同学作业进行分析和评判，制定评价标准并提供反馈，这样的实践可以帮助学生发展批判性的评价技能，以及协作式的知识建构技能。学生之间共享解释和反馈，并对彼此的想法进行详尽的说明，从而发展各自的想法。

第三，提供了一系列论据组织和解释生成工具。想法管理器（idea manager）是一个图形界面的管理器，用于引导学生就证据的内容、来源以及证据和论断之间的联系进行评价。创意池（idea basket）给学生提供了一个固定的空间来收集和整理多媒体信息。解释生成器（explanation builder）是一个利用创意池中的证据来支持学生形成论断的工具。学生可以通过 WISE 绘图和动画工具（WISE Draw & Flipbook Animator）制作绘画和拍摄快照来生成动画帧，并播放他们制作的连环画式的动画。因此，这个工具可以引导学生将他们的理论转换成各种不同的表达形式。图表工具（MySystem）可用于将事件序列可视化，以及引导学生将口头叙述转化成书面表达。在不同的表达形式间进行转换，可以帮助学生既认识到抽象的叙事结构，又了解到重点内容的详细信息。

第四，课程设计者可以在每个项目中定制和嵌入多种媒体（如动画、图像、图示、图表、视频、外部网页及文本），提供丰富的媒体和交互式模拟，平台中实现了对网页多媒体技术的良好支持。利用各种支持工具，学生可以熟练地掌握从多种媒体中提取主要信息内容的方法。通过平台中的虚拟实验工具，学生可以像专业科学家一样计划和开展实验，收集数据以支持他们的观点。提示和图形组织工具可以支持学生与复杂的科学模拟和模型之间的交互。

综上所述，学习者借助 WISE 平台开展相关的探究学习时，技术体现了强有力的赋能作用，见表 4-3。跟 WebQuest 比较，WISE 中的探究地图的条目是教师按照探究主题和探究内容灵活设置的，不是 WebQuest 那样固定的结构，并不会带来探究学习形式化的问题。同时，大多 WISE 项目的探究学习仅限于 WISE 网站内部资源，不会导致学生的网络迷航问题。

表 4 - 3　WISE 案例中技术赋能的作用方式

作用空间	具体的作用方式	能够解决的问题
支架	探究地图	探究学习目标不清晰
探索发现	WISE 项目网站页面	学生探究自主性不足
科学演示	多媒体演示、WISE 绘图和动画工具	教师的指导作用有限
测量检验	虚拟实验、提示和图形组织工具	探究学习形式化严重
创作分享	创意池、解释生成器、图表工具	教师的指导作用有限
评价反馈	想法管理器、嵌入式评价	难以开展有效的评价

(三) Big 6

1. Big 6 概述

"Big6 模式"最早是由美国迈克·艾森堡(Mike Eisenberg)和鲍勃·伯克维茨 (Bob Berkowitz)两位学者提出的基于网络主题的一种探究模式,全称是"Big6 信息问题解决模式"(big6 model of information problem-solving)。之所以称为 Big6,是因为使用该模式求解问题的过程包括 6 大步骤和 12 个阶段,另根据美国教育学者的说法,所谓 Big6,确切地讲是取其 6 个步骤英文名称的一个字母,然后组合而成(B-I-G-S-I-X)。具体的 Big6 模式方法步骤如表 4 - 4 所示[①]。由于它为成功解决信息问题提供了六项必备技能,故又称为"Big6 技能"。Big6 模型是培养信息素养的一种行之有效的方法,它是一种以解决信息问题为主轴的过程模式,不仅是一种信息查询模式,也是对信息问题的处理过程,即针对特定的需求或任务,从信息认知到信息查询、获取、使用、整合与评估的系统化过程。为了帮助学生们熟记该模式的六大步骤,我国台湾地区中小学教育界专门编制了一个口诀,即:定问题、找策略、取资料、详阅读、能综合、会评价。

表 4 - 4　Big6 信息问题解决模型名称来源

序号	具 体 内 容	
1	Be sure you understand the problem. 确切地了解探究的问题	Task Definition 任务定义

[①] 叶平. Big6:信息问题解决模式[EB/OL]. http://www.fyeedu.net/info/15383 - 1. htm,2005.

序号	具 体 内 容	
2	Identify sources of information. 确认信息资源	Information-seeking strategies 信息查询策略
3	Gather relevant information. 获取相关信息	Location & Access 定位与获取
4	Select a solution. 选择一个解决方案	Use of Information 运用信息
5	Integrate the ideas into a product. 把观点整合到作品中	Synthesis 信息整合
6	Examine the result. 检查结果	Evaluation 评价

2. 技术赋能的作用方式

对于 Big6 而言,首先,其设计思想是基于"发现学习"的学习理论,不适合用来学习那些已成为事实的内容,不适用于记忆概念、定义和简单的过程,适用于学习不确定的内容,那些没有既定答案,或有多种解决途径的问题,这样才能够引起学生的兴趣和探究欲望。其次,Big6 强调"有结构的探究"或"指导性探究",它通常是以"工作单方式"进行"引导式探究活动",其基本构想就是帮助那些暂时不能单凭自己的能力去完成任务的学生,为他们提供帮助,以一个个阶梯的形式提供支持,使之最终在没有帮助的情况下去独立完成复杂任务,逐步发展"自由探究"的能力。再者,Big6 把学习重点放在对信息的"搜索、阅读和理解"上,充分体现了对学生信息素养的培养[①]。

基于 Big6 模型开展探究学习时,技术的赋能作用见表 4 - 5。

表 4 - 5 **Big6 案例中技术赋能的作用方式**

作用空间	具体的作用方式	能够解决的问题
探索发现	开放的万维网资源	学生探究自主性不足
协商交流	可以开展小组合作实验	学生探究协作性不足
情境创设	真实的科学探究情境	缺乏真实的探究情境
创作分享	PowerPoint 演示、思维导图等	教师的指导作用有限
评价反馈	课堂汇报,展示成果	难以开展有效的评价

---

① Big6:信息问题解决模式[EB/OL]. http://www. fyeedu. net/info/15383 - 1. htm,2005.

三、基于虚拟实验的探究学习

学习者在实验室中通过实验操作，分析实验数据，验证科学知识，这种探究学习方式对于科学教育的价值已经被广为认可[①]，成为各国科学教育中的重要组成部分。虚拟实验室（virtual laboratory）最早于 1989 年由美国威廉·华夫（William Wuff）教授提出，用来描述一个计算机网络化的虚拟实验室环境[②]。我国关于虚拟实验的研究最早始于 20 世纪 90 年代后期，主要由一些高校机构研发并用于实验教学中，2000 年以后进入蓬勃发展期，在高等教育、职业教育、基础教育等各层次教育中出现了大量虚拟实验平台[③]。我国《教育信息化十年发展规划纲要（2010—2020 年）》中明确指出"要建设虚拟实验室"，并于 2013 年启动国家级虚拟仿真实验教学中心建设工作。虚拟实验室就是以计算机技术、网络技术为支撑，通过开发虚拟实验的组件，模拟和再现真实的实验场景、实验设备和实现过程的一种虚拟实验环境[④]。虚拟实验室的关键支撑技术涉及三维建模技术、增强现实技术以及虚拟现实技术等。近十年来，很多虚拟实验室（虚拟实验平台）开始进入学校教育，相对于传统的实验室，其使用价值和效果一直在不断检验和评估中。

就目标而言，虚拟实验室跟传统实验室一样，都服务于学习者探索科学本质的需要，提高团队合作能力，培养学习者对科学的兴趣，提升概念理解水平，发展学生的探究技能等[⑤]。学习者在传统的实验室中，需要进行实验准备，包括实验设备和仪器的调试以及实验材料的准备，等等，还需要处理实验数据获取中存在的误差等具体问题，从而培养真实的动手实验能力，从具身认知理论的视角来看，对学习者而言，这种真实

① National Research Council, America's Lab Report: Investigations in High School Science [M], S. R. Singer, M. L. Hilton, H. A. Schweingruber, Eds. (National Academy Press, Washington, DC, 2006).

② Wulf W A. The National Collaboratory - A White Paper[J]. Towards a National Collaboratory, 1989: 17 - 18.

③ 王济军，魏雪峰. 虚拟实验的"热"现状与"冷"思考[J]. 中国电化教育，2011(04)：126—129.

④ 黄荣怀，郑兰琴，程薇. 虚拟实验及其学习者可信度认知[J]. 开放教育研究，2012, 18(06)：9—15.

⑤ National Research Council, America's Lab Report: Investigations in High School Science, S. R. Singer, M. L. Hilton, H. A. Schweingruber, Eds. National Academy Press, Washington, DC, 2006.

的体验是很重要的,也是虚拟实验所不具备的①②。虚拟实验的优势在于其实验条件的可控性,可以凸显实验的主要内容,而回避掉不相关的干扰性内容③。虚拟实验也可以对时间尺度或者空间跨度进行改变,让某些现象更易于呈现和解释,比如观察植物的生长、太阳系天体的运行④。甚至一些学习者无法直接观察到的现象,比如化学反应、磁场、电流等⑤⑥⑦⑧。与传统实验相对,同样的实验项目借助虚拟实验室来完成,由于不需要太多的时间进行实验仪器和设备调试,实验结果的呈现往往是即时的,能够节省时间,使得实验效率更高⑨。另外,虚拟实验平台能够记录学生实验过程中的交互情况,从而对于学生实验过程中存在的问题进行及时的诊断修正,还能帮助学生反思探究发现的结果⑩,对于老师而言,通过对这些实验过程记录的分析,可以梳理实验过程中普遍存在的问题并借此开展课堂讨论、重点讲解等活动⑪。

很多实证研究显示,对于可以观察的实验现象和实验过程,虚拟实验与传统实验

① Barsalou L W. Grounded cognition [J]. Annual Review of Psychology, 2008, 59(1): 617 - 645.

② Zacharia Z C, Loizou E, Papaevripidou M. Is Physicality an Important Aspect of Learning Through Science Experimentation Among Kindergarten Students? [J]. Early Childhood Research Quarterly, 2012, 27(3): 447 - 457.

③ Trundle K C, Bell R L. The Use of a Computer Simulation to Promote Conceptual Change: A Quasi-experimental Study[J]. Computers & Education, 2010, 54(4): 1078 - 1088.

④ Ford D N, Mccormack D E M. Effects of Time Scale Focus on System Understanding in Decision Support Systems[J]. Simulation & Gaming, 2000, 31(3): 309 - 330.

⑤ Zacharia Z C, Constantinou C P. Comparing the Influence of Physical and Virtual Manipulatives in the Context of the Physics by Inquiry Curriculum: The Case of Undergraduate Students' Conceptual Understanding of Heat and Temperature[J]. American Journal of Physics, 2008, 76(4): 425 - 430.

⑥ Tomi J, Sami N, Koen V. A Comparison of Students' Conceptual Understanding of Electric Circuits in Simulation only and Simulation-laboratory Contexts[J]. Journal of Research in Science Teaching, 2011, 48(1): 71 - 93.

⑦ Deslauriers L, Wieman C. Learning and Retention of Quantum Concepts with Different Teaching Methods[J]. Physical Review Special Topics - Physics Education Research, 2011, 7(1): 204 - 207.

⑧ Zhang Z H, Linn M C. Can Generating Representations Enhance Learning with Dynamic Visualizations? [J]. Journal of Research in Science Teaching, 2011, 48(10): 1177 - 1198.

⑨ Zacharia Z C, Olympiou G, Papaevripidou M. Effects of Experimenting with Physical and Virtual Manipulatives on Students' Conceptual Understanding in Heat and Temperature [J]. Journal of Research in Science Teaching, 2008, 45(9): 1021 - 1035.

⑩ Jong T D, Joolingen W R V, Giemza A, et al. Learning by Creating and Exchanging Objects: The SCY Experience[J]. British Journal of Educational Technology, 2010, 41(6): 909 - 921.

⑪ Linn M C, Lee H S, Tinker R, et al. Inquiry learning. Teaching and Assessing Knowledge Integration in Science [J]. Science, 2006, 313(5790): 1049 - 1050.

在概念理解方面的使用效果并没有显著的差异,虚拟实验可以替代传统实验[①②③]。但有研究显示,对于年龄较小探究能力较弱的儿童(5 到 6 岁)来说,通过传统实验比虚拟实验能够获得更多的科学知识[④]。多项研究显示,在不可观察现象的实验项目上,虚拟实验的效果更好,比如电流[⑤]、光线传播[⑥]等。还有研究显示,虚拟实验能够促使学生开展复杂的探究活动以进行变量的控制,这是传统实验所无法做到的[⑦⑧]。国内相关文献很多(通过知网,以"虚拟实验"为关键词,可检索到文献 5 000 余条),其主要内容涉及设计、技术实现与应用研究各个层面,以设计思路和技术实现为主要内容的描述性研究成果最多,呈现应用效果实证数据的较少。下面以 PhET、zSpace 和 NOBOOK 这三个国内外知名的虚拟实验平台为案例进行具体分析。

(一) PhET 项目

1. PhET 概述

PhET 是英文简写,由 physics(物理)的第一个、第二个字母加上 education(教育)和 technology(技术)的首字母组成,其最初源于诺贝尔物理学奖得主卡尔·威曼在 2000

---

① Theodore F. Wiesner, William Lan. Comparison of Student Learning in Physical and Simulated Unit Operations Experiments[J]. Journal of Engineering Education, 2004, 93(3): 195 - 204.

② Klahr D, Triona L M, Williams C. Hands on what? The Relative Effectiveness of Physical Versus Virtual Materials in an Engineering Design Project by Middle School Children[J]. Journal of Research in Science Teaching, 2007, 44(1): 183 - 203.

③ Lara M. Triona, David Klahr. Point and Click or Grab and Heft: Comparing the Influence of Physical and Virtual Instructional Materials on Elementary School Students' Ability to Design Experiments [J]. Cognition & Instruction, 2003, 21(2): 149 - 173.

④ Zacharia Z C, Loizou E, Papaevripidou M. Is Physicality an Important Aspect of Learning Through Science Experimentation Among Kindergarten Students? [J]. Early Childhood Research Quarterly, 2012, 27(3): 447 - 457.

⑤ Finkelstein N D, Adams W K, Keller C J, et al. When Learning about the Real World is Better done Virtually: A Study of Substituting Computer Simulations for Laboratory Equipment[J]. Physical Review Special Topics - Physics Education Research, 2005, 1(1): 8.

⑥ Georgios O, Zacharia Z C. Blending Physical and Virtual Manipulatives: An Effort to Improve Students' Conceptual Understanding Through Science Laboratory Experimentation [J]. Science Education, 2012, 96(1): 21 - 47.

⑦ Klahr D, Triona L M, Williams C. Hands on What? The Relative Effectiveness of Physical Versus Virtual Materials in an Engineering Design Project by Middle School Children[J]. Journal of Research in Science Teaching, 2007, 44(1): 183 - 203.

⑧ Mcelhaney K W, Linn M C. Investigations of a Complex, Realistic Task: Intentional, Unsystematic, and Exhaustive Experimenters[J]. Journal of Research in Science Teaching, 2011, 48(7): 745 - 770.

年启动的 physics 2000 项目,该项目的主要目的是发明一种能够通过软件来模拟演示真实物理世界各种原理和现象的电脑模拟系统①。该系统自发布应用以来,因其具备良好的互动性、仿真性、直观性和专业性,受到了教师和学生的广泛好评,卡尔·威曼在此项目的基础上于 2002 年发起了物理教育技术(PhET)计划②,其官网界面如图 4-2 所示。

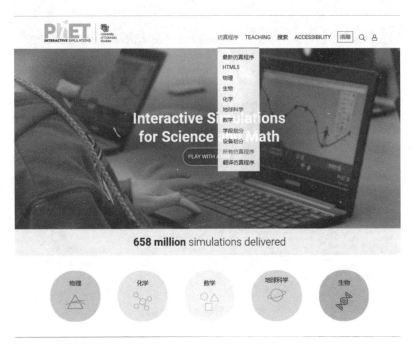

图 4-2 PhET 官网界面

PhET 仿真程序可以将抽象的、理想状态下的实验可视化,鼓励使用者积极与计算机进行互动,通过交互式的方式来帮助学生在研究中学习。随着计划的不断发展以及越来越多教育工作者的全面参与,该项目已经开发了超过 130 个虚拟仿真实验,内容涉及物理、生物、化学、地球科学、数学以及尖端科学等学科领域③,可供全球各年龄

① CU nobel Laureate Carl Wieman Launches Project to Improve Physics and Science Education [EB/0L]. http://www. colorado. edu/ news/ releases/ 2002/ 10/ 28/ cu-nobe- laureate-carl-wieman launches-pro- ject-improvephy sics-and-science.
② 陈江涛. 互动学习工具 PhET 的发展进程分析与本地化改造厅[J]. 软件导刊,2014,13(4):196—198.
③ Adams W K, Reid S, LeMaster R, et al. A Study of Educational Simulations Part II - Interface Design [J]. Journal of Interactive Learning Research,2008,19(4):551-577.

阶段学习者免费使用,如图4-3所示①。设计者希望学习者通过PhET虚拟实验,能够像科学家一样探究发现,增进对物理的理解(比如在"理想气体模拟"单元中通过热气球和氦气球虚拟实验学习浮力)②。

图4-3　PhET实验界面

　　目前的PhET已经超出了最初的构想,但是为了维持名称的一致性,并没有因学科不同而改名。其设计原则是加强科学与日常生活的联系,通过可视化模型和支架式学习的应用使看不见的事物可视化③。PhET项目中所有的虚拟仿真实验可以免费使用,并且网站提供97种语言翻译。其官方网站发布的仿真程序的数量也在随着网站运行时间的增长而增加。截至2015年2月,发布在PhET官方网站(http://phet. colorado. edu/)上的仿真程序共计130个,截至2021年12月,已有161个仿真程序发

① PhET互动仿真程序网站:PhET [EB/OL]. http://phet. colorado. edu/.
② [美]马西娅·C·林,[以]巴特—舍瓦·艾伦. 学科学和教科学:利用技术促进知识整合[M]. 裴新宁等,译. 上海:华东师范大学出版社,2016:213.
③ Paul A, Podolefsky N, Perkins K. Guiding Without Feeling Guided: Implicit Scaffolding Through Interactive Simulation Design[C]//AIP Conference Proceedings. American Institute of Physics,2013,1513(1):302-305.

布在 PhET 网站上。

2. 技术赋能的作用方式

基于 PhET 仿真实验平台开展探究学习时,技术的功能特点见表 4 - 6。PhET 互动式仿真模拟实验室,自 2010 年初逐渐引入国内,中文版也已基本完成,应用层面在逐渐普及,受到了授课教师和学生的一致好评。结合 PhET 中技术赋能的作用方式,通过对 PhET 互动式仿真模拟实验室的学习和使用,总结其具有以下优于同类模拟实验室的特点。

表 4 - 6　PhET 案例中技术赋能的作用方式

作用空间	具体的作用方式	能够解决的问题
探索发现	PhET 交互仿真实验程序	学生探究自主性不足
测量检验	变量空调虚拟实验、测量工具	学生探究自主性不足
科学演示	微观现象可视化、概念表征多样化	教师的指导作用有限

PhET 仿真实验的基本特点是:内容紧密联系实际、微观现象可视化、强调简化事实以促进理解、概念表征方式多样化、多个变量可控可调、图表揭示变量间定量关系、提供多种定量测量工具。PhET 仿真实验程序采用基于研究的软件设计和开发(Research-based Design)思路,仿真实验从设计到开发再到应用,阶段性地通过实践研究来获得用户的评价和反馈,以此作为其改进的依据,使得仿真实验最终能够从最大程度上达到课堂教学的需求,将理想设计和实践应用之间的差距降至最低[1]。

(二) zSpace 虚拟实验室

1. zSpace 概述

zSpace 系统是一套整合现实世界工作环境的桌面虚拟现实系统,由加州 Infinite Z 公司开发,可以跟踪用户的头的转动和手的动作,实时调整用户看到的 3D 图像,给计算机游戏和增强现实带来创新[2]。核心技术是高保真的立体显示系统,低延迟的跟踪系统和软件系统,能够实现现实世界与虚拟世界的自由穿越。它由一台 3D 显示屏、VR 触控笔以及 3D 立体眼镜构成,用户使用这套系统可以将显示屏内显示的图像通

---

① 孙丹儿,韦斯林. 探索仿真科学实验软件的专业化发展思路——以科罗拉多大学 PhET 项目为例[J]. 现代教育技术,2012,22(07):114—117.
② 张欣.基于 zSpace 的虚拟现实技术在地理教学中的应用[J].教学研究,2019,42(03):92—95.

过触控笔移动到屏幕之外的空间,完全不再局限在电脑的屏幕上①。zSpace 提供自然的人机交互方式,6 自由度的触笔给 zSpace 体验提供了充分的保障,如图 4-4 所示。zSpace 实验室包括多个 zSpace 系统,以及 zSpace 特有的教育软件和课程资源,提供差异化的学习体验,致力于提高学生的自主学习与探索能力②。

图 4-4　zSpace③

2. 技术赋能的作用方式

通过 zSpace 操作笔,学生可以操作虚拟全息图像,有些应用程序还提供了多种感知反应,比如,学生操作心脏对象时,可以看到心脏的跳动,听到心脏跳动的声音。zSpace 的教育解决方案可以让学生在虚拟环境中通过亲身操作体验进行学习,学生们可以很容易地进行错误修正或者做出改变,而不用担心会有任何物质成本消耗或者需要善后的事发生。跟一般头戴式的可以隔离分开的虚拟现实解决方案不同,zSpace 的教育解决方案可以实现互动和团队协作。

---

① zSpace 深度体验报告:彻底颠覆你的学习方式 [DB/OL]. http://www.arinchina.com/article-5805-1.html.

② zSpace 中国[EB/OL]. https://cn.zspace.com/.

③ zSpace 已在变革中国教育的路上[EB/OL]. http://photocdn.sohu.com/20150718/mp23267645_1437185319737_2.jpeg.

基于 zSpace 虚拟实验室开展相关的探究学习时,技术的赋能作用见表 4 - 7。

表 4 - 7　zSpace 案例中技术赋能的作用方式

作用空间	具体的作用方式	能够解决的问题
探索发现	zSpace 课程资源、全息图像、触笔	学生探究自主性不足
科学演示	微观现象可视化、多种感知反应、强烈感知体验	教师的指导作用有限
协商交流	多人同时观察、讨论互动	学生探究自主性不足

(三) NOBOOK 虚拟实验

1. NOBOOK 概述

NOBOOK 虚拟实验(简称 NB 实验)是一款专为初高中教师打造的覆盖 K12 教育领域的教学辅助工具[①],如图 4 - 5 所示。它可以为使用者提供虚拟的实验环境,用户通过鼠标操控进行虚拟实验操作。该软件是由北京乐步科技有限公司开发,NOBOOK 虚拟实验室软件包括 NB 化学虚拟实验室、NB 物理虚拟实验室、NB 生物实验室、以及 NOBOOK 教学平台。NB 平台借助虚拟现实、多媒体及仿真等技术,营造一个虚拟的实验环境,学习者可以在虚拟实验室里进行类似于真实实验的操作,并产生模拟真实的实验现象。例如,NOBOOK 化学虚拟实验室,能为用户提供传统化学实

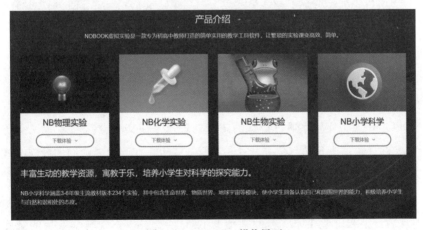

图 4 - 5　NOBOOK 操作界面

---

① 乐步教育. 关于我们:Nobook 虚拟实验室[EB/OL]. http://www. Nobook. com. cn/about. html.

验运用到的各种药品、器材等,学生可以根据实验要求进行药品取用、仪器组装等。同时,教师可在 NB 平台中进行实验演示、课件开发等教学活动,除此之外,教师也可以将课件资料上传至该平台,实现资源共享①。

NOBOOK 实验可作为实验教学的辅助工具,也可以作为学生课后的虚拟操作实验平台。该软件在初、高中阶段物理学部分涉及电学、声学、光学、力学等八个方面的304 个经典实验,并且允许使用者自己动手组装实验仪器,完成上万个实验操作与演示,图 4-6 所示的是 NOBOOK 物理实验界面。该软件实验过程逼真、操作方法简单,能够多终端跨平台使用,线上线下均可使用,倍受广大教育者青睐,到目前为止,全国已有 3 000 多所中小学在使用②,可在课堂教学环节中方便地为学生进行实验演示,从而让繁琐的实验课变得高效、简单,充分提高教学效率及其教学质量。

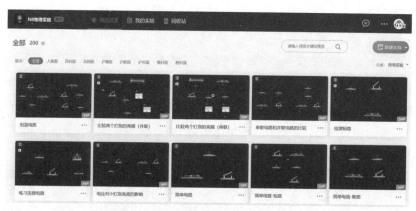

图 4-6　NOBOOK 物理学科的实验界面

2. 技术赋能的作用方式

NOBOOK 虚拟实验室通过特殊的图像处理技术使实验器材和装置视觉仿真度高,整个实验现象清晰且仿真度高。这种教学方式也正在改变老师们的授课方式。该平台以计算机作为载体,实现了线上教育资源的共享性,其突破时空限制,允许学生利用课余时间随时随地进行实验。除此之外,教师也能随时随地进行实验资源的管理,可针对课后反馈和思考在原实验的基础上不断进行改进,实现教学效果的螺旋式上升。NOBOOK 虚拟实验室的功能特点以及它对探究学习的赋能作用主要体现在以

---

① 姬广友. 中学化学 NOBOOK 虚拟实验教学的探究[J]. 教学管理与教育研究,2019,4(01):84—85.
② 王娇. 虚拟仿真实验在高中物理实验教学中的应用研究[D]. 辽宁师范大学,2018.

下几个方面,如表4-8所示。

表4-8　NOBOOK案例中技术赋能的作用方式

作用空间	具体的作用方式	能够解决的问题
情境创设	在虚拟实验室中创设问题情境	缺乏真实的探究情境
探索发现	NOBOOK虚拟实验室页面	学生探究自主性不足
科学演示	多媒体演示	教师的指导作用有限
协商交流	以小组形式展开探究,相互讨论	学生探究自主性不足
评价反馈	课堂汇报,成果演示	难以开展有效的评价

四、基于虚拟世界的探究学习

虚拟世界(virtual world)这个概念,目前主要有两个层面的含义。狭义的虚拟世界,是指由人工智能、计算机图形学、人机接口技术、传感器技术和高度并行的实时计算技术等集成构建的一种交互式人工现实,是一种能够高度逼真地模拟人在现实世界中的视、听、触等行为的人机界面系统,是一种"模拟的世界";广义的虚拟世界,不仅包含狭义的虚拟世界的内容,而且还指伴随计算机网络技术发展和相应的人类网络行动的呈现而产生出来的一种人类交流信息、知识、思想和情感的新型行动空间,它包含了信息技术系统、信息交往平台、新型经济模式和社会文化生活空间等方面的广泛内容及其特征,总而言之,广义的虚拟世界是一种动态的网络社会生活空间①。

虚拟世界能给我们带来丰富多样的教育环境,而这样的教育环境不但使学习者之间的多模态交流(multi-modal communication)成为可能,而且还提供了能满足各种学习风格的不同学习体验②。尼尔·弗莱明(Neil Fleming)将学习风格分为四种类型:视觉型(visual)、听觉型(auditory)、读/写型(reading/writing)和动觉型(kinaesthetic),即VARK学习风格③,虚拟世界能够对这四种学习风格的体验进行良好的支持。另外,由于虚拟世界具有社会性,因此虚拟世界的交流比单纯讨论区/留言板等文字形式

---

① 何克抗.关于教育技术学逻辑起点的论证与思考[J].电化教育研究,2005(11):3—19.

② De Freitas S. Serious Virtual Worlds:A Scoping Study[J]. 2008.

③ Bonk C J,Zhang K. Introducing the R2D2 model:Online Learning for The Diverse Learners of This World[J]. Distance Education,2006,27(2):249-264.

的交流更进一步，可以遵循现实生活中的社会和文化成规，同时制订与虚拟环境相适应的新规则，进一步增强现有交流渠道的功能①。

近二十年来，虚拟世界在教育领域获得了很多教育研究者的关注，多个研究机构在这个方面开展了大量研究。我国也有学者关注到这个研究领域，有一些综述和介绍类论文发表，但相关实证研究较少②③。围绕教育虚拟，国际上已有超过100篇的同行评议论文发表，且以实证研究为主，其中大部分研究聚焦在科学教育领域。以下选取这些研究论文中提到的三个面向探究学习的教育虚拟世界，作为在教育技术领域内有一定影响力的典型案例予以分析。

（一）Whyville

1. Whyville 概述

Whyville 是 1999 年开通的一个极大规模的为教育目的而设计的多用户虚拟世界，虽然它是卡通风格的二维虚拟世界，但已经有超过四百万的注册用户④⑤，网站界面如图 4-7 所示。Whyville 最初是专门面向 8—14 岁女孩设计的虚拟环境，直到现在，68%的活跃用户还是女孩⑥。玩家在这个世界中进行探索的时候可以参与大量的随机任务，其中大部分是科学教育内容，包括生物、物理和化学。

2. 技术赋能的作用方式

在 Whyville 网站上，包含许多以游戏形成呈现的挑战性互动项目，通过参与项目活动实现探究学习。用户登录后，可以参与项目活动，在 Whyville 虚拟世界中漫游探索，在玩游戏的过程中还可以相互聊天。用户在参与项目的过程中，可以赚取 Whyville 世界中流通的虚拟货币"贝币"，有了贝币就可以购买化身头像、家具、砖块等虚拟物品。在 Whyville 虚拟世界中甚至还有一份名为"The Whyville Times"的周报，

① Good J, Howland K, Thackray L. Problem-based Learning Spanning Real and Virtual Words: A Case Study in Second Life[J]. ALT-J, 2008, 16(3): 163-172.

② 李月，陈雨薇，陈毅萍. 国外 3D 虚拟世界教育实证研究的现状与趋势研究[J]. 中国远程教育，2015 (08): 16—22.

③ 王建明，陈仕品，刁永锋. 多用户虚拟学习环境 River City 的项目分析及其启示[J]. 电化教育研究，2011 (07): 61—66.

④ Whyville[EB/OL]. http://whyville.net.

⑤ Bower J. Paper Presented at The Grantmakers for Education Annual Meeting[J]. Baltimore, MD, 20.

⑥ Mayo M J. Video games: A Route to Large-scale STEM education? [J]. Science, 2009, 323(5910): 79 -82.

图 4 - 7　Whyville

用户可以向这份报纸投稿,稿件一经发表,其他用户可以通过虚拟世界中的 BBS 对稿件进行评论。归纳来看,在 Whyville 虚拟世界中开展探究学习时,技术的赋能作用见表 4 - 9。

表 4 - 9　Whyville 案例中技术赋能的作用方式

作用空间	具体的作用方式	能够解决的问题
情境创设	在用户社区、实验室等虚拟场所中创设问题情境	缺乏真实的探究情境
探索发现	Whyville 中的课程单元	学生探究自主性不足
测量检验	通过虚拟世界中的模拟程序调整参数进行实验	学生探究自主性不足
协商交流	用户间可以通过聊天工具或 BBS 交谈,互相帮助	学生探究自主性不足
创作分享	收集数据、形成假设,并使用图表工具制作报告	探究学习目标不清晰
评价反馈	赚取"贝币"、用户形象与身份提升	难以开展有效的评价

（二）River City

1. River City 概述

River City 是基于 3D 技术设计开发的面向中学生的多用户虚拟世界，如图 4-8
所示。作为哈佛大学一个有十年历程（1999—2009 年）的研究项目的一部分，它致力
于通过虚拟世界引导中学生进行探究学习、建构科学知识[1]。即某一疾病突袭了这座
叫做 River City 的江边小城，学生作为时光旅行者从现代社会穿越回 19 世纪末，在市
长的邀请之下进入这座小城，借助当今时代的知识和技能帮助在 River City 受苦的
人们，以小团队的形式探究 River City，揭开疾病广泛传播的秘密。学生们深入到城
市之中，探索每一条街道、河流、居民区、医院、公共居住区以及其他地点，尝试给出
这座城市中居民生病原因的假设。River City 的课程设计中嵌入了多种在居民中同
时发生的疾病，包括水传播的、昆虫传播的，以及人际传播的疾病——同时在这座小
城中发作。在项目的结尾，学生们在课堂上汇报展示各自的研究成果，进行比较和
相互交流。

图 4-8　River City

2. 技术赋能的作用方式

关于 River City 的研究表明，这个虚拟世界对学生有较强的吸引力，提高了学生
的学习动机和科学探究能力，尤其是在常规课程中被教师认为是"学困生"的学生，他
们的学习表现会有所提升，即虚拟世界的学习能够消除一般意义上的"绩优生"和"学

---

[1] The River City Project [EB/OL]. http：//rivercity. activeworlds. com/.

困生"在学习成绩上的差异,另外女生与男生的学习效果也没有差异[①②];在 River City 虚拟世界中进行探究学习时,使用课程"提示"系统帮助的学生比没有使用提示系统的学生表现得更好[③];学生使用 River City 虚拟世界学习以后,对于他们在科学方面获得成功的信心(自我效能感)提高了,研究还发现,学生的数据收集行为与自我效能感存在相关性,自我效能感高的学生比自我效能感低的学生在数据收集过程中表现得更为积极,参与更多的科学探究活动[④]。另一项基于 EcoMUVE 虚拟世界的研究有类似的发现,在进行探究学习的过程中,学生的前干预自我效能感能够引发自身的探究兴趣,并且也有利于学生在探究学习的过程中对学习兴趣的保持[⑤]。综合相关研究,在 River City 虚拟世界中开展探究学习时,技术的赋能作用见表 4-10。

表 4-10　River City 案例中技术赋能的作用方式

作用空间	具体的作用方式	能够解决的问题
支架	非玩家角色的引导	教师指导作用有限
情境创设	19 世纪末的疾病袭击了一座小城	缺乏真实的探究情境
探索发现	在城市街道、河流等地进行探索调查,收集数据	学生探究自主性不足
测量检验	通过虚拟的仪器工具检验水质	学生探究自主性不足
协商交流	用户间可以通过聊天工具交谈,小组合作学习	学生探究自主性不足
创作分享	制作研究报告	探究学习目标不清晰
评价反馈	课堂汇报,展示成果	难以开展有效的评价

---

① Ketelhut D J, Nelson B, Dede C, et al. Inquiry Learning in Multi-user Virtual Environmets[J]. 2006.

② Ketelhut D J, Nelson B. Design-based Research Strategies for Developing a Scientific Inquiry Curriculum in a Multi-user Virtual Environment [J]. Educational Technology the Magazine for Managers of Change in Education, 2005: 21-27.

③ Nelson B C, Ketelhut D J. Scientific Inquiry in Educational Multi-user Virtual Environments[J]. Educational Psychology Review, 2007, 19(3): 265-283.

④ Ketelhut D J. The Impact of Student Self-efficacy on Scientific Inquiry Skills: An Exploratory Investigation in River City, a Multi-user Virtual Environment[J]. Journal of Science Education & Technology, 2007, 16(1): 99-111.

⑤ Chen J A, Tutwiler M S, Metcalf S J, et al. A Multi-user Virtual Environment to Support Students' Self-efficacy and Interest in Science: A Latent Growth Model Analysis[J]. Learning and Instruction, 2016, 41: 11-22.

（三）AWEDU

Active Worlds 是目前网络上最活跃的 3D 虚拟世界应用软件之一。1999 年，Active Worlds 的拥有者创造了 Active Worlds 教育宇宙 AWEDU（active worlds educational universe），它是当今世界上最具影响力的网上 3D 虚拟世界教育软件之一。AWEDU 是用于教育创新的支持环境，包括近 100 个独立拥有、创造和保持更新的虚拟化的教育世界。Active Worlds 是使用虚拟现实建模语言来开发的，而且它是 3DMAX 等三维软件辅助建模的。AWEDU 的系统架构主要包括以下五个模块，如图 4－9 所示。

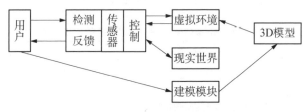

图 4－9　AWEDU 的系统架构

- 检测模块：检测用户的操作命令，并通过传感器模块作用于虚拟环境；
- 反馈模块：接受来自传感器模块的信息，为用户提供实时反馈；
- 传感器模块：一方面接受来自用户的操作命令，并将其作用于虚拟环境；另一方面将操作后产生的结果以各种反馈形式提供给用户；
- 控制模块：对传感器进行控制，使其对用户、虚拟环境和现实世界产生作用；
- 建模模块：获取现实世界组成部分的三维表示，并由此构成对应的虚拟环境。

AWEDU 浏览器的界面由四个主要的窗口组成，如图 4－10 所示。中间最主要的可视窗口是 3D 世界的景象，用户在里面可与其他用户、环境和贯通世界的导航交流。在 3D 窗口下面是一个用于交流的聊天对话框。在浏览器的左边是一个列表框，它允许用户从各种各样的附加功能中选择进行导航、交流或获取帮助。右边是一个综合的网页浏览器，它允许用户在 3D 环境中通过网页进行交流。在 AWEDU 环境中，用户通过化身扮演他们的角色。一个角色充当用户现在所处的独特世界里的一个代表。在进入一个世界之前，用户需要从虚拟世界所提供的大量角色中进行选择。角色不仅充当一个用户的直观表示，而且还充当进入 3D 环境的"摄像机"或者观点。

AWEDU 环境可以让教育首创者甚至初学者在 3D 环境中发展快速构造和定制

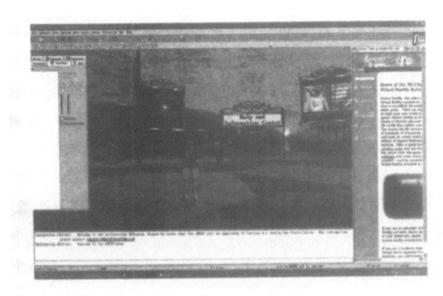

图 4-10   AWEDU 的应用界面

一个 3D 虚拟世界的能力。AWEDU 环境的拥有者有机会使用大量的物体并从中选择、使其用户化,包括建筑物部件,如墙、地板和门窗,以及家庭物品,如桌子、椅子和床等。通过赋予物体和材质生命,指示可促发 3D 环境中行动和事件的检测器以及激活整合的网页浏览器,拥有者可以便捷地在 3D 环境中增加交互的机会。

1. AWEDU 概述

进入 AWEDU,用户可以自主选择一个独一无二的化身,在虚拟世界里第一次说话时,化身的名字会出现在他/她的角色头像上面。聊天可以在 3D 窗口下面的文本对话框中进行,也可呈现在 3D 窗口里的用户化身上。用户可以建立通讯簿,以使用户在不同世界里找到他人并与之交流。如果关系亲密,用户也可以选择与其密谈。最新版本的 AWEDU 已经允许用户使用语音聊天,可以作为一个讲座/讨论型课堂的基本交流方式。AWEDU 允许的口头交流克服了用户在打字技巧和写作技巧方面的障碍。

AWEDU 是一个 3D 环境,用户是以一个角色的形式表现出来的。用户可以通过沿着 X 轴、Y 轴、Z 轴移动(行走、飞行、上升、滑行等)来控制自身角色在 3D 环境里活动。在 3D 环境中提供了多种用户视图,除了仰视、平视和俯视,还提供了"追踪相机"视角、第一人称视角和第三人称视角。在 Active Worlds 里,你可以建造你想要的一切,例如宇宙飞船、坚固的堡垒甚至是村庄里漂亮的房子。只要你能想象,你就能建造。在 Active Worlds 里,有多个世界可供用户建造和探索。一些流行的公共建造的世界,包括 Yellowstone、Mars、Metatropolis、Atlantis 和 Alpha World 都存在于其中。在学习建造时,如果需要帮助的话,可以找一个 Active Worlds 志愿者团体,为你提供一些与建造相关的技术和建议。

2. 技术赋能的作用方式

AWEDU 世界中已经有很多教育案例,包括从对新用户的非正式培训到应用 AWEDU 作为大学级别课程的远程教育媒介。通过新加坡小学生运用 Active Worlds 学习科学的案例[①],从中我们可以看到 AWEDU 在教育上的具体应用价值。学困生的学习兴趣和学习动力总是比那些绩优生低。然而在虚拟世界中,他们在学习过程中很投入,主要有三个原因:好奇、以学生为中心、协作和交流。在虚拟学习环境中完成一个学习任务对学生来说完全是一种全新的体验。当教师第一次把 Active Worlds 介绍给他们时,他们非常兴奋。研究显示,好奇心对于学生学习来说是一个非常强大的推动因素。在与学生的会谈中,他们对虚拟环境所提供的东西和怎样建造一个虚拟空间都保持强烈的好奇心。学生喜欢探究像游戏一样的未知虚拟环境。在研究中学生表现出来的参与学习的原因和琼斯等(Jones 等)所提出的积极指示是一致的。整个学习过程是以学生为中心的,学生对自己的学习承担更多的责任,而且学生是作为主要人物来设计学习任务的[②]。给出学习任务后,学生在学习过程中有目的地在因特网上搜索相关的信息,并与其他同学协商和裁定,他们变成主动的探究者和知识的建造者,而不是被动地接受信息或者在教室环境里死记硬背。3D 虚拟学习环境能促进建构主义的学习并帮助学生建构有意义的知识[③],同时支持写作和交互的学习。

学习是通过与同伴和老师交互式地讨论、协商和分享的过程。在这个研究中,虚拟世界平台允许学生与他人交流、合作。研究表明,用于通过 Active Worlds 环境学习科目主题的时间可能多于传统的以教师为中心的教学时间,但在这个研究中,这些学生花费了额外的 16 个小时来学习太阳系的主题,相较于其他花费两小时在教室学习

① Ang K H, Wang Q. A Case Study of Engaging Primary School Students in Learning Science by Using Active Worlds[C]//Proceedings of the First International LAMS Conference. 2006:5 - 14.

② Jones B F. Designing Learning and Technology for Educational Reform[J]. 1994.

③ Dickey M D. Three-dimensional Virtual Worlds and Distance Learning:Two Case Studies of Active Worlds as a Medium for Distance Education[J]. British Journal of Educational Technology,2005,36(3): 439 - 451.

的学生,他们的确花费了更多的时间,然而作为学困生,他们可能很难在教室的主题学习上集中精神超过半小时。通过使用虚拟学习环境,两个小时的学习经历对他们来说是愉快的。更重要的是,使用虚拟学习环境不仅使他们积极地投入到学习中,而且使他们愿意在学习上花费更多的时间,因此改变了他们对学习的态度。另外,学生也发展了其他技巧,如交流技巧、社交技巧和深入思考技巧[1]。在 AWEDU 虚拟世界中开展探究学习时,技术的赋能作用见表 4 - 11。

表 4 - 11　AWEDU 案例中技术赋能的作用方式

作用空间	具体的作用方式	能够解决的问题
探索发现	用户在 3D 虚拟世界中通过想象进行建造	学生探究自主性不足
测量检验	通过传感器模块进行检测并作用于虚拟环境	学生探究自主性不足
协商交流	用户间可以通过文字或语音交谈,团体合作学习	学生探究自主性不足
评价反馈	为用户提供实时反馈	难以开展有效的评价

五、基于数字化学习空间的探究学习

教室和实验室一直是学校教育中教学活动开展的主要场所,是学生成长与发展的学习空间。近年来"数字化实验室""电子书包""智慧教育""未来教室"等概念兴起,数字化学习空间成为教育信息化领域一个重要的研究方向。就数字化实验室而言,将数字化实验系统引入科学实验教学,通过数字传感器实时采集实验数据,通过计算机软件进行分析并以可视化的方式进行呈现,为学生的探究性学习提供了良好的硬件和软件支持,尤其是对连续变化的过程进行观察、分析,有着传统实验无可比拟的优势[2]。而未来教室是一种以技术为支撑的新型教学环境,未来课堂是建立在未来教室基础上的一种新的课堂教学形态[3]。下面以数字化实验室、未来教室项目 WallCology 和 nQuire 科学探究平台作为数字化学习空间的典型案例进行分析。

---

① Lim C P, Tay L Y. Information and Communication Technologies (ICT) in an Elementary School: Students' engagement in Higher Order Thinking [J]. Journal of Educational Multimedia and Hypermedia, 2003, 12(4): 425 - 451.
② 张兆东. 在数字化实验室研究冷热水混合[J]. 实验教学与仪器, 2012(12): 52—53.
③ 王东. 未来教室的教育功能研究[D]. 华东师范大学, 2016.

（一）数字化实验室

数字化实验室是对传统理化实验室的数字化改造,在传统理化仪器设备的基础上,一般采用传感器和多媒体计算机配合相应的软件系统来完成。基于无缝融合学习空间设计模型和原则,上海开放大学远程教育工程技术研究中心构建了数字化学习空间——开放教学数字化实验室[①]。为了验证学习空间对于学习支持的有效性,将学习空间应用于实际教学之中,使教学环境能够切实为教学活动服务,并进一步提升学习空间的性能,有研究者针对该学习空间的功能特性,设计开发了示范性泛在学习课件"星空探秘——太阳系的八大行星",为学习者提供实践体验机会。

1. 数字化实验室概述

在硬件设施方面,数字化实验室配备了丰富的信息呈现、互动和传感设备。大屏、电视屏、弧幕、平板电脑、手机等多屏设备,可以满足学习者在不同学习状态下的学习终端需求;全息影像设备,可以为学习者直观地呈现学习对象的立体仿真影像;灵活的学习桌椅,可以为学习者提供可移动的多种组合方式。同时,数字化实验室嵌入了相应的多屏互动系统和学习分析系统。通过数字化实验室的多屏互动系统,学习者可以实现从移动终端设备(如智能手机、平板电脑)到空间屏幕之间内容的无缝切换,学习者移动学习终端的数据和画面可以通过"甩屏"功能在大屏幕中呈现,以增强学习者之间的学习展示和交互。作为教学实验研究场所,数字化实验室还可以针对不同场景、不同网络环境、不同教学设备进行教学测试研究。利用实验室中的教学场景模拟、能耗分析、网络分析、脑波分析、行为体征分析和在线学习行为分析,可以形成数字化成效评估系统,为学习者提供即时、准确的学习反馈,为教学测试提供有效、实时的评估数据。在硬件和数字化系统的支持下,数字化实验室实现了物理空间与虚拟空间,多终端学习以及学习空间、技术、教学法的无缝融合。同时,学习空间支持多种学习模式的开展,并以学习者为中心,在支持学习者个性化学习的同时提供以用户体验为核心的学习测评服务。

数字化实验室运用实时测量、数据采集、数据分析和智能控制等先进技术,实现了中学理科实验教学与信息技术的全面整合,能够完成科学课程标准中要求的数字化物

---

① 肖君,姜冰倩,许贞,等. 泛在学习理念下无缝融合学习空间创设及应用[J]. 现代远程教育研究,2015(06):96—103,111.

理、化学、生物等各学科实验①。比如牛顿第三定律实验,在传统实验中采用两个弹簧秤对拉看刻度基本相等,而数字化探究实验采用两个力传感器对拉,通过两根 USB 线将传感器数据传入电脑,然后软件可以以数字和曲线的形式显示出力的大小变化,曲线和数据是相等和对称的,并且可通过软件进行曲线的拟合。在传统实验中一些只能定性无法定量的实验以及一些微小或瞬间数据的测量上,数字化实验室能发挥出巨大作用。

在教学环节中充分利用数字化实验室的技术支持,融入泛在学习理念。数字化实验室的 3D 投影仪和显示屏,能够清晰地呈现制作精美的课程介绍视频,实验室后方的弧幕也会同时滚动播放画面,为学习者营造仿真的学习氛围。同时,实验室配备平板电脑等移动设备,并安装视频录播系统,可以支持课程中移动学习、翻转课堂、MOOCs 等多种学习方式,使学习者能够自行选择适合自己的学习模式进行学习。同时,借助无缝融合学习空间,在教学环节中还可以融入多项新型教学技术,设置与教学环境之间的丰富交互。例如学习者在了解有趣的行星特征之外,还可以通过 3D 微课、增强现实(AR)等新型数字多媒体方式,体验各个行星的运行轨迹及特征。该泛在学习课件所涉及的学习空间技术支持模式如图 4 - 11 所示。

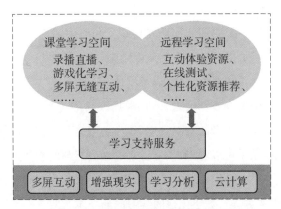

图 4 - 11　数字化学习空间的技术支持

2. 技术赋能的作用方式

有研究者使用数字化实验探究方法,探究酸碱中和反应的过程和原理。研究发

① 叶菁.数学建模思想在初中化学数字化实验教学中的应用研究初探[J].中国现代教育装备,2022(02):19—21+30.

现,通过先进的教学手段,实验过程中操作方便、实验图像清晰,数据处理直观简洁,能在45分钟的课堂教学时间内有效地突出重点、突破难点,高效地在起止时间内完成教学任务;提高了学生学习的积极性和学习效率,能够很好地提高学生的科学素养[1]。陈国平在案例分析的基础上认为,利用数字化实验室系统创设并提供经典、形象、直观而出人意料的问题情境,动态模拟相关物理过程,对学生的视觉产生刺激,使学生产生强烈的认知冲突,激发学生的学习热情,引发学生进行理性思考,将大大提高学生学习物理的热情与实验教学的效率[2]。

上海开放大学在开放教学数字化实验室建成后,对82位来自不同学科的教师开展了基于用户体验的数字化实验室学习空间整体设计成效调查评估,同时利用"星空探秘——太阳系的八大行星"课件,对依托该空间进行八大行星课程教学的7位学习者的用户体验进行了学习成效评估[3]。在数字化学习空间整体设计成效评估中,多数受访者表示,希望可以通过记录与分析现场教学过程中教与学的行为,包括动作、姿势、运动、位置、表情、交互等,分析学生的学习状态,帮助教师根据学生反馈制定对应的教学策略。对于学生在数字化学习空间中学习成效的评估,在"互动游戏"教学模块,学习者以答题的形式对此次课程学习的学习成效进行检验。以满分100分为评分机制,7位学习者的平均分达96.5,学习效果较好。除了对课程学习内容的学习成效进行评估之外,在课程结束后,研究团队还组织7位学习者对此次学习体验及课件设计进行以用户体验为核心的评价调查。调查结果显示,课程整体的满意度、易学性、美观度和学习效果都得到了较高的评价,满意度达85%。

除了主观的用户体验调查数据之外,在现场教学的过程中,实验室的脑波分析系统全程记录了其中3位学习者的脑电数据,作为学习体验的辅助数据支持。根据辅助的数据分析所呈现的结果可以看出,学习者兴趣最高点与问卷调查中所反映出的学习者学习偏好环节相一致。学习者对技术支持的教学环节表现出普遍的兴趣和较高的注意力,说明增强现实等支持数字化空间学习的新技术有效支持了学习者的观察和体验。因此,构建技术丰富的数字化学习空间,可以为学习者提供更好的学习体验,获取更好的学习成效。同时,通过学习者访谈也发现,利用数字化学习空间开展教学的过

① 江乐霄. 应用数字化实验室(DIS)教学案例——《再探中和反应》[C]. 中国教育技术装备论坛. 2014.
② 陈国平. 数字化实验系统(DIS)在物理演示实验教学中的应用[J]. 中国电化教育,2012(02):96—100.
③ 肖君,姜冰倩,许贞,余晔. 泛在学习理念下无缝融合学习空间创设及应用[J]. 现代远程教育究,2015(06):96—103,111.

程中,用户体验与无线网络技术环境有密切关系,无线网络不稳定制约了学习者的学习开展。另外,学习者也提出希望能有更多时间进行知识的独立学习。这反映了学习者最佳的用户体验是取决于学习空间、技术、教学法的有效融合设计,而有效的设计可根据基于数据的学习分析及时调整。基于数字化实验室开展探究学习时,技术所能给予的赋能作用见表4-12。

表 4-12 数字化实验室中技术赋能的作用方式

作用空间	具体的作用方式	能够解决的问题
探索发现	学生可以改变实验条件,收集数据,进行分析	学生探究自主性不足
测量检验	通过传感器和计算机进行可视化的测量与检验	学生探究自主性不足
协商交流	用户可以开展小组合作实验	学生探究自主性不足
创作分享	基于计算机的数据采集和分析,完成实验报告	探究学习目标不清晰
评价反馈	可视化直观呈现实验结果,有利于实验参数调整	难以开展有效的评价

(二) WallCology

WallCology 项目致力于在教室中给学生提供真实科学探究体验,由美国伊利诺伊大学芝加哥分校的汤姆·莫赫(Tom Moher)教授和同事共同设计开发。

1. WallCology 概述

WallCology 项目的研究者将植入动物群生活状态的模拟程序的平板电脑嵌入到教室墙壁中,为学习者提供观察模拟科学现象的"窗口"。为了使模拟的科学现象尽可能接近真实动物群的生活状态,研究者在 WallScopes 中设计了具有地点特色的虚拟环境,WallCology 的设计者还应用 iButtons 技术设置了多个不同的探究场景[①]。在课堂上,学习者仿佛置身于复杂的虚拟生态系统中,围绕物种的识别与分类、栖息地的选择、物种数量的估计等学习主题,完成一系列的科学探究活动。学习者可以透过不同的 WallScope 窗口观察到某一种生物的运动轨迹,得出针对某一生物相同运动轨迹的认识。

2. 技术赋能的作用方式

在科学探究中,探究者不仅需要掌握观察科学现象的技能,还需要学会运用工具

---

① 蔡慧英,顾小清. 设计学习技术支持 STEM 课堂教学的案例分析研究[J]. 电化教育研究,2016,37(03):93—100.

完成探究任务。顺应真实科学探究的特点,在 WallCology 的设计中,研究者不仅设计了相应的学习活动,为学习者提供观察科学现象的机会,还精心设计了探究工具,让学习者在相应的学习活动中体验如何使用这些工具完成科学探究任务。考虑到生物的习性特点和迁徙都与环境中的温度、湿度有一定的联系。研究者在平板电脑中设计了模拟电子温度计和湿度计。运用这一工具,学习者不再仅仅凭经验,而是更多地靠定量的逻辑推理来理解探究现象。在科学调查时,科学家们通常需要通过手与眼睛的协调以及灵敏的操作,与研究对象进行交互。考虑到这一科学探究的特点,研究者在 WallCology 中整合了标记技术,即学习者运用指针标记笔在模拟的生物上以彩色点的方式对其进行标记处理。这一做法能帮助学习者了解生态学家评估动态生物数量的方法。莫赫教授认为,当对学习技术的理解不再局限于台式电脑时,新兴的泛在学习技术就为支持学习者的学习活动扩展了新的设计空间。因此,莫赫试图在教室环境中设计和运用可获得的泛在学习技术,为学习者创建科学探究的机会。而且还希望学习者在长周期的科学观察中,收集数据或证据,形成对某一科学现象客观而深度的理解和认识[1]。基于 WallCology 教室开展探究学习时,技术所能给予的赋能作用见表 4-13。

表 4-13 WallCology 教室中技术赋能的作用方式

作用空间	具体的作用方式	能够解决的问题
情境创设	创设了模拟真实的生态系统情境	缺乏真实的探究情境
探索发现	通过墙壁就可以观察生物的活动	学生探究自主性不足
测量检验	模拟电子温度计和湿度计、指针标记笔	学生探究自主性不足

(三) nQuire

2013 年 9 月,由 Nominet Trust 资助,英国开放大学和诺丁汉大学联合创办的 nQuire 科学探究平台(如图 4-12 所示),是与开放科学实验室合作,针对中学生创建的探究学习环境[2]。nQuire 科学探究平台提供了完整的科学探究路径,帮助学习者在真实的科学环境下使用正确的探究方法进行学习。nQuire 平台提供的探究主题的神

---

① Moher T. Embedded Phenomena: Supporting Science Learning with Classroom-Sized Distributed Simulations[C]. Proceedings of the Sigchi Conference on Human Factors in Computing Systems, ACM, 2006.

② Mike Sharples. nQuire[DB/OL]. http://www.nquire.org.uk/home/.

秘性可以激发学习者的学习兴趣,主题与自身生活相关,可将学到的知识运用到实际生活中。nQuire 平台具有协作交流功能,有专家和同伴学习者对探究主题进行评价、交流。该平台提供完整的科学探究方法,激发了学习者的学习动机;提供的学习交流平台,促进了知识的意义建构。整个平台体现了建构主义学习理论的基本观点,即情境、协作、会话和意义建构①。

图 4 - 12   nQuire 首页

1. nQuire 概述

(1) 仿真的科学探究环境

nQuire 平台与开放科学实验室合作,针对中学生创建探究学习环境。开放科学实验室由英国开放大学主办、欧胜微电子(Wolfson)资助。该实验室旨在为创新性实用科学教学开发能进行在线实验的国际虚拟实验室②。虚拟仪器、交互式屏幕实验和 3D 沉浸式环境变革了真实的学习体验,使学习者像真正的科学家一样进行实验。在较为严格的探究指导下,开放科学实验室调动学习者的学习兴趣并引导其进入科学的世界,进而提高学习者的科学素养。建构主义学习理论强调学生在真实或者类似于真实的学习环境中学习。在一定的学习情境下,学习者的主动探索能够促进新旧知识的结合,激活思维和创造力,提高学习者独立解决问题的能力。nQuire 平台所提供的探究

① 白现萍,王珺. 基于 nQuire 平台的科学探究学习研究[J]. 现代教育技术,2016,26(10): 60—66.

② The Open University and the Wolfson Foundation. Open Science Laboratory The Open University and the Wolfson Foundation. Open Science Laboratory.

环境,与学习者所学知识密切结合,符合建构主义学习理论的基本观点。

(2) 严谨的科学探究过程

nQuire 平台提供了完整的模拟科学调研训练的步骤,学习者不需要具备与调查项目相关的专业知识,只要按照科学家所遵循的规范步骤进行探究,就可获得一般科学探究过程的学习体验。此外,nQuire 还提供了部分可灵活进行自由组合和改变的调查步骤,以帮助学习者形成有自己特色的研究。nQuire 平台为学习者提供了两种探究方式:参与首页上已有的优秀研究项目和学习者自己创建研究项目。nQuire 平台提供的一般科学探究步骤为:确定主题、发现问题、寻找解决方法、收集数据、分析数据、得出结论,且每个步骤都附带相应的探究活动,学习者根据调查主题的不同对项目的步骤进行合理的添加和删除。nQuire 平台在学习者自由创建项目的同时,为学习者提供了严谨的探究步骤,规范了探究过程。这样既激发了学习者主动学习的动机,又教会了学习者科学探究的方法。

(3) 成熟的协作交流平台

协作交流是建构主义学习理论的观点之一。协作应该贯穿于整个学习活动过程,包括指导者与学习者之间、学习者与学习者之间的协作;交流是协作过程的基本环节,协作学习的过程就是交流的过程,使每个学习者的想法为整个学习群体所共享,从而推动学习者的学习进程。论坛是 nQuire 平台提供的交流空间,主要分为三个板块:(1)与平台相关的论坛。学习者可以根据使用平台中遇到的技术和操作方面的问题进行提问。该平台的管理者会给予及时的解答和帮助,这样能够保证学习者顺利完成探究活动。(2)探究项目相关的论坛。在论坛中学习者针对研究项目提出疑问和交流心得,论坛中的专家可以帮助解决问题;nQuire 平台以学习者自由探究为主,合作交流在自主学习过程中占重要地位,问题的及时解决可以激发学习者的学习动机;通过了解他人的学习进度可以起到自我监督的作用;在论坛中与其他学习者进行争辩和交流,可推动对研究项目的拓展性思考。(3)与科学相关的论坛。本板块为学习者提供与科学相关的最新信息,方便学习者寻找感兴趣的调查主题,同时也提高了自身的科学素养;该论坛还提供一些最新的科学研究方法,以供学习者参考,确保科学探究活动顺利进行。

(4) 优秀的探究项目

nQuire 平台提供了各种成熟的探究项目。学习者可以直接按照上面的步骤进行探究,节省了创建新项目的时间。围绕这些项目,已有学习者公布了自己的探究主题、过程和结果,为初学者开展科学探究提供了支架,能够提高探究学习的效率和质量。nQuire平台中已经成功发布了14个项目,其中"探测月球岩石"项目是nQuire平台与开放科学实验室合作创建的比较成功的案例;再加上该项目具有一定的神秘性,可激发中学生的学习兴趣。地球和宇宙是初中科学课程的主题之一,了解宇宙中存在不同层次的天体系统,体会宇宙的奥妙,可以帮助学生逐步建立关于自然界的整体性、层次性和系统性的科学思想观念①。在收集资料、观察和讨论中,可以激发学生对于天文现象的兴趣和求知欲,引导学生形成科学的宇宙观。nQuire平台中的"探测月球岩石"项目在平台提供的基本探究步骤的基础上加以修改,可分为7个步骤:挑战、观看样本、确定问题、计划方法、检查样本、分析数据和得出结论,步骤呈圆环状可循环进行。调查可以从任何一个阶段开始,并且每一阶段都建立在前一个活动的基础上。

建构主义学习理论是探究性学习的理论基础之一,创建与学习相关的情境和学习中的协作交流是其主要观点。nQuire平台中的项目深入贯彻了这两个观点,其探究过程能够激发学习者的学习动机,使学生习得科学探究方法、掌握科学探究能力。这主要表现在以下四个方面:(1)创建学习情境。项目的研究对象并非日常所见,学习者不能亲临观测,故较难确定探究问题。nQuire平台与开放科学虚拟实验室合作,创建较为真实的学习环境。在真实情境中探究发现的知识可促进新旧知识产生联系,从而加深对新知识的理解;(2)协作交流。项目中创设相关的论坛,供学习者进行交流和协作。论坛中学习者可以分享研究成果,评价其他的研究项目,提出疑惑,由相关领域的专家解答;(3)激发学习者的学习动机。探究学习要求学习者进行自主探究,在整个学习过程中占据主体地位,故激发学习动机是探究项目顺利进行的关键。(4)培养学习者的科学探究能力。自主学习过程中掌握相关的科学探究方法至关重要。向学习者设下挑战,参考系统提供的科学探究方法和数据分析策略,按照步骤了解研究对象,提出问题,寻找探究方法,收集数据,分析数据,进而建构相关的规律和原理,掌握科学探究方法,从而提高科学探究能力。

(5)科学的数据收集和分析方法

nQuire平台引导学习者收集数据的方向,可以避免学习者在收集数据中做无用功。其提供的数据分析方法确保了数据结果的有效性,对初学者而言,有利于减少寻

---

① 中华人民共和国教育部. 义务教育初中科学课程标准(2011年版)[S].北京:北京师范大学出版社,2011:1—41.

找正确数据分析方法的麻烦。"探测月球岩石"项目的一个案例主题是"比较灰尘颗粒和岩石的不同",其中"观看样本环节"阶段需要对 4 种样本进行深入的探究。学习者按照系统提示,从样本的快照、大小、颜色、透明度和晶体形状等方面进行分析。在进行数据处理时,nQuire 提供了常见的分析方法,并将数据进行图形可视化或者图表可视化,以便于结果的分析。

(6) 权威的探究学习资源

官方的学习资源是进行科学探究的前提。前期调查资料的权威性增加了调查结果的信度,正确的科学知识和科学探究方法有助于建立正确的科学观念。nQuire 平台由英国开放大学和诺丁汉大学联合主办,这两所高校为平台提供了权威的教育观念和严谨的科学探究步骤。在"探测月球岩石"探究项目中,关于样本和月球岩石的更多信息可以链接到月球和行星研究所以及国家航空和宇宙航行局网页上。关于岩石样本的学习,可以进入由英国开放大学以及国家航空和宇宙航行局(NASA)联合承办的虚拟实验室,该实验室为学习者提供了虚拟的科学探究工具,如利用虚拟显微镜对岩石进行观测。"我的饮食健康吗?"项目可以链接到英国国民医疗服务体系的在线服务平台(NHS Choices),帮助人们了解关于健康饮食的信息。

2. 技术赋能的作用方式

国外对于 nQuire 科学探究平台的研究较多,其中比较典型的是以英国开放大学的沙普勒斯(Sharples)为首在 nQuire 平台上开展的一系列实验研究。保罗(Paul)等描述了 nQuire 的发展,并结合不同身份的探究者和实例分析了该平台在探究性学习中的作用,给出了未来发展的建议[1]。以平台中较为成熟的项目"Healthy Eating"为例,探究具有一定规则的学习工具——nQuire 平台在正式和非正式的学习环境中对探究性学习的影响,结果发现 nQuire 平台在两种学习环境下均能促进学生探究性学习的产生,且形成了一系列的探究步骤模型[2]。归纳来说,基于 nQuire 平台开展探究学习时,技术所能给予的赋能作用见表 4 - 14。

---

[1] Mulholland P. nQuire: Technological Support for Personal Inquiry Learning[J]. IEEE Transactions on Learning Technologies,2012,(2): 157 - 168.

[2] Sharples M, Collins T. A "laboratory of Knowledge-Making" for Personal Inquiry Learning[J]. Springer-Verlag Berlin-Heidelberg,2011: 312 - 319.

表 4 - 14　nQuire 平台技术赋能的作用方式

作用空间	具体的作用方式	能够解决的问题
情境创设	创设了仿真的虚拟探究情境	缺乏真实的探究情境
探索发现	提供多种严谨的科学探究过程	学生探究自主性不足
测量检验	提供科学的数据收集与分析方法,并将图形、图表可视化	学生探究自主性不足
协商交流	为 nQuire 平台提供交流空间的论坛	学生探究自主性不足
评价反馈	专家和同伴评价	难以开展有效的评价

六、基于移动手持设备的户外探究学习

据《CNNIC:第 48 次中国互联网络发展状况统计报告》,截至 2021 年 6 月,我国手机网民规模为 10.07 亿[①]。随着智能手机、平板电脑、可穿戴设备等移动设备的普及,借助移动设备自带的传感器等情境感知技术和增强现实技术能够让学习者与物理环境中的数字化信息进行互动,开展户外探究学习。学生可以在社区、郊外或公园等自然环境中开展科学探究活动,采用移动设备进行数据采集、信息检索、数据分析、展示分享等各种学习活动,如图 4 - 13a、4 - 13b 所示[②]。情境感知可以让移动设备"知道"学生所处的真实世界的位置,并把与位置相关的数字化内容呈现给用户[③]。典型的应用场景基于位置感知技术(GPS)和对象识别技术(二维码或图像识别),可以向学习者动态推送万维网上的相关信息和知识。增强现实作为学习工具的潜能在于它能够让学生以一种全新的方式观察周围的世界,并投入到学生已连接的情境里的真实问题中[④]。

[①] 第 48 次中国互联网络发展状况统计报告[DB/OL]. http：//www. cnnic. net. cn/hlwfzyj/hlwxzbg/hlwtjbg/202109/P02021 0915523670981527. pdf.

[②] Dunleavy M，Dede C. Augmented Reality Teaching and Learning[M]// Handbook of Research on Educational Communications and Technology. Springer New York，2014：735 - 745.

[③] Klopfer E，Squire K，Jenkins H. Environmental Detectives：PDAs as a Window into a Virtual Simulated World[C]// IEEE International Workshop on Wireless and Mobile Technologies in Education. IEEE Computer Society，2002：95 - 95.

[④] Klopfer E，Sheldon J. Augmenting your own reality：Student Authoring of Science-based Augmented Reality Games[J]. New Directions for Youth Development，2010，2010(128)：85 - 94.

a：学生收集数据　　　　　　　　　　　b：学生分析数据

图 4 - 13　基于移动手持设备的户外探究学习

（一）数字化微型气象站

基于手持技术的"数字化微型气象站"是将先进的测量技术和计算机技术与现代教学理念相结合的便携式气象数据采集系统。

1. 数字化微型气象站概述

数字化微型气象站利用太阳能供电，白天不需使用额外电源，夜晚或阴天由太阳能充电电池继续供电，因此气象站可在 24 小时内不间断工作，为持续性的气象科学探究活动提供了有力的支持。微型气象站的传感器是获取科学数据的重要途径，为学生从事气象科学探究活动提供了便捷的数据获取工具。数字化微型气象站集多种手持传感器技术于一身，包括风向及风速传感器、温度及相对湿度传感器、降水量传感器、气压传感器。数字化微型气象站的配套软件 Weather-Lab，为学生进行气象科学探究活动提供了强大的数据分析处理工具。Weather-Lab 软件具有强大的气象数据统计与图示的功能[1]。

2. 技术赋能的作用方式

在我国台湾地区，数字化微型气象站被广泛应用于气象学习之中[2][3]。2003 年底，中国台北市在市内的中小学内建立各自的校园气象台。2006 年至 2008 年，台北市连续举办了三届基于"校园气象台"的"中小学学生自然科学探究式学习网络竞赛"[4]，取

---

① 钱扬义，彭豪."数字化微型气象站"在科学教育中的应用与思考[J]. 中国电化教育，2009(07)：88—91.

② 王绪溢. 数位化科学学习与教学[EB/OL]. http：//ccv. src. ncu. edu. tw/ccv/Library/DigitizedScienceLearning. pdf.

③ 江启昱. 信息科技在国小自然与生活学习领域教学之应用—以"探索校园气象信息"为例[EB/OL]. http：//www. hkedcity. net/.

④ 中国台北市校园数位气象网[EB/OL]. http：//weather. tp. edu. tw/.

得了巨大的成效。学生乃至全民的科学探究意识与科学素养都得到了很大提高①。我国香港地区也建立了类似台湾地区的校园气象网——"香港联校气象网"。香港天文台定时组织联网的中小学联合开展一系列气象科学探究活动。香港地区的"联校气象网"逐步扩大,使气象科学探究活动得以进一步推广普及②。2005年,华南师范大学的钱扬义教授将数字化微型气象站引进到中国内地,并着手把它应用于气象科学探究活动之中。其后,该校化学专业的学生与地理专业的学生联合开发了一个极有代表性的研究性学习案例——利用微型气象站探究课室环境与人类活动的相互影响③。数字化微型气象站让学生在真实情境下进行科学探究,迎合学生"做"科学的需要;同时通过信息技术的辅助学习,提高了学生的信息素养④。基于数字化微型气象站开展探究学习时,技术的赋能作用见表4-15。

表4-15 数字化微型气象站中技术赋能的作用方式

作用空间	具体的作用方式	能够解决的问题
情境创设	真实的科学探究情境	缺乏真实的探究情境
探索发现	学生可以像气象科学家一样开展科学探究活动	学生探究自主性不足
测量检验	多种气象传感器以及配套软件	学生探究自主性不足

(二) 泛在学习系统

随着信息技术的快速发展,学习经历了传统学习、网络(化)学习、移动学习和泛在学习四种变化。泛在学习是指任何人都可以不受时空、形式和途径的限制进行学习,即在任何时间、任何地点,用任何设备、以任何方式来学习,享受无处不在的学习服务。从本质上来说,泛在学习是网络学习和移动学习的延伸,但它强调环境智能化、资源开放性和学习个性化,强调在真实的教学情境中以学习者为中心,为学习者充分利用资源进行终身学习提供支持⑤。1998年,马克·威瑟(Mark Weiser)⑥提出"泛在学习"的

① 董松乔. 你也可以是气象权威——校园气象台与探究式学习[J]. 网络科技时代,2008,(5):72—75.

② 任咏夏. 我国校园气象站的规模结构格局与评价[J]. 中国教育技术装备,2008,(10):9—10.

③ 钱扬义. 手持技术在研究性学习中的应用及其心理学基础[M]. 北京:科学出版社,2006:176—198.

④ 钱扬义,彭豪. "数字化微型气象站"在科学教育中的应用与思考[J]. 中国电化教育,2009(07):88—91.

⑤ 祝智庭. 教育技术前瞻研究报道[J]. 电化教育研究,2012(4):5—14,20.

⑥ Weiser M. The Future of Ubiquitous Computing on Campus[J]. Communications of the ACM,1998,(1):41-42.

概念,指出大学校园往往是科技革命浪潮的前锋,现在我们正在经历第三次计算机技术革命(即大型机时代——个人电脑时代——普适计算时代)。之后,海内外高校纷纷开展泛在学习实验项目,如美国哈佛大学的泛在学习手持设备项目(handheld devices for ubiquitous learning)、麻省理工学院的复兴革命项目(reliving the revolution),以及我国清华大学的智能远程教室项目和台湾中央大学的环境感知学习项目等。泛在学习自出现以来,在较短的时间里经历了从 3A(anywhere,anytime,any device)到 4A(anyone,anytime,anywhere,any device)再到 5A(anyone,anytime,anywhere,any device,anyway)的学习理念变化的过程,因此泛在学习亦被称为普适学习、无缝学习、无处不在的学习等。科学教育的核心目标是提高学生的科学探究能力,黄国祯等借助能够进行情境感知的泛在学习系统在公园中开展了探究学习的研究①。

1. 泛在学习系统概述

泛在学习系统采用了无线射频识别技术(radio frequency identification,RFID)检测学生在一个真实的自然环境中的探究学习行为并给学生提供学习指导。在传统的探究学习过程中,科学探究活动对学生而言往往并不是一件轻松的事情,当学生遇到困难而得不到解决时,就会影响到探究学习活动的顺利开展,从而导致在规定的时间内,学生无法达成预定的探究学习目标。在探究学习的过程中,根据学生学习的进展情况,给学生提供适时且必要的指导和反馈非常重要。移动技术和传感器技术的成熟为探究学习过程中的即时指导和反馈提供了实现的可能性。在该项目中,学生携带手持设备在我国台湾地区南部的一个公园中进行自然探索,公园中很多地方的仪器上都设置了 RFID 标签,学生在科学探究过程中,随时可以通过手持设备扫描 RFID,获取学习平台中的指导或交互式学习内容(自然科学课程中需要掌握的内容),进而完成相应的仪器操作要求,并进行观察和反思。这一系统基于认知学徒制理论为学生提供个性化的探究学习指导,其指导机制如图 4-14 所示。

2. 技术赋能的作用方式

相关准实验研究结果显示,相比于传统的课堂教学方式,基于泛在学习系统的探究学习显著提升了学生的成绩。问卷显示,学生非常喜欢这种新的科学学习方式,95%的实验组学生表示更愿意通过这种泛在学习的方式观察科学现象、开展科学调

---

① Hwang G J, Tsai C C, Chu H C, et al. A Context-aware Ubiquitous Learning Approach to Conducting Scientific Inquiry Activities in a Science Park[J]. Australasian Journal of Educational Technology, 2012, 28(5): 931-947.

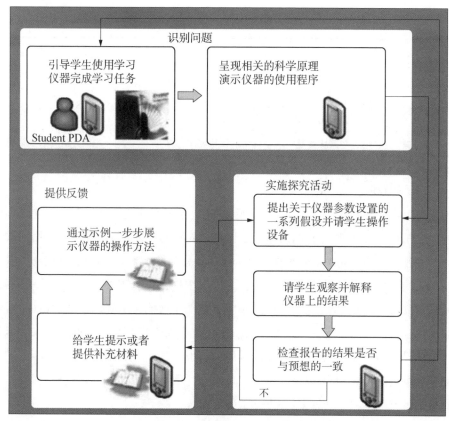

图 4 - 14   科学探究中的泛在学习指导机制

查,所有学生都表示更加喜欢科学课了。教师在访谈中认为,通过手持设备给予即时的指导和反馈是项目成功的关键所在①。通过该案例可以发现,学习环境与学习活动的设计非常关键,将技术作为学生的认知工具,在探究学习的过程中能够帮助学生完成知识建构的过程,从而获得良好的教学效果,克服传统探究学习中的困难和障碍。基于泛在学习系统开展探究学习时,技术的赋能作用见表 4 - 16。

表 4 - 16   泛在学习系统中技术赋能的作用方式

作用空间	具体的作用方式	能够解决的问题
情境创设	真实的科学探究情境	缺乏真实的探究情境

① Hwang G J, Tsai C C, Chu H C, et al. A Context-aware Ubiquitous Learning Approach to Conducting Scientific Inquiry Activities in a Science Park[J]. Australasian Journal of Educational Technology, 2012, 28(5): 931 - 947.

作用空间	具体的作用方式	能够解决的问题
支架	通过一套泛在学习指导机制给学生适时提供支持	教师指导作用有限
探索发现	通过手持设备和 RFID 标签,学生可以在户外开展科学探究活动	学生探究自主性不足
评价反馈	通过与系统交互完成系统中的操作要求	难以开展有效的评价

(三) ARTool

增强现实技术和移动学习是一个很好的结合点,技术条件已经成熟。其在教育行业内的应用也正在逐渐开展,国内外已经有一些学者正在探索将这种技术应用到教学中。学习者使用的智能手机和平板电脑一般都具有摄像头和 GPS,具备上网功能以及较为强大的运算能力,这就为增强现实技术的应用提供了基础硬件平台。另一方面,增强现实具有真实性、交互性、实时性,应用于移动学习能够更好地呈现学习内容,营造真实的学习情境,提供优质的学习体验,这些将会大大提高学习效率和效果。李青及其团队设计和开发了一套基于 Android 平台的增强现实移动学习工具"ARTool",借助智能手机的强大功能,以该工具为核心,设计和配套了相应的学习资源,开发出基于情境的探究性学习活动方案,并进行实证研究[①]。

1. 功能特点

ARTool 采用虚拟信息与现实景物叠加。信息点是数据的基本单元,包括方位信息和所在地点的说明材料。ARTool 可在移动设备的摄像头界面显示实时影像,并叠加信息点图标和方位信息。学习者可以根据屏幕的指示判断信息点的位置,进而沿着该方向去寻找信息点。另外该工具界面采用信息点的多视图展示,除摄像头界面外,还提供列表界面和地图界面两种视图,学习者都可以通过任一视图查看信息点或学习内容。ARTool 还为学习者提供了关于信息点的相关知识,可包括文本、图片、视频片段等多媒体资料。对于学习历史,该工具可以记录学生的学习轨迹,学习者在完成一个信息点的学习之后,可使用签到功能,程序会记录学习者的学习轨迹和进度。ARTool 的下一个版本还会提供轨迹绘制报表功能。对于新的学习内容的创建,学习者可以用手机创建新的信息点,拍摄相关图片、添加文字描述,并自动记录地理坐标,提交到服务器,这些新资源可以开放给整个平台的其他使用者共享。

---

① 李青,张辽东.基于增强现实的移动学习实证研究[J].中国电化教育,2013(01):116—120.

该软件支持两类学习活动：一是户外探究性学习,通过 GPS 定位获取位置信息并在屏幕上的实物对象叠加相关信息(包括文字、图标、网页信息等),引导学习者完成学习体验;二是学习者创建学习内容的活动,即将学习者自行标记新的信息点作为学习内容,并提交到服务器,其他学习者可共享或评价。整个软件的基本业务流程如图 4 - 15 所示。

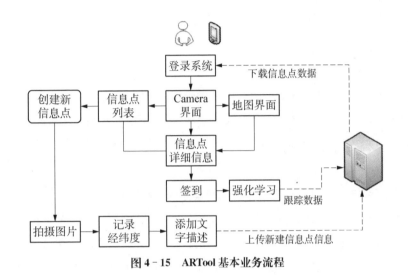

图 4 - 15　ARTool 基本业务流程

2. 技术赋能的作用方式

在研究过程中,研究团队开发了基于增强现实的移动学习应用程序 ARTool,以"微波技术与天线"课程教学内容组织了移动探究学习活动,并完成了对比实验。实验结果显示,实验组的学生不仅完成了课堂学习,还进行了教学实践活动,对学习内容多一次强化过程,而对照组则缺少该强化环节,从实验组成绩集中于高分段可以看出移动学习实践活动对学习强化作用较优。实验基本达到了预设目标：实验组和对照组的成绩差距明显,大部分同学对基于增强现实技术的移动学习充满兴趣,对这种学习方式持认可态度。实验验证了基于增强现实技术的移动学习对教学效果的正向促进作用。归纳来说,基于 ARTool 开展探究学习时,技术的赋能作用见表 4 - 17。

表 4 - 17　ARTool 中技术赋能的作用方式

作用空间	具体的作用方式	能够解决的问题
情境创设	虚拟信息与真实信息相结合	缺乏真实的探究情境

作用空间	具体的作用方式	能够解决的问题
探索发现	通过 GPS 定位信息和实物图像信息相叠加,在户外开展科学探究活动	学生探究自主性不足
创作分享	创建新资源开放到平台与其他学习者共享	学习资源不足
评价反馈	学习者之间可共享和评价学习内容	难以开展有效的评价

七、案例总结与启示

本节围绕技术赋能的探究学习的案例研究和相关研究状况进行总结与分析,对第三章构建的作用空间模型作进一步的修改完善,进而讨论探究学习环境的设计与选择问题,在此基础上提出实证研究的方向。

(一)探究学习中技术赋能的作用空间模型的修改完善

基于计算机和网络的探究学习环境,能够借助虚拟仿真技术整合多种认知工具,为探究学习的开展提供多种给养:借助信息技术呈现有吸引力的问题情境,引发学习者的探究兴趣和学习动机,搜集资料、获取数据;借助数字化实验平台、模拟仿真和建模软件、虚拟世界等探究学习环境,通过操纵调整参数获得数据、发现规律、建构知识;处理分析资料和数据;用作解决问题的工具,对通过调查、实验收集到的数据进行分析处理;使用建模工具对科学现象和过程进行建模分析;通过通讯工具进行协作和交流,对科学知识进行社会性建构;用可视化技术总结和呈现结果,表达自己对知识的理解;记录探究学习过程数据,为嵌入式评价的实施提供条件;借助元认知工具,促进学生的自我评价与反思。另外,从诸多案例中可以发现,借助信息技术搭建支架引导学生的探究学习也是技术赋能的一大作用方式,应当纳入第三章所构建的探究学习中技术赋能的作用空间模型中去。综合起来,本章所选择探究学习环境典型案例对探究学习的赋能作用见表 4-18。

表 4-18　探究学习环境案例的赋能作用

类别	典型个案	支架	情境创设	探索发现	科学演示	测量检验	协商交流	创作分享	评价反馈
基于万维网的网络探究学习	WebQuest	√	√	√				√	√

类别	典型个案	支架	情境创设	探索发现	科学演示	测量检验	协商交流	创作分享	评价反馈
	WISE	√		√	√	√		√	√
	Big 6		√	√			√	√	√
基于虚拟实验的探究学习	PhET			√	√	√			
	zSpace			√	√		√		
	NOBOOK		√	√			√		√
基于虚拟世界的探究学习	Whyville		√	√	√	√	√	√	√
	RiverCity	√	√	√	√	√	√		√
	AWEDU		√	√		√	√		√
数字化学习空间内的探究学习	数字化实验室		√	√		√			√
	Wallcology		√	√		√			
	nQuire		√	√		√	√		√
基于移动手持设备的户外探究学习	数字化微型气象站		√	√		√			
	泛在学习系统	√	√	√					√
	ARTool		√	√				√	√

从相关研究文献来看,虽然出现了很多的实践案例和探究学习效果的实证研究论文,但关于技术赋能探究学习的理论研究至今尚且缺乏,在开展相应的教学实践时并没有成形的理论模型可资借鉴。基于本章案例分析的情况,笔者对作用空间模型进行了修改扩充,分为学习环境设计层、教学设计层和探究活动层,如图4-16所示。

信息技术对探究学习的赋能作用是通过探究学习环境达成的,所以学习环境设计层是赋能空间的基础层,而构建探究学习环境的行为主体应该是相关研究人员、系统设计人员和技术开发人员。学生通过探究学习环境开展科学探究活动,不能是盲目的自由探索,探究支架的设计非常重要,会极大影响探究学习的效果,教学设计层是赋能空间的中间层,其行为主体可以是相关研究人员和教师。在学习环境设计层和教学设计层的基础上,探究活动层包含了技术赋能的学生科学探究实践的全过程,行为主体主要是学生,教师的角色是科学实践共同体的成员,教师要在学生参与技术赋能的探究学习活动过程中给予其一定的引导和帮助。

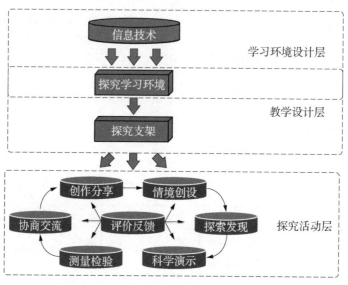

图 4-16　探究学习中技术赋能的作用空间模型 II

(二) 探究学习环境的设计与选择

从本章呈现的很多案例可以看出,如果没有相应的探究学习环境,探究学习是无法开展的,使用技术赋能的探究学习(technology enabled inquiry learning)这样的术语来描述最为恰当,正因如此,本书使用这一术语作为核心术语。

技术已经形成一个生态体系,并且还在不断进化中。早在 20 世纪 80 年代就有学者分析提出之前技术没能成功地支持学习的原因:第一,人们没有很好地理解怎样整合技术才能满足学习者的需要;第二,人们也没有清楚地认识到技术该如何有效地与教育情境结合才能真正地支持学习者活动且达到学习目标[1]。因此,要使信息技术对学习产生积极的影响,数字化学习环境的设计应该围绕学习者的目标、需求、活动和教育情境来设计,这就是以学习者为中心的设计(learner-centered design,LCD)[2]。情境性是探究学习的主要特征之一,真实的探究情境有利于引发学习者的学习兴趣,激发学习动机,生成有意义的探究问题,提高学生探究学习的自主性。就探究学习环境的

---

① Cuban, Larry. Teachers and Machines: The Classroom Use of Technology since 1920[J]. Teachers College Record, 1986.

② Soloway E, Guzdial M, Hay K E. Learner-centered Design: The Challenge for HCI in the 21st Century [J]. Interactions, 1994, 1(1994): 36-48.

设计而言,内容主题的选择应围绕科学大概念,而情境设计应当成为探究学习环境设计首先要考虑的部分。情境设计决定其他的探究学习活动的设计,包括具体探究任务的设置、探究支架的设计、伴随式评价的方式等。

如果不能自主设计与开发探究学习环境,就需要选择国内外已有的探究学习环境进行一定的配置或者二次开发。在选择的过程中,需要考虑所选择的探究学习环境与教学应用的目标和场景是否契合,相应的主题内容与当前所在国家和地区的课程标准是否契合,所需要的教育信息化环境条件与所在国家和地区的信息化基础设施配置情况是否契合。

(三) 国内尚缺乏技术赋能的探究学习相关实证研究

作为全世界最权威的学术期刊之一的 *Science* 杂志,是发表最好的原始研究论文、以及综述和分析当前研究和科学政策的同行评议的期刊之一。在笔者案例研究过程中,通过对案例的相关文献调研发现,*Science* 杂志近二十年来刊载了 5 篇与本章提到的案例有关的重要论文,其题目、作者、单位信息见表 4 - 19。由此可见,技术赋能的探究学习相关研究作为国际上教育技术研究领域的热点之一,相关研究成果已获得广泛的认可。

表 4 - 19 *Science* 刊载的相关论文

发表年份	题目	作者	作者单位
2006	Technological Advances in Inquiry Learning	de Jong T	University of Twente, Netherlands.
2008	PhET-Simulations that Enhance Learning	Carl E. Wieman, Wendy K. Adams Katherine K. Perkins	University of British Columbia, Canada. University of Colorado, USA.
2009	Video Games: A Route to Large-Scale STEM Education?	Merrilea J. Mayo	Ewing Marion Kauffman Foundation, USA
2009	Immersive Interfaces for Engagement and Learning	Chris Dede	Harvard University, USA.
2014	Computer-Guided Inquiry to Improve Science Learning	Marcia C. Linn et al.	University of California Berkeley, USA

Science 载文情况只是一个例证,在众多国际知名的 SSCI 期刊中,相关实证研究文献也已经有很多,但从研究者所在的国家和地区来看,他们中的大多数来自于欧美国家、中国台湾和中国香港地区,而来自中国内地的相关实证研究成果几乎没有。特别是基于虚拟世界的探究学习方面,尽管是国际同行的一大研究热点(*Science* 载文中的 3 篇),但国内除了零星的介绍类文献外,相关理论和实践研究都尚属空白。基于此,笔者实证研究选择虚拟世界作为探究学习环境开展研究,重点研究虚拟世界赋能的探究学习中学习者学习兴趣动机、自我效能感、学习参与情况以及相应的学习产出与效果。

第五章　基于虚拟世界的探究学习实证研究设计

课堂上开展探究学习存在诸多限制,基于计算机的探究学习环境为学校教育情境下探究学习的顺利开展带来了可能性。本研究实证部分要回答的问题是:虚拟世界如何赋能探究学习,其对学习结果的影响如何?为了回答该问题,笔者选取了生态系统这个主题,围绕"生物需要能量和营养物质,为此它们经常需要依赖其他生物或与其他生物竞争"这个科学大概念,借助 Omosa 虚拟世界,在 S 市两所中学开展了将近一个半学年的实证研究。

为了保证实证研究的顺利开展,整个研究过程分为两个阶段:第一轮探索性研究和第二轮正式研究。通过第一个阶段的探索性研究,论证 Omosa 虚拟世界课程在 S 市初中开设的可行性,对存在的问题和障碍进行观察、记录和分析,对相关课程材料和实验流程进行改进后再进入实证研究的第二阶段研究。第二阶段研究使用混合研究的方法,通过质性和量化数据的收集和分析,重点呈现和揭示虚拟世界如何赋能学生的探究学习,其学习过程是如何开展的,以及学生的科学精神和探究能力有何变化。

本章将从研究情境、第一轮探索性研究及其发现、第二轮正式研究的设计(包括研究问题与研究对象、研究方法与研究过程、研究工具与数据收集、数据分析过程与方法)这三个部分对实证研究的设计和实施过程进行详细的说明。

一、研究情境

在美国 NSF 发布的《在互联世界中促进学习》报告中,呼吁吸收学习科学领域的最新进展,建立通用开放的平台,以服务于广大学习者和开发者①。作为探究学习环境的研究者和设计者,从缩短研究周期、降低研究成本以提高研究效率的角度上,应该优先考虑和选择现有的开源平台进行二次开发,特别是经过实证研究检验有效的探究学习环境②。本研究始于2014年笔者所在的研究中心与澳大利亚悉尼大学教育学院的一次学术交流活动,项目启动时即确定基于共同的探究学习环境Omosa虚拟世界在两地中学中同步开展研究。本部分重点介绍本研究开展的探究学习环境和教学准备情况,包括Omosa虚拟世界、基于NetLogo的Omosa模拟实验、科学探究活动设计、学生手册以及教师培训情况几个部分。

(一) 探究学习环境:Omosa 虚拟世界

Omosa是一个基于计算机的3D虚拟环境,具有类似魔兽世界(World of Warcraft)等常见3D游戏一样的视觉体验,其操作体验类似于广受青少年喜欢的沙盒游戏——我的世界(Minecraft)。不同的是Omosa是一个基于教育目的设计、开发的虚拟探究环境,其主题围绕生态系统,能够支持学生在学校里借助计算机开展科学探究活动。虚拟世界设计的原型为五万年前的澳洲大陆,那时的人类活动以狩猎为主,并已经开始了火耕农业活动,人类的活动开始影响到自然生态的平衡。尽管如此,系统的设计要素中并没有将背景刻意局限于某个地区,从而限制相应的动物和植物种群,由此能够保证学生在科学探究中建构的生态系统知识具有一定的普适性和通用性③。

Omosa虚拟世界提供了一个模拟真实的生态系统情境,学生可以在虚拟世界中开展探索,观察、调查以获取数据。学生的身份是科学探究团队的成员,前往Omosa星球协助星际环境调查组(IEIA)首席科学家开展科学研究工作,为Omosa土著居民查明他们赖以为生的动物叶鹿种群数量下降的原因。

① Abelson H, Dirks L, Johnson R, et al. Fostering Learning in the Networked World: The Cyberlearning Opportunity and Challenge[M]. A 21st Century Agenda for the National Science Foundation. 2008: 23.

② Donnelly D F, Linn M C, Ludvigsen S. Impacts and Characteristics of Computer-Based Science Inquiry Learning Environments for Precollege Students[J]. Review of Educational Research, 2014, 84(4): 572 - 608.

③ Jacobson M J, Taylor C E, Richards D. Computational Scientific Inquiry with Virtual Worlds and Agent-Based Models: New Ways of Doing Science to Learn Science[J]. Interactive Learning Environments, 2016, 24(5 - 8): 2080 - 2108.

Omosa 星球的岛屿上设置了 5 个主要的地区,学生可以在其中开展访问、调查等科学探究活动,如图 5-1 所示,分别是:(1)村庄,土著居民的居住地,村庄中散布着居民居住的房屋,通过与猎人和讲故事老人的对话,学生可以了解关于居民生活方式的信息,通过位于村落中心的大厅中展示的探险家日记,学生可以了解到村落的历史以及岛上的动植物种群信息;(2)狩猎场,叶鹿等动物的栖息地;(3)种群数量观测站,科学家记录和发布动物种群数量的户外观察站;(4)研究室,生态学家工作的地方,学生可以在这里获得生态研究数据;(5)气象站,气象学家工作的地方,学生在这里可以获取气候变迁的数据。通过与虚拟人物的对话以及探险家日志等制品信息,学生们可以获取大量证据,来验证动物种群下降的三个假设:(1)气候的变化;(2)Omosa 人的火耕农业带来的生态破坏;(3)Omosa 人的过度狩猎。

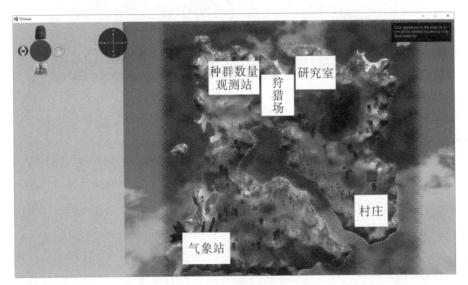

图 5-1　Omosa 虚拟世界的构成

Omosa 虚拟世界的设计开发始于 2009 年,其总体设计工作由澳大利亚悉尼大学迈克尔·雅各布森(Michael J. Jacobson)教授主持,麦考瑞大学的黛博拉·理查兹(Deborah Richards)教授所带领的团队进行技术开发。Omosa 虚拟世界的开发使用了 Unity3D 跨平台 3D 游戏开发环境(http://unity3d.com/),Unity3D 内置的重力感应和对象检测等功能给系统的开发带来了诸多便利。在 Omosa 虚拟世界中,Omosa 人及动物群的活动采用了 ABM 算法,从而保证生态系统中的所有实体,或称"代理

(agents)"能够基于简单的规则在环境中运动,如图 5 - 2 所示。比如,生物种群的运动,一群叶鹿总是维持在 30 头左右,花斑狼总是 2—5 只一起活动。花斑狼吃叶鹿,而叶鹿吃草。当花斑狼靠近的时候,叶鹿会四处逃窜。整个生态系统的运行都由这样一套规则来约束,一位生物学家参与了相应规则的制定①。

图 5 - 2　花斑狼在追猎叶鹿

(二)建模工具:NetLogo

如前文所述,基于计算机建模的研究方法已经在自然和社会科学研究领域得到了科学家们的广泛运用。科学家通过开发概念上的、物理的、具象的以及计算机模型来探索自然。这些模型可能代表某种现象的一个方面,勾勒出一个系统相互作用的成分,并量化相关变量之间的关系,以帮助解释和预测一个事件②。本研究中,学生在虚拟世界开展观察、获取数据等科学探究活动之后,还借助 NetLogo 建模工具开展了 Omosa 虚拟仿真实验。基于 NetLogo 的 Omosa 仿真实验使用了与 Omosa 虚拟世界中类似的生物演化算法,可以通过花斑狼、叶鹿、人类、草等生物活动以及自然气候条件等对生态系统的影响进行建模,并且以二维动画的可视化动画呈现生物的行为活动的演化状态,如图 5 - 3 所示。学生在实验过程中,可以修改各个参数,从而观察相应的参数改变对生态系统所带来的影响,左下角的曲线图显示了一段时间内生物种群的

① Richards D, Michael J, Charlotte T, et al. Evaluating the Models and Behaviour of 3D Intelligent Virtual Animals in a Predator-Prey Relationship. AAMAS 2012:79 - 86[J]. 2012.

② Clement J. Model Based Learning as a Key Research Area for Science Education[J]. International Journal of Science Education,2000,22(9):1041 - 1053.

变化情况,右侧面板以动画形式呈现这个演化过程。在模拟实验的过程中,学生可以建立假设,设置具体的参数,收集实验数据来验证假设,并完成实验报告。

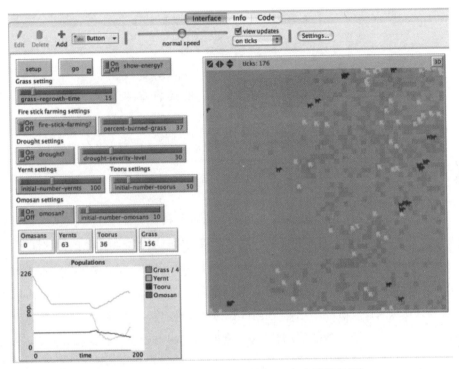

图 5 - 3　基于 NetLego 建模工具的 Omosa 虚拟仿真实验

(三) 科学探究活动的设计

　　按照科学探究的一般过程,研究者设计了基于 Omosa 和 NetLogo 的探究学习活动,整个探究活动周期(Omosa 世界中的 8 天)分为三个阶段逐步深入,表 5 - 1 呈现了详细的活动设计情况。随着探究学习活动的开展,参与学生的角色由初级科学家(4天)、助理科学家(2天)逐渐升级到科学家(2天),每进入一个新的学习阶段,参与的学生都可以获得对应的胸卡,如图 5 - 4 所示。

　　为了增强课程的可实施性,引导学生探究活动能够有序且规范地开展,避免陷入"放任自流"的教学形式,研究者根据探究学习活动的总体设计制作了一份《学生指导手册》,见附录 1。手册的设计参照辛格等(Singer 等)提出的科学实验有效学习指导原

图 5-4　学生探究学习等级角色胸卡

则①,并遵循了科学探究的一般过程,从基础的探索和观察开始,到复杂的实验设计和模型检验。学生手册以一封来自星际环境调查机构(IEIA)首席科学家的信为开端,继而引导学生从初级科学开始,慢慢熟悉 Omosa 世界,每次的探究活动都在学习手册的指引下进行,学生通过探索、观察、发现,填写探究报告。随着学生科学探究能力的提升,实验开始进入设计阶段,学生也逐渐成长为助理科学家,他们通过计算机仿真模拟软件进行虚拟实验,通过参数的调整,对生态系统进行动态模拟和实验;最后一个阶段,学生角色成长为科学家,根据在虚拟世界中的探究活动和虚拟实验中收集到的证据,着手起草一份科学报告,并制作可供交流分享的 Powerpoint 演示文稿。

表 5-1　科学探究角色与活动设计

角色	进度安排(Omosa 天)		探究活动
等级一 初级科学家	4 天	第1天 情境导入	熟悉 Omosa 世界,学习如何通过化身四处探索活动;跟世界中的虚拟人(猎人、智者、科学家等)对话;学会使用帮助、地图、背包;对观察到的事情做一些简要的笔记。
		第2天 背景研究	做一项研究之前,科学家们做背景研究,找出什么是已知的,什么是未知的。 任务 1:在 Omosa 世界中自由探究,找到 Lyina(猎人)、Charlie(生物学家)、Zafirah(气象专家)和 Simon(生态学家),

---

① National Research Council. America's Lab Report: Investigations in High School Science[M]. National Academies Press,2006:254.

角色	进度安排(Omosa 天)		探究活动
			通过与他们对话,将他们对于叶鹿种群数量下降的原因记录下来。 任务 2:找到以下信息源,并记录下你认为有价值的信息:Omosa 村庄大厅的探险家日志、狩猎场的信息板、研究室数据手册以及气象站数据手册。 任务 3:结合收集到的数据,完成一份初步的探究总结报告,阐明:(1)什么是已知的;(2)什么是未知的。
		第 3 天 观察并推论	科学家们通过感官和科学仪器,观察正在发生的事,并从观察中得出推论。 任务 1:在 Omosa 村庄大厅里有什么?把你的观察结果和推论写下来。 任务 2:观察与推论,在 Omosa 某些区域,有灌木、干三齿稃草焚烧后留下的斑块。从这些火焚斑块,你能推断出什么?在 Omosa 湖底发现大型哺乳动物的化石,哺乳动物的胃中有耐旱植物残留。从这一发现你能推断出什么? 任务 3:详细报告
		第 4 天 实验设计	任务 1:设想你拥有一个农场,你想提高农场的生产力。去年,雨水非常多,植物生长得非常好,但是今年,气候非常干燥,他们生长得不像去年那样好。你认为植物去年生长得更好是因为额外增加的雨。设计一个实验测试这个想法是正确的。 任务 2:国家公园管理员注意到公园里集班树的叶子逐渐减少,可能死亡,他们认为是被住在公园里的鹿吃的。设计一个实验来测试公园管理员的想法。在你的实验中,一定要确定包含总体思路、研究问题、假设、自变量和因变量等部分。 任务 3:进入 Omosa 世界,试着提出 3—5 个你可以在 Omosa 进行的实验想法。选取最可行的实验题目,将实验设计写下来。
等级二 助理科学家	2 天	第 5 天 建模	任务 1:分享对于 Omosa 实验的想法。 任务 2:认识基于 NetLogo 的 Omosa 模拟实验。 任务 3:比较虚拟世界和 NetLogo 模型。
		第 6 天 运行模拟 实验	任务 1:设计要模拟的实验。 任务 2:按照设计的实验方案设置运行基于 NetLogo 的 Omosa 虚拟实验。 任务 3:进行实验结果的比较。
等级三 科学家	2 天	第 7 天 合作撰写 科学报告	任务 1:起草一份科学报告,包括简介、研究方法、结果、讨论、总结和参考文献几个部分。 任务 2:制作演示文稿。
		第 8 天 拼图讨论	任务:分享研究,展示交流。

（四）教师培训

在项目初期，我们围绕 Omosa 探究课程的结构和实施方式，通过远程视频会议的形式对招募的两位科学课程教师进行了 3 次远程培训。培训活动每次约持续 2 小时，内容包括这一课程的设计思想、Omosa 虚拟世界的构成和主要功能特点、课程的结构安排、学生指导手册的使用方法、探究活动各个部分之间的内在联系、教学过程可能遇到的问题及解决方法等，重点强调了本课程的探究本质及教师的角色和指导方式。除了这三次培训交流活动，项目实施之初还安排了 4 次与合作单位悉尼大学研究团队成员的远程视频交流活动，主要探讨了软件汉化、课程实施、研究设计以及数据的收集等内容。

笔者在实证研究过程中，每周到实验学校听课，听课之余，与任课老师有很多非正式交流的机会（比如一起用餐、一起散步等）。笔者总是充分借助这些非正式交流的机会，与任课教师探讨交流探究学习活动开展过程中的一些问题和现象，以及教学设计的思路、学生的表现等内容。在交流中，笔者尽可能地听取老师的真实想法和态度，进行平等的交流与对话。通过这种非正式的沟通，任课教师对这种借助虚拟世界实现的课堂探究学习方式有了更深刻的理解，对教学环节的设计与安排有了更多新的思考。

二、第一轮探索性研究及其发现

（一）探索性研究概述

为了论证基于 Omosa 虚拟世界在我国 S 市初中课堂中开展探究学习的可行性，了解课堂使用过程中存在的问题和障碍，便于第二轮正式研究的开展，笔者在 S 市 T 中学开展了为期半年的探索性研究。本探索性研究的目标不在于证实，而在于理清虚拟世界赋能的探究学习的研究思路和研究过程；笔者通过对整个探索性研究过程中学生学习环境、学习过程、学习体会的分析和综合，制定第二轮正式研究的研究思路，明确研究工具和数据收集的方向；找出虚拟世界赋能的探究学习活动开展过程中的困难和障碍，在正式研究中有针对性地对学习活动进行优化设计，从而克服其中的困难和障碍。

（二）探索性研究过程与方法

2014 年下半年，笔者开始了探索性研究的准备工作，包括 Omosa 软件与学生指导手册的获取,并且对学生指导手册进行了翻译。另外也围绕整个课程的探究学习活动安排与任课教师进行了多次沟通和交流,确定了探索性研究的研究过程和研究方法。

探索性研究的时间跨度为 2015 年 2 月至 2015 年 7 月,由于探究活动的周期较长,无法安排在正常的科学课程课时内,所以 Omosa 探究课程以科学拓展课的形式安排在 2015 年春季学期,每周一次课,每次 40 分钟。研究参与者为 13 名初二学生,其中男生 7 名,女生 6 名,他们都是以自由选课的形式参与了该科学探究课的学习。任课教师为女教师,教龄 4 年。探索性研究所用 Omosa 软件界面语言为英文,第一次为在线版,因连接速度慢,后改为单机版。学习手册为中文版,形式为电子文档,学生使用电脑输入的方式完成学习手册中的任务要求。学习环境为学校机房(40 座),机位排布形式为传统行列机房,网络连接速度较慢。教师端可以实时监控学生的电脑操作界面,并进行提醒和干预。由于电脑硬盘安装了保护卡,每次开机硬盘自动重写,所以学生的学习档案无法在电脑中保存,只能当堂提交。教师每次上课前需要进行教学准备,在学生电脑中分发安装 Omosa 单机版软件以及学生手册。

教师在探索性研究的过程中,通过屏幕录制的方式收集了参与者在使用 Omosa 虚拟世界中开展探究学习的过程视频 61 段,合计 1 000 多分钟;收集了学生完成的学习指导手册。在探索性研究过程中,由于笔者公派留学美国,无法到实地进行听课与课堂观察,所以通过与任课教师进行在线沟通和交流的方式,了解 Omosa 探究学习开展的情况。笔者回国后,在第二轮正式研究开展前,前往 T 中学围绕探索性研究的开展情况进行了教师和学生(6 名,男女生各 3 名)访谈。教师与学生访谈分开进行,教师 40 分钟,学生 1 小时,学生访谈的形式为焦点团队访谈,访谈过程中进行了录音。

(三) 探索性研究结果与发现

通过对师生访谈资料的整理和分析,结合学生的探究学习活动录屏视频,第一轮探索性研究结果如下。

1. 学生对 Omosa 探究课程的认识

在访谈中,参与探索性研究的学生都很喜欢 Omosa 课程学习活动,他们觉得在科学探究过程中,自己能够像科学家一样观察现象、探究问题。很多同学认为 Omosa 虚拟世界本身类似游戏,这样的学习比较有意思:

"可以自主探索,自己可以控制,不像在教室里被老师牵着鼻子走。"

"开始觉得是游戏,蛮好玩,开始是有新鲜感的,后面熟悉了也会觉得并没有那么有意思,就不怎么觉得是游戏了。"

"把很枯燥的知识,变成了自主考察,不管是不是游戏,比印在纸上的内容有意思,比书本学习有意思多了。"

"NetLogo 的模拟实验也比较有意思,不像平常科学课中总是听课做题那样枯燥。"

同时,学生们能够认识到探究学习与教师讲授式教学的差异所在,以及这种差异所带来的改变:

"跟科学课不同,这是探究课,科学课总是把理论教给你,你只要去记就可以了。"

"自己能够独立提出问题。"

"这种是自己经过实验和模拟得出结论的,科学课上都是直接把书上的重点划出来,得出结论的方式不同。"

2. 教师对 Omosa 探究课程的认识

在与参与探索性研究的任课教师的访谈过程中发现,教师认为 Omosa 课程有其独特之处,但对于提高学生的科学素养和探究能力是否有帮助,则很难下结论。任课教师认为 Omosa 虚拟世界跟一般的科学课内容有本质的区别,没法在常规的科学课里面用。科学课不论怎么转型到以学生为中心,评价的时候都是一张试卷,既然以这种形式考试,就是老师讲重点,告诉学生该怎么学、怎么复习。现在的科学课程还是分科教学的,物理、化学、生物,而科学素养是不分学科的。Omosa 课程肯定对科学素养的培养有帮助,但很难说学生能够内化和迁移。

"在虚拟世界里,学生觉得自己是个科学家,感觉很爽,可探究课一结束,发现自己还是个学生,还要乖乖做作业,没有地方实践这些科学素养,怎么能说它内化了呢?"

"参加了这个学习,学生不见得会改变他们对科学家和科学实践的认识,学生们对科学家的刻板印象就是穿着白大褂在实验室里,瓶瓶罐罐的,倒弄些我们看不懂的东西。"

3. 关于 Omosa 软件和学生指导手册

学生认为学习指导手册上的任务难度不大,不过正是通过完成这些任务,才体验到科学探究活动的意义。教师反映了探索性研究中 Omosa 软件和学生手册中的一些问题:使用的软件界面是英文版的,有些学生英文基础不太好,需要老师进行解释和翻译;指导手册的翻译质量欠佳,有些语句和表达不太清楚;由于学习指导手册是电子版的,学生完成学习任务时需要打字完成,有些同学完成得很快,但打字慢的同学完成得就很吃力。

4. 良好的教学设计是技术赋能的探究学习顺利开展的关键

教师发现,在 Omosa 探究课上,完全"放羊"是行不通的。放手让学生去探索,很多时候学生会玩得很开心,但把学习手册上的任务给忘掉了,任务完成质量就比较差。教学设计的关键性作用主要体现在教学时间的安排上,包括学生自主探究学习、教师讲解、小组讨论和班级演示活动等环节的设置和时间安排上。

三、第二轮正式研究的设计与实施

结合探索性研究中师生的体验和反馈,在第二轮正式研究前,笔者做了三项准备工作:(1)Omosa 虚拟世界的汉化,2015 年 6 月至 9 月,利用三个月的时间汉化了 Omosa 英文版软件;(2)对学生指导手册中的文字表达方式进行了进一步的修改和完善;(3)提前与 L 中学的任课教师围绕学生指导手册和课程实施办法,就教学设计方面的内容进行充分的沟通,进一步明确教师在教学过程中的角色定位和指导方式。在此基础上,对第二轮正式研究进行详细的设计,包括研究问题、研究参与者、研究方法、研究工具和数据收集方法等,在本部分进行具体阐述。

(一) 研究问题

第二轮正式研究的研究问题如下所述。

研究问题 1:虚拟世界赋能的探究学习是如何开展的,学生的学习体验如何?

研究假设虚拟世界可以创设类似真实的探究情境,有利于提高学生的学习兴趣,从而促进探究学习的开展。本研究将通过笔者的课堂观察,基于课堂录像及学生机录屏视频数据,结合课程学习体验问卷、学生自评量表和访谈工具和方法,通过质性分析回答该问题,以揭示虚拟世界赋能的探究学习开展的机制。

研究问题2:通过虚拟世界赋能的探究学习,学生的科学探究能力有何变化?

研究假设是为期一年的Omosa课程,能够提高学生的科学素养,其探究能力(如实验的设计、数据的收集以及假设的检验等)能够获得良好的发展。为了回答该研究问题,在课程开始时,通过科学探究问卷对实验班和对比班学生关于科学探究过程和要素的理解分别进行了前测,在课程结束时进行了后测。

研究问题3:学生的自我效能感与探究学习结果之间是否存在相关关系?

探究学习最重要的特征就是学生学习的自主性,研究假设是学生个体的自我效能感水平会积极影响其探究学习的自主性,进而影响探究学习的效果,从而表现为探究能力的改变。回答该问题主要的研究工具和研究方法包括一般效能感问卷、科学探究问卷(前后测)、自评量表以及学生访谈。

研究问题4:虚拟世界赋能的探究学习表现与学生学业表现之间的关系?

班级是当前学校教育的主要教学组织形式,学生个体是班级集体中的一员。在老师、家长和学生自己的心目中,总会有对学生身份的一种认识和归类,不管是"名列前茅的好学生""后进生"这样的通俗说法,还是学界更愿意使用的"绩优生""学困生",都真实地反映了班集体中的学生分层现象。在River City虚拟世界的相关研究中发现,通过虚拟世界的学习能够消除一般意义上的"绩优生"和"学困生"在学习成绩上的差异,另外女生与男生的学习效果也不存在差异[1][2]。在本次研究中,笔者使用了2015年秋季学期学生的期中成绩总分作为参照,分析学生在虚拟世界赋能的探究学习过程的表现与学业成绩之间的关系。回答该问题将混合使用量化数据以及课堂观察和访谈等质性数据,从而验证先前研究发现是否也在本研究中重现,并分析这种情形的原因所在。

(二) 研究参与者与研究伦理

有关学生生物学学习中复杂推理的研究显示,由于儿童缺乏批判性思维技能,培

---

[1] Ketelhut D J, Nelson B, Dede C, et al. Inquiry Learning in Multi-user Virtual Environments[J]. National Association for Research in Science Teaching, San Francisco, CA, 2006.

[2] Nelson B, Ketelhut D J, Clarke J, et al. Design-Based Research Strategies for Developing a Scientific Inquiry Curriculum in a Multi-user Virtual Environment[J]. Educational Technology the Magazine for Managers of Change in Education, 2005(1): 21 - 27.

养学生对于生命体和生物之间交互活动的复杂思考能力并非易事①。而且,研究还显示,儿童经常持有一些相关的概念,比如食物与能量、掠夺者与被掠夺者之间的关系和种群规模等,对于高年级的小学生来说,目前的许多生物课活动对概念的处理过于简单化,调查也局限于基于生理特性而并非科学探究来观察动物和对动物进行分类。对于复杂科学推理的发展来说,高年级小学生和低年级中学生是比较关键的人选②。另外,科学研究和学习技术研究还提出,虽然许多低年级中学生的课程没有促进复杂的思考,但是儿童以及青少年在引导下也可以对复杂的科学现象进行推理③。在上述探索性研究过程中发现,由于参与的学生已经系统学习过生态系统相关内容,所以他们普遍认为基于 Omosa 虚拟世界的探究学习比较轻松,挑战性不够。在第二轮的正式研究中,参与者为来自 S 市郊 L 中学的六年级学生,分为实验班和对比班,各 50 名学生,每个班级的男生和女生数量均等。实验班课程活动基于 Omosa 虚拟世界展开,课时安排在综合实践活动课中,每周一次,每次 30 分钟。对比班同期综合实践活动课不做任何干预,教学内容围绕科学探究展开,教学形式为传统教学方式。实验班教师是科学教师,同时也是该班班主任,硕士在读,教龄 3 年。

研究实施前,笔者委托相关教师向实验班参与学生发放了家长/监护人知情同意书,学生带回家中请家长阅读签署后带回,回收的知情同意书显示该研究获得了所有家长的签名许可。在研究的过程中遵循了教育科学研究的伦理道德要求,所有参与学校、教师和学生一概使用化名。所有的调查数据、访谈资料、录音录像、研究者笔记等研究数据一概做保密处理,公开研究报告(相关研究成果已在国际学术会议 STEM2016 和 AERA2017 上进行论文报告),本书中所呈现的数据接受研究参与者的审核和监督。

(三) 研究方法与研究过程

关于定性研究方法与定量研究方法孰是孰非的争论由来已久。定量研究方法主要遵循验证性科学方法,重点放在假设检验和理论检验;定性研究主要遵循探究性科

---

① Carey S. Conceptual Change in Childhood[M]. MIT Press, Cambridge Massachusetts, 1985.

② Schmidt W H, Mcknight C C, Raizen S A. A Splintered Vision: An Investigation of US Science and Mathematics Education[J]. Journal for Research in Mathematics Education, 1996(5): 628.

③ [美] R. 基思·索耶. 剑桥学习科学手册[M]. 徐晓东, 等译. 北京: 教育科学出版社, 2010: 413—414.

学方法,用来描述所看到的事物和现象,有时提出或生成新的假设和理论。定量研究者往往使用结构化的、经验证的数据收集工具进行精确测量收集定量数据;定性研究者往往借助深度访谈、参与式观察、田野记录、开放式问题等方式收集非结构化数据。有学者认为,在一项研究中同时使用探究性方法和验证性方法是很重要的[①],方法的混合可以增加非常有用的、补充性的信息。根据本研究的研究问题和研究场景,笔者选择混合研究方法作为本研究的研究方法。

近年来,混合研究方法成为国际人文社科研究中广泛倡导的一种研究方法。美国NSF明确指出,鼓励并支持在重要研究项目中使用混合式研究设计探索当下现实情境中的现象,例如科学课堂中的科学探究活动[②]。使用混合研究方法的研究设计,可以综合使用多种方法来收集数据,例如调查问卷、访谈、课堂观察、现场笔记,以及其他一些实物。所有的研究方法都有局限性,出于这样的原因,一种方法中的缺陷可以通过其他方法来抵消掉,从而提高研究的质量,使用多种方法可以实现三角互证,增加研究结果的可靠性[③]。

考虑到L中学的参与学生为预初年级(六年级),以及每周课时只有30分钟,第二轮正式研究的时间跨度从2015年10月始至2016年6月止。2015年秋季学期完成初级科学家部分学习,2016年春季学期完成助理科学家和科学家两个阶段的学习。本轮实验中,笔者在教学设计方面进行了改进,特别是基于情境学习理论的“合法地边缘性参与”的学习观,进行了探究学习活动的设计。笔者作为研究者全程参与了实验班的整个教学过程,并进行了随堂录像和课堂观察,以便对Omosa虚拟世界赋能探究学习的学习给养和教师、学生的课堂教学行为模式进行全面而深入的分析。在课堂观察的基础上,也结合了其他过程性数据,本书将在第六章系统呈现虚拟世界赋能的探究学习活动开展的过程与细节。

为了验证虚拟世界赋能的探究学习的效果如何,本研究使用科学探究问卷通过前后测的方式收集学生的相关数据,通过量化的方法进行统计分析。结合学生的自我效能感、学业成绩、性别等变量,通过相关分析验证变量之间的关系,以期找到技术赋能的探究学

① Johnson R B, Onwuegbuzie A J. Mixed Methods Research: A Research Paradigm Whose Time has Come [J]. Educational Researcher, 2004, 33(7): 14 − 26.

② Green J L, Camilli G, Elmore P B, et al. Handbook of Complementary Methods in Education Research [M]. 2006.

③ Creswell J W. Research design: Qualitative, Quantitative, and Mixed Methods Approaches (3rd ed.). [J]. Rev. Adm. Contemp, 2003, 7(1): 223 − 223.

习中学生科学素养提升的规律。本书将在第六章呈现相关研究结果并进行讨论。

(四) 研究工具与数据收集

1. 课堂观察

在课堂上,研究者可以真实地观察虚拟世界赋能的课堂探究学习活动的开展,本研究在课堂观察过程中,使用研究者笔记的形式记录了课堂中教学活动的过程安排及要点,将其作为重要的质性数据进行分析并回答研究问题1。为了弥补研究者笔记的不足,防止关键信息的遗漏,笔者使用摄像机和录音笔同步采集了课堂现场的视音频数据。摄像机的拍摄方式为教室后端机位全景拍摄,拍摄课堂的全局画面,同时在教师讲桌位置放置录音笔,采集课堂全局声音。由于录音笔的录音质量和灵敏度更高,对课堂中的声音捕捉更为细致和清晰,后期分析中发现这样的录制方式互为补充,提高了研究数据获取的准确度和完整性。

2. 科学探究问卷

科学探究的实质在于过程,这个过程是"知"与"行"的统一;作为学习方式,科学探究不仅仅应该让学生学会科学家研究未知事物的过程,获取已知的科学知识;更应该让学生了解知识的形成过程,以及培养变量的识别与控制、演绎、归纳、推理到最佳的解释(溯因)、类比以及基于模型推理等科学思维[1]。为了评估基于 Omosa 虚拟世界的探究学习活动对学生探究能力的影响,本研究使用了一套科学探究问卷,通过前后测的方式测量实验班学生的科学探究相关知识和素养,见附录3。该问卷由12个选择题构成,题目的编制主要参考了约瑟夫·伯恩斯(Joseph C. Burns)等学者关于科学探究问卷编制的方法[2],以及理查德·杜施尔(Richard A. Duschl)和理查德·格兰迪(Richard E. Grandy)关于科学教学中科学探究的构念[3],该探究问卷已在研究合作者的先前研究中被验证具备较好的信度和效度[4]。具体题目及其所测的探究能力构念

---

① 张莉娜. PISA2015科学素养测评对我国中小学科学教学与评价的启示[J]. 全球教育展望,2016(03):15—24.

② Burns J C, Okey J R, Wise K C. Development of An Integrated Process Skill Test: TIPS II[J]. Journal of Research in Science Teaching,1985,22(2):169 - 177.

③ Duschl R A, Grandy R E. Teaching Scientific Inquiry: Recommendations for Research and Implementation[M]. Sense Publishers,2008.

④ Jacobson M J, Taylor C E, Richards D. Computational Scientific Inquiry with Virtual Worlds and Agent-Based Models: New Ways of Doing Science to Learn Science[J]. Interactive Learning Environments,2015.

见表 5 - 2。

表 5 - 2　科学探究问卷题目及所测探究能力构念

题目	探究能力构念
问题 1	考察学生对科学家的认识
问题 2	考察学生对科学研究工作的认识
问题 3	考察学生对研究假设的认识
问题 4、问题 5、问题 6	考察学生实验设计的能力
问题 7、问题 8	考察学生对于观察和推论的理解
问题 9	考察学生对科学测量方法的认识
问题 10、问题 12	考察学生对实验设计与假设检验的关系的分析能力
问题 11	考察学生科学研究结果图表表达的能力

3. 一般自我效能感量表(General Self Efficacy Scale，GSES)

自我效能感这一概念由美国著名心理学家阿尔伯特·班杜拉(Albert Bandura)在 1977 年提出，是指个体对有效控制自己生活诸方面能力的知觉或信念。它是人类动因的中心机制，是人们行动的重要基础。人们接受并整合来自实践的掌握经验、替代性经验、言语说服以及在活动过程中的生理和情感状态等方面的效能信息，形成自我效能感。自我效能感又通过影响个体的认知过程、动机过程、情感过程和选择过程来调节人类活动。学习自我效能感是指个体的学业能力信念，是个体对控制自己学习行为和学习成绩能力的一种主观判断，是自我效能感在学习领域内的表现。学习自我效能感是学习成就的良好"预测器"，学习自我效能感与归因、目标设置、学习兴趣、学习和考试焦虑、自我调节这些重要的学习变量之间有着非常密切的关系，学习自我效能感一方面直接影响学业成就，另一方面通过影响这些变量对学业成就产生作用，因此学习自我效能感对学生的学习和一生发展有着重要的意义[1]。

本研究采用一般自我效能感量表测量学生在 Omosa 课程学习过程中的自我效能感。一般自我效能感量表，最早的德文版系由德国柏林自由大学的著名临床和健康心理学家拉尔夫·施瓦泽(Ralf Schwarzer)教授和他的同事于 1981 年编制完成[2]，开始

---

[1] 边玉芳. 学习自我效能感量表的编制与应用[D]. 华东师范大学，2003.

[2] Schwarzer R. Optimistic Self-beliefs：Assessment of General Perceived Self-Efficacy in Thirteen Cultures [J]. World Psychology，1997，3(1)：177 - 190.

时共有 20 个项目,后来改进为 10 个项目。目前该量表已被翻译成至少 25 种语言,在国际上广泛使用。中文版的 GSES 最早由张建新和施瓦泽于 1995 年在我国香港地区的一年级大学生中使用[①]。至今中文版 GSES 已被证明具有良好的信度和效度。

本研究使用一般自我效能感量表(见附录 4)在 Omosa 课程学习的中间阶段对实验班学生实施了测量,试图结合探究能力前后测问卷结果,通过统计分析的方法研究学生的自我效能感与探究学习能力改变之间是否存在相关关系,从而回答研究问题 2。

4. 半结构化访谈

半结构化访谈可以通过受访者收集标准化数据,深入探究问题的深层次原因。根据探索性研究的经验,学生通过焦点团队访谈的方式更愿意表达自己的体会和看法。第二轮研究中,笔者作为研究者,在课程结束的时候采用焦点团队访谈的方式访谈了四组学生,每组从实验班抽取了 4—5 名同学,抽取的方式是通过学号尾号随机抽取(如学号尾号为 2 和 7 的同学)。访谈时进行了录音,后期进行了文字转录和编码。根据探索性研究时访谈的情况,确定了如下基本访谈提纲:

• 你喜欢基于 Omosa 虚拟世界的探究学习吗? 为什么?

• Omosa 课程与其他科学课有什么不同,比如教师课堂讲授、视频播放或者基于教材的学习?

• 你最喜欢的部分是什么? 你最不喜欢的部分是什么?

• 关于生态系统和科学探究,你觉得学到了什么?

5. 学生学习体验问卷

问卷是一种需要每个研究参与者填写的自陈式数据收集工具,是研究的一部分,研究者使用问卷来获得研究参与者思想、感觉、态度、信念、价值观、感知、人格以及行为意图方面的信息[②]。笔者设计了学生 Omosa 探究学习学习体验问卷(见附录 5),问卷围绕 Omosa 探究学习环境体验、学习兴趣、动机、行为、收获等方面展开,共有 23 个题目,前 22 个题目采用李克特五等级选项计分,其中"很不同意"计 1 分,"不同意"计 2 分,"一般"计 3 分,"同意"计 4 分,"很同意"计 5 分,最后 1 题为开放题目。该问卷设

① Zhang J X, Schwarzer R. Measuring Optimistic Self-beliefs: A Chinese Adaptation of the General Self-Efficacy Scale[J]. PSYCHOLOGIA, 1995, 38(3): 174 – 181.

② [美]伯克·约翰逊,拉里·克里斯滕森. 教育研究——定量、定性和混合方法[M]. 马健生,等译. 重庆: 重庆大学出版社,2015: 182.

计过程经过了三轮迭代,笔者在借鉴多个同类问卷的基础上,形成了问卷1.0版本,含26个题目;邀请多位研究者进行讨论审议后,合并删除了其中4个题目,并对部分题目的表达方式进行了修改,形成了问卷2.0版;进而将2.0版问卷提请任课教师审议确认,个别文字略作修改后,添加了最后的开放题。最终,完成版问卷通过问卷星在线平台发布,并于2016年5月中旬在实验班实施问卷调查。

6. 学习过程数据、学生自评表与学业表现

在课堂学习活动过程中,研究者收集存档了两次学生作业:Omosa生态环境海报(团队)和科学探究实验设计(个人)。

笔者设计了学生Omosa探究学习学生自评表,作为学生探究学习评价的一部分。问卷由8个分项评定项目和一个总体评定项目构成,全部采用李克特五等级选项的形式,本自评表在Omosa课程结束时由学生自主填答,见附录6。

经任课老师许可,研究者提取了学生2015年秋季学期的期中考试成绩,成绩科目为数学、语文和数学三科,单科总分为100分,取学生个体的三科总分作为"绩优生"与"学困生"学业表现的参照数据。

(五) 数据分析方法

1. 原始数据情况概述

第二轮实证研究的质性数据包括:10节课的课堂录音录像(30分钟/课);访谈数据(2小时);小组学习海报作品14份,实验设计学生作业50份。

量化数据包括:科学探究问卷实验班、对比班前后测数据;实验班学生学习体验问卷数据;实验班学生自评问卷数据;实验班学生自我效能感量表数据;学生2015年秋季学期期中考试成绩。

2. 质性数据分析方法

对于定性研究而言,数据分析始于研究初期,数据分析与数据收集是交替进行的,这种贯穿于整个研究项目的收集数据、分析数据、收集补充数据、分析补充数据的循环或递归过程叫做期中分析(interim analysis)[1]。本研究质性数据的分析采用了期中分析的方法,研究者在每周的听课过程中,通过课堂观察、录像、作业收集以及课前课后与任课教师的交谈等形式收集质性数据,不断形成对课堂上发生的技术赋能的探究学

---

[1] Miles, M. B., Huberman, A. M. Qualitative Data Analysis: An Expanded Sourcebook [J]. Sage, 1994, 60(100): 105-138.

习形成逐步深入的理解,包括教师对主题的引入、讲解和课堂管理方式,学生的探究行为模式等。通过 10 次实地的数据收集和伴随其后的数据分析,对研究问题 1 的结论有了比较清晰的认识,基本达到了扎根理论家所说的理论饱和状态,之后便结束了课堂观察活动。图 5-5 呈现了本研究中质性数据采集和分析所采用的过程模型。

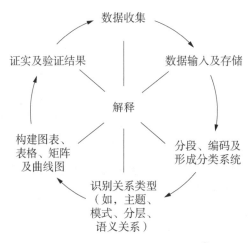

图 5-5　质性数据的收集与分析[①]

对于研究过程中收集到的视音频数据,进行了部分转录。对于课堂录像,是否转录的原则是在笔者课堂观察的基础上,是否认为某节课比较具有典型性,充分体现了技术赋能的方式,如果是,笔者就在课堂观察笔记中进行标记。对于课程结束后的访谈录音数据进行了全部转录,对转录后的数据进行了语义层次分析,包括分段、编码及形成分类体系,通过点查方式统计其中一些术语的频度,分析术语之间的关系,比如学生访谈中,学生频繁的提到科学家、探究、教师引导、Omosa 等。对于一些无法转录的内容,比如不包含对话的学习场景、学生的实体作品,笔者进行了编码和归类,以便进行进一步的数据分析。

就具体分析方法而言,本研究主要采用了视觉内容分析方法,基于课堂录像数据,来分析课堂中技术赋能的探究学习开展的环境与整体流程,包括探究学习各个环节的时间,以及教师和学生互动频度、内容、参与度等,还包括课堂中学生之间的交流协作情况,课堂文化、课堂气氛等。

① ［美］伯克·约翰逊,拉里·克里斯滕森. 教育研究-定量、定性和混合方法［M］. 马健生,等译. 重庆:重庆大学出版社,2015:481.

为了消除研究者自身倾见,笔者采取了以下两种方法提高编码的科学性,规避因研究倾见所带来的片面性:(1)在编码规则确立和实际编码过程中,由笔者将编码规则和编码实例呈现给研究中心其他研究者,对其中存疑的地方进行分析与讨论,形成最终的质性数据编码索引(见附录7);(2)在期中进行了首次编码后,间隔半年左右后再次编码,对比两次编码的异同,并通过再次对比编码规则消除差异性,以确保编码的准确性和科学性。

3. 量化数据分析方法

配合上面提到的质性分析,对于研究问题1,本研究在课堂观察的基础上,通过对问卷数据的描述统计,分析学生在虚拟世界中的科学探究活动过程和学习体验情况。对丁某些调查数据结果在后续访谈中进行了进一步的拓展和深化,比如有关游戏与Omosa虚拟世界的差异,以及学生对此的认识。

为了回答研究问题2,考察学生通过虚拟世界赋能的探究学习,科学探究能力的变化情况,基于实验班和对比班的前后测数据,使用了描述统计、配对样本T检验与多元回归分析方法评估Omosa课程的实施效果。

为了回答研究问题3和研究问题4,探析自我效能感、学生自评与探究问卷结果之间的关系,以及虚拟世界赋能的探究学习表现与学生学业表现之间的关系,本研究使用了描述统计、散点图分析、皮尔逊相关分析等方法对变量的分布以及变量之间的相关关系进行了分析。

第六章　基于虚拟世界的探究学习实证研究结果与讨论

本章将围绕第二轮正式研究中提出的四个主要研究问题,借助研究过程中收集到的大量质性和量化数据,依次呈现研究结果。在系统呈现实证研究结果的基础上,分两个部分进行总结与讨论:第一部分围绕虚拟世界赋能的探究学习的学习产出及其影响因素进行讨论;第二部分围绕虚拟世界赋能的科学探究实践的方式与体验展开,分析虚拟世界赋能的探究学习的本质。

一、虚拟世界赋能的探究学习过程与学习体验

研究假设虚拟世界可以创设类似真实的科学探究情境,有利于提高学生的学习兴趣,从而促进探究学习的开展。本研究将通过笔者的课堂观察,基于课堂录像及学生机录屏视频数据,结合课程学习体验问卷、学生自评量表和访谈等工具和方法,通过质性分析回答第二轮正式研究的研究问题1,以便揭示虚拟世界赋能的探究学习开展的机制。

(一) 学习过程

在本次 Omosa 课程实证研究的实施过程中,教学活动开展的场所有两种,需要学生使用 Omosa 虚拟世界软件及 NetLogo 模拟软件进行探究学习的课时安排在 L 中学多媒体机房中,这类课时占总课时的 2/3 左右,其他课时安排在普通多媒体教室中。在机房中的学习场景如图 6-1 所示,机房中机位设置共有 5 排,每排 10 台,教师机在前端,通过教师端软件可以监看、控制、转播学生端电脑,通过学生端软件可以进行屏幕录制(由于录屏数据量庞大,数据收集过程中进行了部分录制)。在多媒体教室中开展的学习活动主要包括团队海报设计与展示、实验设计、科学报告撰写等,如图 6-2

所示。本部分对于虚拟世界赋能的探究学习过程的分析,以多媒体机房中的课时为主进行呈现和分析。

图 6-1　多媒体机房学习场景

图 6-2　多媒体教室学习场景

　　本部分以"观察并推论"(第 3 天)课堂实录为例,对课堂互动情况进行如实描述,试图真实还原课堂中借助 Omosa 虚拟世界赋能的探究学习活动开展的情况。教学时间为 2015 年 12 月 9 日,地点在多媒体机房。本次课的目标是学生能够在 Omosa 虚拟世界中进行观察和推论,要求学生在探究学习过程中完成 3 个任务,如图 6-3 所示。

观察并推论

任务 1:在 Omosa 中央小屋里有什么? 把你的观察结果和推论写下来。

任务 2:在 Omosa 某些区域,有灌木、干三齿稃草焚烧后留下的斑块。从这些火焚斑块,你能推断出什么? 在 Omosa 湖底发现大型哺乳动物的化石,哺乳动物的胃中有耐旱植物残留。从这一发现你能推断出什么?

任务 3:自主选择感兴趣的区域进行观察并推论。

图 6-3　"观察并推论"任务单

Omosa课程中,在基于虚拟世界的探究学习过程中,教学活动主要体现在两个层面:一是探究活动层面,学生如何一步一步地按照学生指导手册里的任务要求,在Omosa虚拟世界中通过化身的走动(或飞行、潜水),与非玩家角色(NPCs)对话,与虚拟物品交互等行为,开展科学探究活动;二是话语层面,探究学习活动过程中的师生对话、生生对话是如何开展的。"观察与推论"课堂互动情况见附录8,整个课堂活动可以分为主题引入、明确探究任务等6个阶段,如图6-4所示,左侧为课堂活动过程编码(主流程),右侧为附加编码(分支流程)。借鉴课堂观察LICC范式[①],可以从学生学习、教师教学、课程性质、课堂文化四个要素来观察并分析本次课。整个学习过程表现为教师指导的探究学习,教师在整个学习过程中扮演了重要的引导者的角色,从主题引入,到探究任务明确及探究任务1的完成,教师在其中都是主导者的角色。本次课的探究目标和探究任务非常明确,教师的主导作用在前半段尤为突出。教师的角色是科学探究活动的共同参与者,而非课堂活动的掌控者。师生交互主要通过教师提问和学生应答的方式展开,从频度和时间上来说,师生交互式是比较多的。即使是在后面的开放探究阶段,教师在教室中巡视学生探究活动时跟全班学生和部分学生都有大量

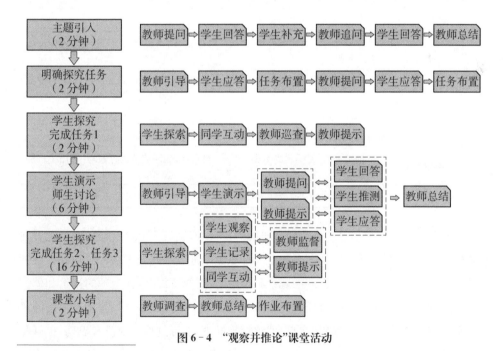

图6-4 "观察并推论"课堂活动

① [美]伯克·约翰逊,拉里·克里斯滕森. 教育研究——定量、定性和混合方法[M]. 马健生,等译. 重庆:重庆大学出版社,2015:481.

互动对话。学生对于 Omosa 虚拟世界的操作非常熟练,能够针对任务要求在各个活动场所开展调查活动,与虚拟世界中预设的非玩家角色对话,查看探索者日志等虚拟物品,表 6-1 列出了一般科学探究活动及其 Omosa 虚拟世界中对应的行为方式。从整个课堂文化和课堂气氛来看,整体上是宽松而自由的。在探索过程中同学之间交流很多,笔者通过课堂观察发现,学生在探究过程中有任何好奇的地方或者新发现都会与邻座的同学进行交流,或者主动寻求帮助,课堂氛围非常民主,学生发言非常积极而活跃。在课时后半段学生通过自主探究完成任务 2 与任务 3,整个机房中是比较热闹的,同学们非常活跃,同学之间一直在"交头接耳",邻座同学之间的对话非常频繁。在访谈中,很多学生直言不讳:"我们喜欢 Omosa,对学习更感兴趣""这个课很有趣,比其他课程有趣多了""书本上的东西不直观,没那么有趣""上课的时候比较自由""自己学,自己动脑子"。

表 6-1 探究活动及其在虚拟世界中的对应活动

探究活动	基于虚拟世界的学生活动
观察	在虚拟世界场景中进行探索观察
提出问题	向 NPCs、同学或者老师提问
数据收集	在虚拟世界中通过各种虚拟物品、气象站、动物观察站、研究室等虚拟设施获取数据
调查	针对某个问题,到虚拟世界中的相关场所使用虚拟工具进行观察和数据收集
论证	基于虚拟世界中收集到的各种数据,根据自己对研究问题的假设展开论证,进而通过虚拟实验进一步检验,从而寻找问题的答案
形成解决方案	根据论证的结果,借助数据、截图等材料,形成问题解决方案,并使用丰富的媒体形式创作形成报告。
交流共享	发布、展示、分享探究成果,并与其他同学、老师进行讨论交流。

绝大多数同学在半小时的探究学习时间内,都能够完成 3 个学习任务。但笔者在课堂观察中发现,有小部分同学大多数时间都在虚拟世界中四处走动、飞行,或者沉到水底,而不是围绕任务进行有目的的观察和推论,直到快下课时,在老师的提示和催促下,才应付性地在学习指导手册任务栏中随便写上一些内容。另外,笔者在编码的过程中发现,对于"学生提问"编码,在整个"观察与推论"学习过程中都没有出现,也就是说几乎没有学生能够主动向老师提出问题。在笔者课堂观察笔记中显示,即使学生在探究过程中有了新的发现,也是教师巡视发现后才告知全班同学的。

（二）学习体验

1. 学生对 Omosa 虚拟世界的使用体验

作为学生探究学习活动赖以开展的探究学习环境，Omosa 虚拟世界是整个 Omosa 课程的基础。在课程结束后开展的问卷调查中，大多数学生很同意或同意 Omosa 虚拟世界软件的操作很简便并且稳定可靠（见表 6－2）。

表 6－2 　Omosa 虚拟世界的使用体验

题目\选项	很不同意 (1 分)	不同意 (2 分)	一般 (3 分)	同意 (4 分)	很同意 (5 分)	平均分	标准差
Omosa 虚拟世界软件的操作很简便	1(2%)	2(4%)	6(12%)	16(32%)	25(50%)	4.24	0.960
Omosa 虚拟世界软件稳定可靠	1(2%)	0(0%)	13(26%)	12(24%)	24(48%)	3.40	1.278
我觉得 Omosa 虚拟世界这样的教学软件对科学课程很有帮助	6(12%)	11(22%)	7(14%)	13(26%)	13(26%)	3.32	1.463
Omosa 虚拟世界的界面风格和操作方式就和一般的电脑游戏差不多	5(10%)	7(14%)	13(26%)	13(26%)	12(24%)	3.64	0.942

超过半数的学生认为像 Omosa 这样的虚拟世界软件对科学学习有很大帮助。Omosa 虚拟世界的场景设计、界面风格与交互设计与常见电脑游戏非常接近，但有 12 名学生不同意 Omosa 虚拟世界与一般的电脑游戏类似。在访谈过程中，有些学生表示，之所以说 Omosa 软件与一般游戏不同，主要原因是 Omosa 没有具体而清晰的游戏目标、积分系统，也没有玩家的血量值，还举例子说在"我的世界"游戏里面可以有建造或者生存两种模式，比较好玩，刚开始的时候觉得 Omosa 像游戏，后面就觉得不是游戏了。另外，在访谈过程中，学生们希望在 Omosa 的后续版本中可以加入这些功能，并且能够有更多的岛屿或者场所进行探索。

2. 学生的学习兴趣与学习动机

在学习体验调查中，很多学生表明自己非常喜欢基于 Omosa 虚拟世界的探究学习，如表 6－3 所示。与其他课程的学习相比，绝大多数（72%）同学更喜欢 Omosa 课程;有 70％的同学每周都盼着这节 Omosa 课;超过一半的学生认为 Omosa 虚拟世界能够激发他们的学习兴趣。另外,从最后一个调查题目可以看出,学生喜欢 Omosa 课程的原因并非完全由于喜欢玩游戏,这与上文中所呈现的学生对 Omosa 虚拟世界的游戏特性认知的结果是一致的。在后期访谈中,笔者对于学生为什么喜欢 Omosa 课程的原因专门进行了访谈,很多学生说主要是因为比较自由,可以像科学家一样自己探究,比较有意思,不像其他课老师讲自己只能听;有部分学生表示上 Omosa 课可以到机房用电脑;还有学生说不用考试。显然,这些原因与 Omosa 虚拟世界的游戏性特点并不直接相关。已有研究发现媒体的新奇性与游戏性对于学习兴趣的维持往往是比较短暂的[①②],对第二轮实证研究而言,课程学习持续了近 1 年,显然学生的学习兴趣是媒体的新奇性与游戏性所难以维持的。在对任课教师的访谈中,教师表示在整个课程学习过程中,学生的学习积极性很高,不仅课堂氛围非常活跃,很多学生甚至全天候佩戴 Omosa 科学家胸卡,显然学生们能从中获得一定的成就感,或者使虚荣心得到满足。

表 6-3　学生的学习兴趣和学习动机

题目\选项	很不同意 (1 分)	不同意 (2 分)	一般 (3 分)	同意 (4 分)	很同意 (5 分)	平均分	标准差
与其他课程的学习相比,我更喜欢 Omosa 课程	0(0％)	1(2％)	13(26％)	11(22％)	25(50％)	4.20	0.904
我每周都盼着这节 Omosa 课	1(2％)	3(6％)	11(22％)	13(26％)	22(44％)	4.04	1.049
Omosa 虚拟世界能够激发我的学习兴趣	0(0％)	5(10％)	19(38％)	12(24％)	14(28％)	3.70	0.995
我喜欢玩游戏,所以喜欢 Omosa	3(6％)	5(10％)	20(40％)	14(28％)	8(16％)	3.38	1.067

① Hanus M D, Fox J, Hanus M D, et al. Assessing the Effects of Gamification in the Classroom: A Longitudinal Study on Intrinsic Motivation, Social Comparison, Satisfaction, Effort, and Academic Performance[J]. Computers & Education, 2015, 80: 152-161.
② Koivisto J, Hamari J. Demographic Differences in Perceived Benefits from Gamification[J]. Computers in Human Behavior, 2014, 35: 179-188.

3. 学生感知到的虚拟世界赋能的探究学习

在虚拟世界赋能的探究学习过程中,学生感知到的学习(student perceived learning)的调查结果见表6-4。从结果中可以看出,在Omosa虚拟世界中的科学探究实践对于大多数学生而言,是一种良好的、积极的学习体验。(1)在问题提出和问题解决方面,有一半的学生很同意或同意自己在Omosa探究学习过程中能够主动思考并提出问题,有44%的学生表示能够自己提出问题解决方案。对于Omosa探究学习过程中需要很强的自主性的认识上,76%的学生表示很同意或同意,由此可见,绝大多数学生都能够认识到自主性对于探究学习的重要性。(2)在学习收获方面,学生们对Omosa课程是非常认可的,对于是否学到了很多东西,52%的学生表示很同意,34%的学生表示同意。在调查中,有关学习收获,具体分为三个方面进行了调查:一是对科学家的研究过程有了更深入的了解,二是如何设计科学实验,三是关于草、叶鹿、花斑狼和人类之间关系的生态学知识,调查结果显示学生在这三个方面的认同度表现出了非常相似的一致性。(3)在科学思维方面,88%学生感悟到要从多个方面去看问题,86%的学生认为对任何问题都要有自己的观点,不能人云亦云,要学会质疑,由此可见,借助Omosa虚拟世界进行探究学习,学生的科学思维能力和批判精神得到了锻炼和提高。(4)就教学方式而言,64%的学生认为探究学习这种学习形式比单纯的教师教授更好,同时,80%的学生认为在Omosa学习过程中,教师的指导很重要。在探究学习的协作性方面,78%的学生体验到了小组合作学习的重要性,大多数同学在学习过程中,曾经帮助过其他同学或接受了其他同学的帮助。

表6-4 Omosa虚拟世界中学生感知到的学习

题目\选项	很不同意 (1分)	不同意 (2分)	一般 (3分)	同意 (4分)	很同意 (5分)	平均分	标准差
在Omosa探究学习过程中,我会主动思考并提出问题	1(2%)	2(4%)	22(44%)	14(28%)	11(22%)	3.64	0.942
在Omosa探究学习过程中,我能够自己提出问题解决方案	0(0%)	3(6%)	25(50%)	12(24%)	10(20%)	3.58	0.883
我认为在Omosa探究学习过程中,需要很强的自主性	1(2%)	1(2%)	10(20%)	14(28%)	24(48%)	4.18	0.962
通过Omosa课程,我学到了很多东西	0(0%)	2(4%)	5(10%)	17(34%)	26(52%)	4.34	0.823

题目\选项	很不同意 (1分)	不同意 (2分)	一般 (3分)	同意 (4分)	很同意 (5分)	平均分	标准差
通过 Omosa 课程的学习,我对科学家的研究过程有了更深入的了解	1(2%)	1(2%)	4(8%)	18(36%)	26(52%)	4.34	0.872
通过 Omosa 课程,我知道了应该如何设计科学实验	0(0%)	0(0%)	7(14%)	18(36%)	25(50%)	4.36	0.722
通过 Omosa 课程,我从自我发现和总结中获得了很多关于草、叶鹿、花斑狼和人类之间关系的生态学知识	1(2%)	1(2%)	6(12%)	19(38%)	23(46%)	4.24	0.894
通过 Omosa 探究学习,我感悟到要从多个方面去看问题	0(0%)	0(0%)	6(12%)	14(28%)	30(60%)	4.48	0.707
通过 Omosa 探究学习,我感悟到对任何问题要有自己的观点,不能人云亦云,要学会质疑	1(2%)	0(0%)	6(12%)	23(46%)	20(40%)	4.22	0.815
我觉得探究学习这种学习形式比单纯的教师教授更好	1(2%)	2(4%)	15(30%)	8(16%)	24(48%)	4.04	1.068
我认为在 Omosa 学习过程,老师的指导很重要	1(2%)	1(2%)	8(16%)	19(38%)	21(42%)	4.16	0.912
在 Omosa 探究学习过程中,我体验到了小组合作学习的重要性	1(2%)	0(0%)	10(20%)	16(32%)	23(46%)	4.20	0.904
在 Omosa 探究学习过程中,我帮助了其他同学	2(4%)	3(6%)	15(30%)	12(24%)	18(36%)	3.82	1.119
在 Omosa 探究学习过程中,我得到了其他同学的帮助	2(4%)	1(2%)	7(14%)	21(42%)	19(38%)	4.08	0.986

在访谈过程中,很多学生提到 Omosa 虚拟世界创设了逼真的科学探究情境,并且软件的交互性和沉浸性很强,让探究学习非常有趣,可以全身心地投入其中,感觉收获很大。在学习过程中,同学之间有很多的互动和互助行为,大多数学生体验到了团队协作学习的乐趣。学习过程中,感觉真的像一个科学家在 Omosa 岛上进行科学研究一样,从初级科学家到助理科学家,再到科学家这样的等级设计让学习非常有成就感,学生们体验到了成长的乐趣。很多学生反映,原来觉得科学家就是穿着白大褂在实验室做实验,现在对科学家和科学研究工作有了更加清晰和实在的认识。访谈了中也涉及探究学习中的协作情况,有学生反映同学之间的帮助主要体现在学习指导手册中任务的完成上,由于整个学习过程教师讲解的内容比较少,很多时候要自己在虚拟世界中探索并寻求任务完成的解决方案,这时候同学之间的互相讨论、提醒和指引就很有帮助,避免学习者在一个任务上花费很多时间而得不到有效解决。另外就是在海报设计以及实验设计等团队活动中,同学之间共同协商制定方案,能够取长补短、相互学习,从而高质量地完成了任务。

二、虚拟世界对学生科学探究能力的影响

对前后测科学探究问卷进行了评分和统计分析,评分方式是每题 1 分,共 12 分,问卷评分后将研究数据录入电脑进行统计分析,所用软件为 SPSS(V20)。本部分将详细呈现实验班和对比班学生探究问卷回答情况的统计分析结果。

(一) 描述统计

1. 前测成绩分布情况

实验班前测成绩的描述统计结果,见表 6-5,男女生平均得分存在差异,但差异不显著($t=1.11, p=0.24$);图 6-5 呈现了实验班学生前测成绩分布情况。对比班前测成绩的描述统计结果,见表 6-6;图 6-6 呈现了对比班学生前测成绩分布情况。综合实验班和对比班的前测数据可以看到,实验班(平均值是 5.16)和对比班(平均值是 3.66)成绩都不高,相对来说,实验班的前测得分情况比对比班要好,在后续回归分析中需要考虑前测成绩的差异。

表 6-5　实验班前测成绩描述统计

性别	N	M	SD	SEM
男	27	5.407	1.926 7	0.370 8
女	23	4.870	1.391 7	0.290 2
总	50	5.160	1.706 6	0.241 4

表 6-6　对比班前测成绩描述统计

性别	N	M	SD	SEM
男	27	3.667	1.240 3	0.238 7
女	23	3.652	1.897 6	0.395 7
总	50	3.660	1.559 8	0.220 6

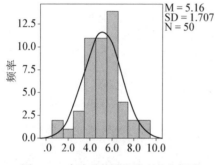
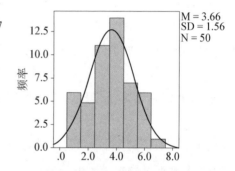

图 6-5　实验班前测成绩分布直方图　　图 6-6　对比班前测成绩分布直方图

2. 后测成绩分布情况

表 6-7 和图 6-7 呈现了实验班学生后测成绩描述统计结果和分布情况,从描述统计结果看,实验班后测成绩女生组的平均分反超了男生组;表 6-8 和图 6-8 呈现了对比班学生后测成绩描述统计结果和分布情况。综合两个班的数据可以看到,实验班(平均值是 6.54)和对比班(平均值是 4.8)成绩跟前测相比,都有了一定程度的提高。

表 6-7　实验班后测成绩描述统计

性别	N	M	SD	SEM
男	27	6.444	2.309 4	0.444 4
女	23	6.652	2.268 5	0.473 0
总	50	6.540	2.269 7	0.321 0

表6-8 对比班后测成绩描述统计

性别	N	M	SD	SEM
男	27	4.704	2.4466	0.4708
女	23	4.913	1.9049	0.3972
总	50	4.800	2.1946	0.3104

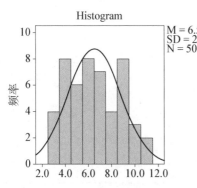

图6-7 实验班后测成绩分布直方图

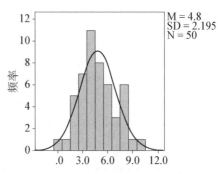

图6-8 对比班后测成绩分布直方图

(二) 假设检验与回归分析

实证研究中,研究问题2的研究假设是通过为期一年的 Omosa 课程,能够提高学生的科学素养,其科学探究能力(如实验的设计、数据的收集以及假设的检验等)能够获得良好的发展。为了验证本假设,在前后测探究问卷数据的基础上,本研究推理统计使用的主要方法是配对样本 T 检验与回归分析。实验班(Class A)和对比班(Class B)探究问卷前后测平均值、标准差,见表6-9。

表6-9 两个班前后测平均值和标准差

	前测		后测	
	Class A	Class B	Class A	Class B
科学探究题目(Q1—Q12)(MAX=12)	5.16 (1.7)	3.66 (1.56)	6.54 (2.27)	4.8 (2.2)

配对样本 T 检验发现,实验班前后测存在显著性差异($t=3.11, df=49, p=0.003$),对比班前后测也存在显著性差异($t=2.93, df=49, p=0.005$),两个班的探究问卷的成绩都有了显著性提高。

为了比较实验班与对比班学生探究能力的影响,使用多元回归分析来进行统计分析。为了消除实验班和对比班在前测中的分数差异,选择前测分数和班级作为解释变量,后测分数为因变量,分析结果[Adjusted $R^2 = 0.136$, $F(2, 98) = 8.76$, $p < 0.001$],见表6-10。通过分析结果可以看到,班级对后测有显著影响。控制前测分数这个变量,Omosa课程实验班的后测成绩好于对比班($p < 0.001$)。由此可见,通过Omosa课程中的探究学习活动,学生对科学探究过程和要素的认识有了显著提高,研究结果证实了研究之初作出的研究假设。

表6-10 多元回归分析结果

	B	S. E.	b	F*	P	Adjusted R^2
模型				8.76	0.00	
常量	48.10	5.76		8.35	0.00	0.136
前测	0.20	0.14	0.15	1.47	0.16	
班级	10.21	2.45	0.43	4.17	0.001	

三、自我效能感与学生自评情况

探究学习最重要的特征就是学生学习的自主性,研究问题3的研究假设是学生个体的自我效能感水平会影响其探究学习的自主性,进而影响探究学习的效果,从而表现为科学探究能力的改变。回答该问题主要的研究工具和研究方法包括一般效能感问卷、探究能力问卷(前后测)、自评量表以及学生访谈。

(一) 学生 Omosa 课程学习过程中的自我效能感

根据拉尔夫·施瓦泽(Ralf Schwarzer)对7 767名成年人的调查,他们在一般自我效能感(GSES)上的平均得分为2.86。此外,男性在GSES上的得分高于女性,不同文化(国家)之间存在着显著差异[1]。在2016年4月实施的调查中,实验班学生GSES结果见表6-11,全体学生平均得分为2.42,男生平均值为2.35,女生平均值为2.50,女生的自我效能感明显高于男生,但都比施瓦泽在研究中测得的平均得分低很多。我国

---

[1] Schwarzer R. Optimistic Self-beliefs: Assessment of General Perceived Self-efficacy in Thirteen Cultures [J]. World Psychology, 1997, 3(1): 177-190.

有研究者调查发现,我国男女大学生在 GSES 上的得分为 2.69 和 2.55,和其他亚洲国家(或地区)的得分比较接近,但低于国际平均水平,另外,我国男女高中生在 GSES 上的得分为 2.52 和 2.39[①]。在课堂观察过程中,笔者发现,在精神面貌和参与积极性上,女生普遍比男生要好,这也是近年来我国教育中老师和家长普遍反映的现象。另外参与本研究的学生大都在 12 岁左右,年龄偏低,也可能是自我效能感偏低的原因所在。

表 6 - 11　学生学习过程中的 GSES 描述统计结果

性别	M	N	SD
男	2.348 1	27	0.408 91
女	2.495 7	23	0.418 31
Total	2.416 0	50	0.415 69

(二) Omosa 课程结束后学生自评情况

课程结束后,通过在线调查的形式发放了学生自评问卷,学生自评结果(分项)见表 6 - 12,学生自评等级如图 6 - 9 所示。由数据可以看出,大多数学生对于 Omosa 课程的自我学习表现是认可的,自我等级评定都在中等以上,在分项自评结果中也很清晰地呈现出学生的满意度是很高的,仅有一名同学在实验设计方法掌握分项上选择了很不同意。同时,学生们在知识获取和概念理解两个分项上没有人选择不同意或很不同意,而选择很同意和同意的学生数也是所有分项中最多的,表示学生在这两个分项上认同度是较高的。

表 6 - 12　学生自评结果(分项)

题目\选项	很不同意	不同意	一般	同意	很同意
我主动积极地参与了探究学习活动	0(0%)	1(2%)	12(24%)	23(46%)	14(28%)
我任务完成得都比较满意	0(0%)	1(2%)	17(34%)	22(44%)	10(20%)
我能跟上整个探究学习的节奏	0(0%)	1(2%)	11(22%)	19(38%)	19(38%)
通过学习我收获了很多知识	0(0%)	0(0%)	9(18%)	16(32%)	25(50%)
我知道了如何开展科学探究活动	0(0%)	1(2%)	10(20%)	18(36%)	21(42%)

---

① 王才康,刘勇.一般自我效能感与特质焦虑、状态焦虑和考试焦虑的相关研究[J].中国临床心理学杂志,
　2000,8(3):56—67.

题目\选项	很不同意	不同意	一般	同意	很同意
我对生态系统生物圈等科学概念有了更好的理解	0(0%)	0(0%)	10(20%)	19(38%)	21(42%)
我掌握了实验设计方法	1(2%)	1(2%)	12(24%)	19(38%)	17(34%)
我的科学探究能力有了提升	0(0%)	2(4%)	7(14%)	23(46%)	18(36%)

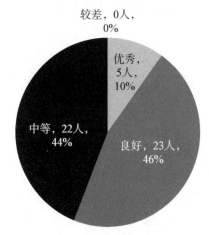

图 6 - 9 学生自评等级(总评)

(三) 自我效能感、学生自评与科学探究问卷结果之间的关系

添加总计拟合曲线后的学生自我效能感水平与自评分数散点图,如图 6 - 10 所示。可以发现,除图中 A、B 区几位同学外,总体上学生自我效能感越高,自评分数越高。通过皮尔森相关分析(Pearson Correlation),其相关程度并不高($r=0.263$,$p=0.065$),未达到 0.05 的显著性水平。

通过自我效能感与科学探究问卷结果变化(科学探究问卷后测得分与前测得分之差)散点图(图 6 - 11)可以发现,自我效能感与学生科学探究能力的提升之间呈现出一定的负相关。通过皮尔森相关分析,其相关程度呈显著的负的弱相关($r=-0.297^*$,$p=0.036<0.05$)。特别值得注意的是图中的 C 区和 D 区,自我效能感最低的几位同学,科学探究能力得分的提升幅度在整个学生参与者群体中是最高的,而自我效能感得分最高的两位同学,科学探究能力得分的下降幅度在整个学生参与者群体中却是最大的。由此可见,学生在基于 Omosa 的探究学习过程中的自我效能感会影响学生对个人学习情况的自我评价,但相关分析并不显著;总体上看,自我效能感与学生的科学

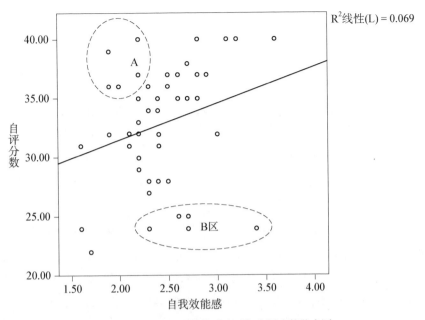

图 6 - 10　学生自我效能感水平与自评分数散点图

素养和科学探究能力的改变之间存在负相关,特别是自我效能感高分组和低分组却存在明显的负相关。

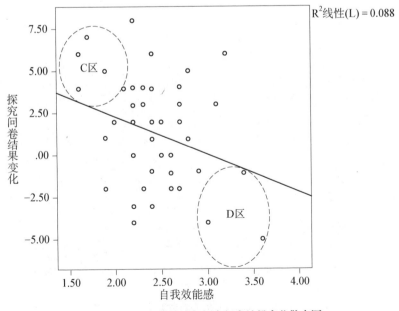

图 6 - 11　自我效能感与探究问卷结果变化散点图

四、探究学习表现与学生学业表现之间的关系

本研究将科学探究学习表现定义为学生在 Omosa 课程学习中,参与学习互动、完成探究学习任务的表现,测量工具包括前后测科学探究问卷、学生自评表以及学习过程数据(作业、课堂提问等)。统计分析中取后测问卷得分与前测问卷得分的差,变量名为探究问卷结果变化;将学生分项自评结果进行赋分(从很不同意到很同意五级分别计 1—5 分)并求和,变量名为自评分数。同时,本研究将学习学业表现定义为学生在学校组织的关键性考试中的总体表现,为了研究的需要,提取了研究对象 2015—2016 学年上学期期中考试成绩,包含语文、数学、英语三科成绩,以三科总成绩作为统计分析的变量,名为学业成绩。

学业成绩与科学探究问卷结果变化之间关系的散点图如图 6 - 12 所示,从图上可以看出,学习成绩与学生科学素养及探究能力问卷结果的变化情况并没有明显的相关性,整体分布比较散乱。通过皮尔森相关分析,其相关程度很低($r=0.226$,$p=0.114$)。值得注意的是,在学业成绩为 150 分附近的 6 位同学(图中 A 区)的探究问卷结果变化是高于 0 的,在传统概念的意义上,就这几位同学的学业成绩而言,他们是属于"学困生"这个群体的,但在探究学习的过程中,探究问卷结果显示这些同学对于科

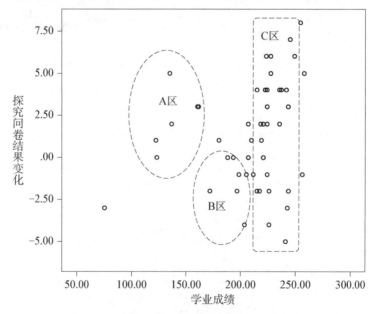

图 6 - 12　学业成绩与探究问卷结果变化之间的关系

学探究过程和要素的理解获得了良好的发展。然而,学业成绩为200分左右的多名同学(图中B区),他们的探究问卷结果变化都是负的。对于高分组的多名同学,其探究能力得分变化情况却呈现出了两极分化的状态。

学业成绩与学生自评分数之间关系的散点图如图6-13所示,从图上可以看出学生的学业成绩与自评分数之间并没有明显的相关关系。通过皮尔森相关分析,其相关程度非常低($r = -0.058, p = 0.691$)。虽然总体上没有什么相关性,但可以看到学业成绩在130分左右的几名学生(图中D区)的自评分数仍然是很高的,而200分左右的多名学生(图中E区)自评分数较低,高分组除一名学生外其余的自评分数都较高。

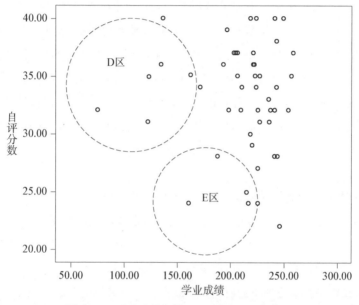

图6-13 学业成绩与学生自评分数之间的关系

笔者在课堂观察过程中发现,有几位同学在课堂互动中非常活跃,经常主动回答任课教师提出的问题。在课后与教师的沟通中获知,这几位同学的学业成绩在班里并不处于前列,都处于中下游水平,在其他科目的课堂上表现也并不活跃,甚至从整体表现上看是属于有点自卑的一类学生。但是,在整个Omosa课程学习过程中,这几位同学的表现非常积极主动,根据笔者课堂观察的笔记,对照这几位学生的名字调取了他们的科学探究问卷作答情况、自评情况以及学习体验问卷结果。分析发现,这几位同学的探究问卷得分都有了一定程度的提升,但提升的幅度并不是特别高,而自评情况和探究学习体验对基于Omosa的探究学习的认识都是非常正面而积极的。在课程结束后的教师访谈环节中,教师也特别提到 Omosa 课程学习中部分学困生的突出表现。相反,有个别学业成绩特别优异的学生在探究学习自评和体验问卷中对于这种学习方式却给出了较低的评分甚至负面的评价。

五、实证研究总结与讨论

本研究的主要目的,是探索学校教育情境下虚拟世界如何赋能探究学习的开展,及其对学生科学素养、探究能力、学习兴趣、参与情况所带来的影响如何。研究的预期发现是学生能够借助 Omosa 虚拟世界和 NetLogo 建模软件开展科学探究实践,通过实践提升科学素养水平,特别是对科学探究过程和要素的理解,包括科学问题的提出,实验设计中的研究假设、自变量和因变量的确定,以及研究数据的收集、处理和分析,基于证据进行科学论证并形成研究报告,以及对研究成果的交流与讨论。本部分将在实证研究结果的基础上,分两个部分进行总结与讨论:第一部分围绕虚拟世界赋能的探究学习产出及其影响因素进行讨论;第二部分围绕虚拟世界赋能的科学探究实践的方式与体验展开,分析虚拟世界赋能的探究学习的本质。

(一) 虚拟世界赋能的探究学习的学习产出及其影响因素

自 20 世纪 90 年代以来,受建构主义理论启发的学习策略和环境受到了广大教育研究者和实践者的关注和提倡,其中包括探究学习。但是,有关建构主义学习方式的学习效果在教育研究共同体内一直都没有达成共识,例如,克拉克等人(Clark 等)描述了受建构主义启发的学习环境的研究和实践存在的隐患与缺点,用证据说明全程引导的直接教学法几乎在所有案例中都获得了较高的成绩[1]。在本研究中,学生基于 Omosa 虚拟世界开展了近一年的科学探究学习,其学习效果如何,需要有一个正确的评估和认识。本文使用"学习产出"(learning outcome)一词讨论本次探究学习的学习效果,指代学生通过学习所带来的认知、技能、情感态度与价值观等方面的变化。本部分将从科学探究能力提升、科学知识建构和科学态度养成三个方面展开讨论。

1. 科学探究能力的提升

通过对科学探究问卷前后测数据的配对 T 检验发现,使用 Omosa 虚拟世界的实

---

[1] Clark R, Hannafin M. Debate About the Benefits of Different Levels of Instructional Guidance[J]. Trends and Issues in Instructional Design and Technology, 2011: 367 – 382.

验班在科学探究过程和要素的理解上得分有显著性提高,这与研究预期是一致的。对比班并没有进行特别的实验干预,所有课程都是按照学校规范的教学计划开展,其综合实践活动课的形式也是探究学习的形式,主题由任课教师自由选取。由于第二轮实证研究跨度近一年,对比班前后测得分也存在显著性差异。但通过进一步多元回归分析发现,回避掉前测成绩的差异,Omosa课程实验班的后测成绩仍然显著优于对比班。另外,无论实验班还是对比班,从前测得分均值来看,男生都高于女生,而后测得分均值女生都反超男生,对实验班来说尤为突出。笔者猜测之所以会出现这种现象,可能是因为六年级学生不同性别认知发展的差异,故本研究未作过多探讨,留待后续研究进一步证实。

通过相关分析发现,学生在基于Omosa的探究学习过程中的自我效能感会影响学生对个人学习情况的自我评价,但相关程度并不显著。自我效能感与学生科学探究能力提升之间呈现出一定的负相关,这不仅否定了研究问题3的研究假设,而且还呈现出了反向关系,表现出自我效能感高的学生通过学习科学探究能力反而下降了。这在一定程度上是与国外同行的研究结果相左的,有研究者报告,自我效能感能够引发学生的探究兴趣,并且也有利于学生探究学习过程中学习兴趣的保持[1],自我效能感高的学生比自我效能感低的学生在数据收集过程中表现得更为积极,参与更多的科学探究活动[2]。虽然国外同行的研究只是定性的观察和描述,并没有对学生的科学探究能力进行评测。对于本研究中自我效能感与科学探究能力改变之间的负相关关系,通过后期访谈发现,自我效能感较低的学生往往认为自己学的不够好,在学习过程中态度比较认真,从而取得较好的学习效果,而自我效能感高的学生在学习过程中反而有点眼高手低,从而导致后测成绩的下降。尽管我们通过访谈结果可以部分解释这项研究结果,但还需要后续研究进行进一步的检验。对于研究问题4,数据显示学生的学业成绩与自评分数之间不存在明显的相关关系,与学生科学探究问卷得分结果变化之间也没有明显的相关性。然而,部分在常规课程中属于"学困生"的学生,在基于Omosa虚拟世界的探究学习过程中表现出很高的学习积极性,在前后测科学探究问

---

① Chen J A, Tutwiler M S, Metcalf S J, et al. A Multi-user Virtual Environment to Support Students' self-Efficacy and Interest in Science: A Latent Growth Model Analysis[J]. Learning and Instruction, 2016, 41: 11 - 22.

② Ketelhut D J. The Impact of Student Self-efficacy on Scientific Inquiry Skills: An Exploratory Investigation in River City, a Multi-user Virtual Environment[J]. Journal of Science Education & Technology, 2007, 16(1): 99 - 111.

卷得分的变化上反映出了他们良好的学业表现,这与已有文献中同类研究的发现是一致的[①]。

2. 科学知识的建构

在科学探究学习过程中,学生不仅可以掌握科学探究的过程与方法,而且科学探究与科学知识紧密联系在一起,科学探究活动有利于学生科学知识的建构。Omosa探究课程的学习内容是围绕生态系统这个科学大概念展开的,其中涉及动物、植物和人类之间的生态关系。动物又分为食肉动物和食草动物,植物涉及森林、灌木、草地和庄稼,Omosa世界中出现的人类包括Omosa土著人、科学家和探险者,Omosa土著人中又有智者、猎人和农民等多种角色。动植物之间存在食物链,而人类活动又极大地影响着Omosa岛上的生态系统的平衡。虽然本研究并没有对学生生态系统相关科学知识进行测试,但在学习体验问卷调查中进行了相关调查。在项目"通过Omosa课程,我从自我发现和总结中获得了很多关于草、叶鹿、花斑狼和人类之间关系的生态学知识"的调查中,表示"很同意"和"同意"的人分别占到实验班学生的46%和38%,仅有2名同学不同意这种说法,其他6名同学选择了"一般"。这个调查结果反映出学生主观上认可Omosa探究课程在科学知识建构上的价值。

笔者在课程观察中也发现,学生能够在Omosa探究学习活动中积极建构科学知识。在Omosa课程开展的第四周,教师组织过一次团队学习活动,活动的任务是以小组的形式(3—5名/组,自由分组)对Omosa岛上的已知和未知信息进行分析,并通过海报的形式进行展示交流,图6-14展示了其中两个学生团队完成的海报。

图6-14 Omosa探究学习小组完成的海报

---

① Jass K D, Nelson B C, Jody C, et al. A Multi-user Virtual Environment for Building and Assessing Higher Order Inquiry Skills in Science[J]. British Journal of Educational Technology, 2009, 41(1): 56 - 68.

通过 3 次（每周一次）基于 Omosa 虚拟世界的科学探究学习，学生们对于 Omosa 岛上的生态系统有了比较全面的认识，能够通过对已知信息和未知信息的分析，在海报中建构自己对 Omosa 生态危机出现的可能原因。在这个过程中，通过小组成员间的讨论和协商，学生小组共同协作建构知识。这不同于传统授受主义教学中，学生只能接受和消化教材中或者教师讲解的科学知识。在知识建构的过程中，学生们会引用和提到自己的先前经验，比如在科学纪录片中学到的知识，或者引述真实世界中自然环境的变化来分析 Omosa 虚拟世界中面临的生态问题。

3. 科学态度的养成

Omosa 科学探究课程有利于帮助学生正确认识科学家的科学实践活动，热爱科学事业，养成良好的科学态度。在科学探究前测问卷中，实验班很多学生对于 Q1 关于科学家的认识和 Q2 关于科学实践的认识两个题目给出了错误回答，对于 Q1，有 28％的学生选择了"科学家总是待在实验室里做实验"这一项，还有多位同学选择了选项 C"科学家都很古怪，难于相处"；仅有 32％的学生对 Q2 作出了正确回答。在后测中，实验班 92％的学生对 Q1 作出了正确回答；而对于 Q2 的正确回答率达到了 96％，仅有 2 名同学回答错误。由此可见，通过 Omosa 探究课程，学生对科学家和科学实践的认识有了更全面、更确切的认识。在学生访谈中，多名学生表示在 Omosa 课程学习前，他们认为科学家很神秘，科学工作就是在实验室里摆弄瓶瓶罐罐，通过参与 Omosa 探究学习，自己也可以像科学家一样在 Omosa 世界中进行科学探究，认为科学家提出的观点也可能是错误的。

另外，通过 Omosa 探究学习，有利于学生形成看待问题的正确方式和良好的批判精神。在学习体验问卷中，绝大多数同学都认为通过 Omosa 探究学习，感悟到要从多个方面去看问题，并且对任何问题要有自己的观点，不能人云亦云，要学会质疑。此外，平等、合作、责任也是科学态度和价值观的重要组成部分，是科学家顺利开展科学研究工作重要的意志品质。在 Omosa 科学探究学习中，同学之间通过交流和合作，共同完成探究任务、撰写研究报告，学生的团队协作能力和责任意识能够获得提升。

（二）虚拟世界赋能的探究学习的本质分析

"学习是合法的边缘性参与"这一论断来源于人类学视角的情境学习理论，体现了学习过程中"默会知识"对新手的重要性，以及学习过程中从个人作为个体学习者到个人作为社会实践参与者的重要性。在 Omosa 虚拟世界中，学生的探究学习本质上是科学探究实践活动中合法的边缘性参与。本部分基于人类学视角的探究学习理论,通过对 Omosa 课程实施过程的回顾和思考,对 Omosa 虚拟世界赋能的探究学习进行本质分析。

1. 科学教育中科学探究知识的默会性

迈克尔·波兰尼于 20 世纪 50 年代首先提出"显性知识"和"默会知识"的知识分类形态,认为"显性知识"是指用书面文字、图表和数学公式表述的知识,所以又称为"言明的知识"或"明确的知识";"默会知识"是指尚未言明的、难以言传的、尚处于缄默状态的知识,所以又称为"缄默知识"或"隐性知识"。大多数技能、方法、交往、态度、体会、情感等方面的知识都属于后者①。科学探究知识涉及科学探究能力的形成与发展,属于默会知识的范畴。科学教育中如何开展科学探究知识的教学,从 20 世纪 90 年代科学教育关注科学探究开始,一直是科学课程实施的难点。特别对我国的科学课程实施来讲,就像第 2 章实践困境中所提到的,一直都没有找到合适的路径。情境学习理论认为,任何知识都存于文化实践中,参与到这种文化实践中去,是学习的一个认识论原则②。学生要掌握科学探究知识,就必须参与到科学探究实践中去,在探究实践中去慢慢体会并逐渐掌握科学探究的过程和方法。在 Omosa 课程中,学生的探究学习包含在 Omosa 岛上的科学探究实践中,通过实践逐渐领会和掌握科学探究默会知识,实现科学探究能力的提升。

2. 虚拟世界创设了有意义且真实的科学情境

所有的学习都是基于情境的,但不同的情境并不是同等地支持知识的获取和应用。在脱离真实应用情境的教学中获得的知识往往是惰性的,并且很难在社会实践中迁移应用,例如,即使学生通过教师的讲解学习了火灾逃生的知识,但当其身处火灾现场时,却无法提取应用。Omosa 虚拟世界提供了一个模拟真实的生态系统情境,学生可以在虚拟世界中开展探索,观察、调查,以获取数据。学生的身份是科学探究团队的成员,前往 Omosa 星球协助星际环境调查组(IEIA)首席科学家开展科学研究工作,为 Omosa 土著居民查明他们赖以为生的动物叶鹿种群数量下降的原因。

在基于 Omosa 虚拟世界的情境化学习中,学习者认识到知识的实践效用和试图使用知识解释、分析、解决真实世界问题的需求,学习就自然而然地发生了。围绕生态

---

① 郁振华. 人类知识的默会维度[M]. 北京:北京大学出版社,2012.

② J·莱夫,E·温格. 情境学习:合法的边缘性参与[M]. 王文静,译. 上海:华东师范大学出版社,2004:46.

系统这一中心概念,学习者从最初的想法开始,借助逐渐复杂的问题,再通过各种活动,比如把自己的想法与收集到的数据进行对比、参加自主探究、通过实验验证想法、公开地审查形成的想法以及根据他们的理解创作人工制品等,逐渐地完善和重构最初的想法。通过不断地进行科学论证,学习者在探究过程中逐渐深化他们自身的认识,给出更加恰当的解释。

3. 科学探究实践共同体中"学生科学家"角色的变化

在 Omosa 科学探究实践共同体中,学生的角色和互相之间的关系通过直接参与活动而发生变化,在这一过程中,学生对于科学探究过程和要素的理解以及科学探究的能力得到发展。进入 Omosa 虚拟世界之初,学生的身份是科学探究团队的初级科学家,最初参与的是简单的、边缘的、琐碎的活动,包括与猎人、科学家等不同的计算机虚拟角色的对话,当学生从最初的探索、观察、推论,过渡到提出问题假设、确定自变量和因变量并设计具体的实验方案,学生成长为助理科学家,再接下来借助模拟实验对 Omosa 生态问题进行更深入的探究和分析,角色身份转变为科学家。不仅如此,在团队学习过程中,不同学生的角色和具体任务有所不同,多种层次的参与是实践共同体的成员关系所必需的①。如果给学生提供作出选择和追求个人兴趣的机会,学习者将会对自己的学习承担更大的责任。在传统的学习环境中,学生的角色决定他们一直处于被动接受的位置,学习者经常被剥夺发展决策、自我监督、注意力调整等技能的机会,然而这些技能对于优化学习经验是十分必要的②。只有经过身份的转变并对自我身份重新认识,学生才会主动去借助多种策略来规划和追求目标,整合新知识和现有知识,确切地阐述问题和推断结果,不断地评估和重组他们的思维方式。

4. "去中心"与教师的角色

在传统课堂上,教师处于权威地位,是课堂教学的中心。情境学习理论提倡采取"去中心"的观点看待学徒制中的师徒关系③,对于学校教育而言,新型师生关系提倡"去中心"化,特别是对于探究学习而言,课堂的控制权不应继续掌握在教师手中,而应

---

① [美]J·莱夫,E·温格. 情境学习:合法的边缘性参与[M]. 王文静,译. 上海:华东师范大学出版社,2004:45.

② Kirschner P A, Sweller J, Clark R E. Why Minimal Guidance During Instruction does not Work: An Analysis of the Failure of Constructivist, Discovery, Problem-based, Experiential, and Inquiry-based Teaching[J]. Educational Psychologist, 2006, 41(2):75-86.

③ [美]J·莱夫,E·温格. 情境学习:合法的边缘性参与[M]. 王文静,译. 上海:华东师范大学出版社,2004:42.

该掌握在科学探究共同体中,教师只是共同体中的一部分。教师的角色更像一位教练,适时地在科学探究活动过程中提供一定的指导建议。对于教师的指导作用,学生总体上是非常认可的,在学习体验调查中,80%的学生认为,在 Omosa 学习过程中,老师的指导很重要。

我国基础教育中探究学习开展的困难之一是教师缺乏探究式教学开展的知识和经验,指导作用有限。在课堂观察过程中笔者发现,针对基于 Omosa 虚拟世界的探究学习所设计的学生指导手册对学生整个科学实践活动起到了良好的支架作用,可以部分解决教师指导作用有限的问题。同时,笔者还发现,在学生探究学习过程中,教师的指令式和讲授式干预仍然占较大的比例。教师在某些环节中会习惯性地按照传统的教学方式实施教学,而不是引导学生去自主地探索和发现。在与教师沟通的过程中,教师认为"学生在开放式的探究学习中很容易跑偏",从而无法完成规定的学习任务,必须把学生拉回来。正如上文中部分学者所认为的,全程引导的直接教学法教学效果更好,而质疑探究学习的效率,这正是教师作出干预措施的原因所在。关于如何正确认识探究学习中教师的作用,平衡自主探究与教师引导之间的关系,本研究并没有深入挖掘,后续研究需要关注这个问题。

第七章　总结与展望

本研究从最初确定选题,到理清研究脉络并逐步深化,经历了相关文献调研、理论构建、案例分析、实证研究和写作的漫长过程,历时六年。本章围绕四个大的研究问题,对整个研究过程和研究结论进行总结,提炼本研究的创新点,最后分析研究的局限性,并对未来技术赋能的探究学习研究进行展望。

一、研究总结与创新点

(一) 研究总结与结论

问题一: 科学教育中探究学习的内涵是什么?

本研究对科学教育中探究学习的相关理论进行了系统梳理,在此基础上提出了探究学习的定义和特征,梳理了探究学习的典型模式、探究层次与一般过程要素,紧接着对近年来国际上典型的相关实证研究状况和发现进行了综述,进而分析了我国基础教育中探究学习开展的实践困境。探究学习是围绕自然、社会和人文领域中的某个主题,在一定的问题情境中,借助数字化或物理的探究工具,主动提出问题、探索发现,并在探索发现的过程中进行严密论证的一种有指导的学习方式。探究学习具有情境性、问题性、自主性、协作性和建构性这五个互相关联的本质特征。探究学习的基本要素包括探究意识、探究态度和探究能力三个方面,探究学习的核心要素是问题。归纳起来,当前我国探究学习开展的问题与障碍主要有四个方面:(1)探究学习形式化严重,学生探究自主性不足;(2)缺乏真实的探究情境,学生的问题意识缺乏;(3)探究学习目标不清晰,难以开展有效的评价;(4)教师缺乏探究式教学开展的知识和经验,指导作用有限。

问题二：探究学习中技术赋能的作用空间(功能范畴)何在？

本研究在对信息技术教学价值思考的基础上，提出了技术赋能的探究学习的定义和内涵，并在多种学习理论的指导下分析了探究学习中技术赋能的作用空间。传统的以教师为中心、以知识传授为目的、以讲授为主的课堂教学方式已经不能满足当代学生的学习需求，借助信息技术实现以学生为中心的、面向真实的问题情境、自主合作探究的有意义学习，已经成为近年来教育信息化理论和实践研究的热点问题。技术赋能的探究学习(technology enabled inquiry learning, TEIL)，指的是借助数字化、网络化的探究学习工具和环境，为探究学习各个环节实现全过程的支持，化解探究学习开展的困难和障碍，使课堂环境下难以实施的探究学习活动得以实施，从而增进探究学习的效果。技术赋能的探究学习的内涵主要在于技术对探究学习开展的作用和价值，其体现在以下六个方面：(1)借助强大的虚拟仿真技术，突破课堂中科学探究活动开展的时空局限性；(2)提供丰富的认知工具，真正实现以学习者为中心的探究学习；(3)搭建开放式学习平台，促进探究学习过程中的对话与分享；(4)基于物联网技术的智能化感知，促进学生情境式学习并提供智能化服务；(5)借助云计算技术和大数据，为学生提供个性化的按需自助和精准服务；(6)人工智能赋能教育创新，实现课堂环境、教学方式和学习方式的变革。针对探究学习的实践问题，在建构主义、情境学习等理论的指导下，建构了探究学习中技术赋能的作用空间模型，作用方式体现在以下几个方面：(1)情境创设，引发学习兴趣与学习动机；(2)探索发现，将学习的主动权还给学生；(3)科学演示，培养学生对现象的科学观察能力；(4)测量检验，让科学仪器与工具触手可及；(5)协商交流，拓展对话的广度和深度；(6)创作分享，使用证据以多种形式呈现探究成果；(7)评价反馈，伴随学生探究学习的全过程。

问题三：典型探究学习环境案例是如何设计的，其作用方式与效果如何？

本研究采用案例研究的方法对国内外已有的探究学习环境案例及其研究成果进行了调研和分析。案例研究发现，如果没有相应的探究学习环境，探究学习是无法开展的，技术赋能的探究学习是学校教育情境下课堂教学中探究学习开展的有效途径。在案例分析的基础上进一步优化了探究学习中技术赋能的作用空间模型，添加了探究学习环境与探究支架两个要素。就探究学习环境的设计而言，内容主题的选择应围绕科学大概念，而情境设计应当成为探究学习环境设计首先要考虑的部分。情境设计决定其他的探究学习活动的设计，包括具体探究任务的设置、探究支架的设计、伴随式评价的方式等。当前，选择国内外已有的探究学习环境进行配置或二次开发，是开展技术赋能的探究学习理论和实践研究的良好选择。尽管国际上相关实证研究成果已经有很多,但是中国内地较缺乏相关实证研究。特别是基于虚拟世界的探究学习方面,尽管是国际同行的一大研究热点,但国内除了零星的介绍类文献外,相关理论和实践研究都尚且空白。由此确定了本研究后续实证研究的研究内容,选择虚拟世界作为探究学习环境开展研究,重点研究虚拟世界赋能的探究学习中学生的兴趣动机、自我效能感、学习参与情况以及相应的学习产出与效果。

问题四:虚拟世界如何赋能探究学习的开展,以及对学习结果的影响如何?

鉴于国内缺乏基于虚拟世界的探究学习实证研究,本研究针对 Omosa 虚拟世界赋能的探究学习,采用混合研究的方法在 S 市两所中学开展了为期 1 年半的实证研究。研究分为第一轮探索性研究(T 中学)和第二轮正式研究(L 中学),通过课堂观察、访谈等形式收集质性数据,通过问卷收集量化数据。研究聚焦于虚拟世界赋能的探究学习开展的方式,以及学生在探究能力、知识建构和科学态度三个维度上的学习产出及其影响因素。

基于人类学视角的情境学习理论,通过对 Omosa 课程实施过程的回顾和思考,笔者认为,虚拟世界赋能的探究学习本质上是学生在科学探究实践活动中合法的边缘性参与。Omosa 虚拟世界为课堂中的科学探究实践创设了真实且有意义的问题情境和探索空间,学生可以在虚拟世界中漫游探索,观察、调查,以获取数据。科学探究知识涉及科学探究能力的形成与发展,属于默会知识的范畴。在 Omosa 课程中,学生的探究学习发生在 Omosa 岛上的科学探究实践中,随着"学生科学家"角色的不断变化,通过实践逐渐领会和掌握科学探究默会知识,从而实现探究能力的提升。教师作为科学探究实践共同体的一员,适时地提供支架能够帮助学生克服开放式探究学习过程中遇到的困难,从而提高探究学习产出。

就虚拟世界赋能的探究学习产出而言,通过数据分析发现:(1)在探究能力提升方面,通过对科学探究问卷前后测数据的配对 T 检验发现,使用 Omosa 虚拟世界的实验班在科学探究过程和要素的理解上得分有显著性提高($t = 3.11, df = 49, p = 0.003$)。问卷内容涉及科学家和科学研究工作、研究假设、实验设计、观察和推论、科学测量、实验设计与假设检验的关系、科学研究结果图表表达等方面的题目。通过散点图与相关分析发现,学生在基于 Omosa 的探究学习过程中的自我效能感会影响学生对个人学习情况的自我评价,但相关程度并不显著;自我效能感与学生探究能力提升之间呈现出一定的负相关;学生的学业成绩与自评分数之间不存在明显的相关关系,与学生探究能力变化之间也没有明显的相关性。然而,部分常规课程中的"学困生",在基于Omosa虚拟世界的探究学习过程中表现出很高的学习积极性,在前后测科学探究问卷得分的变化上反映出了他们良好的学业表现。(2)在知识建构方面,Omosa探究课程的学习内容是围绕生态系统这个主题展开的,问卷调查结果和学生作业反映出Omosa探究课程有助于学生对生态系统相关科学知识的建构。(3)在情感态度和价值方面,研究数据还显示,Omosa探究课程有利于帮助学生正确认识科学家的科学实践活动,养成良好的科学态度。

(二)本研究的创新点

概括起来,本研究的创新点与特色体现在如下几个方面:

(1)通过对技术教育价值的思考,厘清了"技术赋能"这一术语的使用情境和内涵,分析构建了探究学习中技术赋能的作用空间模型。

(2)通过对探究学习环境典型案例的详细分析,进一步洞悉了探究学习中技术赋能的作用方式,对于我国本土探究学习环境的设计开发与应用研究具有良好的借鉴意义。

(3)在真实的课堂情境中开展了虚拟世界赋能的探究学习实证研究,这在一定程度上弥补了国内虚拟世界教育应用实证研究的空白。同时,为学校科学教育实践中探究学习的开展探索了一条可行的路径。

二、研究局限

尽管本研究在文献调研、案例分析和研究设计等方面做了充分的工作,在虚拟世界赋能的探究学习实证研究中采用探索性研究和正式研究这样的两轮设计,后期数据分析阶段也采取了相应的质量保障措施,但由于时间与精力的限制,仍然存在一些不尽人意之处。特别是质性数据的分析和处理方面,由于质性数据本身所特有的多样性与凌乱性,在研究过程中,随着研究的不断深入,分析起来愈加困难。反思本研究的全过程,综合得出的研究发现,本研究的不足和局限性具体表现在以下几个方面:

首先,在实验学校和参与者的选取方式上,优先考虑的是方便问题。由于笔者所在的研究团队有老师认识实验学校的两位任课教师,在征得对方同意的基础上选取了这两所学校。实验班级和时段也都是根据两位教师所在学校的实际情况选定的,所以才会出现第一轮探索性研究和第二轮正式研究参与学生的学段差异。尽管参与探索性研究的学生为初二（八年级）学生，而第二轮正式研究的学生为预初（六年级）学生，但由于探索性研究的目的主要是为了初步了解 Omosa 虚拟世界在 S 市开展的可行性，以改进软件、学习手册和教学设计，所以并不影响第二轮正式研究中研究结果的科学性。由于正式研究中学生的学段较低，所以在进度安排上由一个学期调整为一个学年，通过课程实施情况来看，这种调整是很有必要的。另外，第二轮正式研究中的 L 中学属于郊区普通中学，由于学校、学生家庭的经济、文化的制约，对于学生的学习表现和学习产出都会有一定的影响。

其次，信息技术软硬件环境中存在的缺陷和问题，影响了实验的效果和学生行为数据的收集。在软件方面，由于 Omosa 虚拟世界软件并非笔者原创开发，开发团队在澳大利亚，在功能方面可以更改的空间很小，虽然在笔者和其他团队成员的努力下，实现了软件的汉化和部分功能的微调，但仍然制约了研究开展的深度，比如软件的任务无法内置到 Omosa 虚拟世界内部（很多学生提出了这样的诉求）；软件自身无法实时记录学生在虚拟世界中的探索轨迹，笔者只能使用电脑录屏这一替代方案，但由于电脑录屏存在学生中间停止、数据量庞大、难以收集存储等问题，这在很大程度上影响了实验数据的获取。在硬件环境方面，最典型的一个问题是 Omosa 探究学习活动是在学校机房中开展的，而 L 中学为了机房管理的方便性，学生机中安装有硬盘还原卡（不仅 L 中学，探索性研究所在的 T 中学也是如此，国内很多学校都是这样）。在 T 中学，任课教师每次都要重新安装 Omosa 软件，L 中学稍好一些，实验室管理员将 Omosa 软件安装在了还原母区，意味着软件无需每次重装，但学生每次登陆进入系统都是从头开始，不会自动从上次探索的场所开始。最初的方案是直接使用基于 B-S（浏览器服务器）模式的 Omosa 软件，那样就可以回避掉系统还原的问题。但探索性研究的第一次课就否定了这一方案，因为基于 3D 建模技术的 Omosa 软件数据量很大，而实验学校的网速较慢，学生根本无法正常访问 Omosa 服务器使用软件。使用基于本地计算机的 Omosa 版本是应对技术失能问题的一种妥协。这些软硬件方面存在的问题，给任课教师和参与的学生造成了一定的困扰，在某种程度上也对研究结果造成了不利影响。

最后，本研究在研究深度上还有待加强。作为项目负责人，笔者主导了这项历时 1 年半的研究。回顾和反思整个研究过程，笔者觉得本次研究的研究深度与国际同类研究相比还存在一定的差距。比如，对于第二轮正式研究的研究问题 1——虚拟世界是如何赋能探究学习开展的,从学生探究学习行为数据的收集和分析的角度看,本次研究还是比较粗糙的。一方面是因为上述提到的软件功能的限制,另外一方面就是个人时间和精力上的问题,导致研究不够深入。一个客观的原因是国内几乎没有类似基于虚拟世界的实证研究,所以对于国内研究者而言,需要迈出这一步,围绕这个主题收集我国教育实践中的第一手研究数据,通过与国际同行进行交流合作,进而逐步深化,慢慢接近甚至超越国际同行的研究水准。

三、研究展望

根据实证研究结果,笔者认为,当前科学教育中技术赋能的探究学习有效开展的要素有三个:探究学习环境、支架和学习评价。这三个要素是由以教师为中心传统的讲授教学转变到以学生为中心的探究学习的关键所在,是未来研究的主要方向。探究学习环境提供了探究学习开展的情境,是探究学习开展的基础;学生在开放式探究学习过程中,当遇到困难时会阻碍学习的顺利开展,适时的支架能够帮助学生顺利推进学习进度,只有对技术赋能的探究学习过程进行深度分析才能科学地设置支架;传统面向认知的以考试为主要形式的评价方式不再适合探究学习,技术的进步为评价方式的转变带来了可能,设计实施面向探究学习全过程的伴随式评价是探究学习评价方式改革的主要方向。

(一) 探究学习环境的设计与开发

开展技术赋能的探究学习研究与实践,其关键在于探究学习环境的设计与开发。设计良好的探究学习环境能够围绕科学大概念,基于各种可视化技术,为学生的探究学习创设一个逼真的问题情境,引导学习者开展科学探究活动,提高探究能力,建构科学知识技术,养成良好的科学态度。本研究案例分析中提到的多个探究学习环境,包括 WISE、PhET 和 River City 都有着十余年的设计开发历程,在实证研究的基础上不断改进,都经历了多次迭代,参与研发的人员有高校科研人员、中小学教师、技术专家,背后都有美国国家科学基金 NSF 持续的、强有力的支持。比如 WISE,相关网站首页(https://wise.berkeley.edu/)显示,该项目受到了 NSF 的七次项目资助。

近年来,我国在信息产业方面发展迅速,特别是以阿里巴巴和腾讯为代表的互联网企业,成为互联网时代的佼佼者。然而,在信息技术教育应用,特别是有全球影响力的教育软件和平台方面，几乎还处于空白状态。设计开发探究学习环境，特别是基于 3D 建模、虚拟现实等技术的沉浸式环境，需要大量资金投入和人力投入，更需要教育技术、计算机、学习科学等领域研究者的通力合作，需要实证研究的推进。探究学习环境的教学实践应用，还需要教育政策制定者、学校和家长的支持。

（二）支架与学习过程分析

以学生为中心的环境通过为学生的思维和行动提供支架来促进对他们已知知识的持续管理和改进[①]。因为学习者在新进一个领域时可能缺乏重要的管理学习过程的策略知识，"学习者可能被可用观点的复杂性搞得不知所措，使得指导他们的探究、看清那些步骤是相关且有效的以及做出有效的活动决定变得困难"[②]。因此，对探究进行管理（也就是：通过记录研究结果来完成一项开放式任务，决定下一步做什么，如何得到对问题有用的工具和资源，对正在学习的东西进行反思）的过程通过嵌入环境中的结果和引导得到支持。个体独特地定义理解并对理解加以监控提升了学习过程的自主权和所有权，但是如果没有明确的支持，这些过程通常不会自然发生。

在技术赋能的探究学习过程中，学生围绕某个主题开展科学探究活动，从验证性探究到开放式探究，学生可能遭遇到的问题和困难差异很大。从教学设计的角度，如何科学地搭建与拆除支架，需要建立在对学习过程科学分析的基础上，采用迭代的方式不断演进支架的设计。就基于虚拟世界的探究学习而言，支架主要表现为如下几种方式：教师讲解（理论支架）、学生指导手册（任务支架）、虚拟人物对话（代理支架）以及同学交流指导（同伴支架）。不同类型支架的使用和撤除方式不同、时机也不同，需要在科学教学实践中不断探索和改进，配合学习环境的研发，从而帮助学生顺利开展探究学习。在支架的设计上，如何确保探究学习中学生在界定意义时的中心地位，突出学生先前经验和日常经验对于意义建构的重要性，给予学生使用多种观点、资源和表征形式的机会，都是未来值得研究的重要课题。

---

① Hannafin M，Land S，Oliver K．Open Learning Environments：Foundations，Methods，and Models [J]．Instructional-design Theories and Models：A New Paradigm of Instructional Theory，1999，2：115 - 140．

② Quintana C，Reiser B J，Davis E A，et al．A Scaffolding Design Framework for Software to Support Science Inquiry[J]//The Journal of the Learning Sciences．Psychology Press，2018：337 - 386．

（三）从科学探究的本质思考学习评价的方式

如第一章所述,科学不仅是系统的知识体系,更是一种探究活动,在科学教育中,把科学探究作为教育教学的主要方式是科学本质的要求。探究学习的主要目标是提高学生的科学探究能力。科学探究能力包括发现和提出问题,做出假设和制定计划,观察、实验和制作,搜集整理,思考和结论,以及表达和交流的能力。探究学习的学习目标不单纯是科学知识的理解与掌握,传统形成性或终结性评价方法,难以对探究学习进行有效的评价。从科学探究的本质出发,在技术赋能的探究学习过程中,开展基于学习过程数据和学习分析技术的伴随性评价,是当前该领域未来研究的另一重要方向。

附录

附录 1: Omosa 科学探究学生指导手册

研究团队: _____

合作者: _____

班级: _____

教师：＿＿＿＿＿＿＿＿＿＿＿＿＿＿＿＿＿＿＿＿＿＿＿＿＿＿

开始日期：＿＿＿＿＿＿＿＿＿＿＿＿＿＿＿＿＿＿＿＿＿＿＿＿

结束日期：＿＿＿＿＿＿＿＿＿＿＿＿＿＿＿＿＿＿＿＿＿＿＿＿

来自星际环境调查机构（IEIA）首席科学家的信

亲爱的小科学家：

欢迎来到 Omosa 星球，我是莎拉·牛顿博士，IEIA 的首席科学家，负责影响宇宙陆地生物类型的环境事务。近来，Omosa 星球已经显现了生态系统的变化。生活在那儿的土著居民报告称：某些种类的动物数量正在下降，其中包括充当他们生活中一种重要食物的动物。

Omosa 星球土著居民已经允许科学家来对此开展研究。我们认为，你的研究团队可以帮助科学家和 Omosa 土著居民深入调查他们的生态危机。在你的探索过程中，你会更深入地了解 Omosa 星球，土著居民期待和你们进行交流。

IEIA 团队和我本人都很高兴能够和你一起工作，去尝试解决这些问题。你的团队的主要工作是使用科学知识、通过科学调查的方式研究造成动物数量下降的可能原因。本项目结束的时候，你的团队要给 IEIA 和 Omosa 星球居民提供一个研究报告，告诉人们应对这种状况的可能解决方案。

当你开展研究时，请定期报告你调查到的资料和数据。我相信你会尽力做好工作，帮助土著居民拯救神秘的 Omosa 生态系统。

祝你成功！

萨拉·牛顿

IEIA 首席科学家

等级 1： 初级科学家

第 1 天： 情境导入

欢迎来到 Omosa 虚拟世界！土著居民担心他们再也不能找到足够的食物吃，作为他们的主要食物来源，叶鹿的数量越来越少了。

下面介绍不同阶段的等级水平，以及作为初级科学家需要完成的具体任务。

整个科学探究过程中，身份将分为三个层级：

- 初级科学家
- 助理科学家
- 科学家

要达到新的等级,你必须完成本指导书要求的活动和任务。一旦你完成一个等级,推进到下一个等级之前,你的老师会核查你的任务完成情况。

进入 Omosa 主岛

作为一个初级科学家,你将使用观察法去调查 Omosa 生态系统,以及动物种群与环境资源之间的关系。

在你开展调查之前,你需要学习在 Omosa 中活动的基本技能。然后,你就可以开始你的 Omosa 探索之旅了,请在指导手册中记录你的发现。

学习如何在 Omosa 虚拟世界中活动

构成部分:

- Omosa 世界
- Omosa 地图
- 背包
- 对话/聊天框

导航(你可以使用如下快捷键探索 Omosa):

- 方向键——用方向键前进,后退,向左和向右。
- Q 键——用 Q 键翻转 360 度。
- Shift 键＋Q 键——按住 shift＋Q 键增加平移的速度。
- A, D, S, W 键:
  - A 键——左转
  - D 键——右转
  - S 键——缩小
  - W 键——放大

- 点击屏幕上地图左上角 Omosa 屏幕快速环游主岛参观各个区域,如气象站,研究站,狩猎场和村庄。

背包

Omosa地图

Omosa世界　　对话窗　　学生指导手册

• 当你点击地图，你会看到 Omosa 虚拟世界的地图，如下图所示。

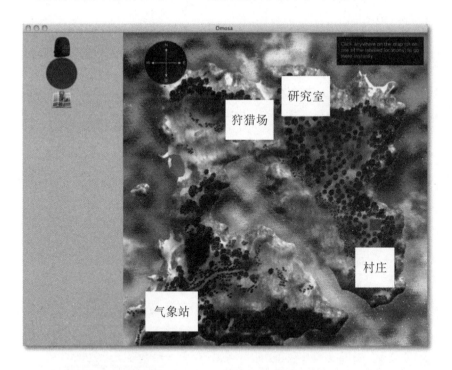

研究室

狩猎场

村庄

气象站

• 点击背包图标，看看里面有什么，如果有的话，就是你收集了的对象。
• 试着在 Omosa 世界中四处走动。

○ 你能跑和跳吗？能够在地图上点击和移动吗？

○ 你能跟一个角色交谈吗？你怎么知道他们能和你交谈？

任务 1　第一次探索

对 Omosa 星球的主岛进行一次初步的探索。针对你所观察到的事情，在下面做一些简要的笔记。

第 2 天：背景研究

任务 2.1　了解别人的想法

做一项研究之前，科学家们进行背景研究，找出什么是已知的，什么是未知的。在你来之前，有两个科学团队一直在 Omosa 星球开展研究。哪些信息可能是动物种群下降的原因呢？

Lyina（猎人）
Charlie（生物学家）
Zafirah（气象专家）
Simon（生态学家）

任务 2.2　收集信息

Omosa 虚拟世界包含大量关于 Omosa 生态和社会方面的信息。在前面的任务中，你获得信息的主要方式是访谈。在这个任务中，你将发现更多其他来源的信息。

哪些地方可能存在 Omosa 居民食物来源和动物种群变化原因的信息呢？

确保能够从专家那儿系统地收集所有可用信息，这些专家已经研究 Omosa 环境问题很久了。请遵循下面的步骤：

1. 设定一个目标。决定什么样的信息是已知的。

2. 行动计划。按部就班地开展工作,四处找人交谈并阅读相关信息。

3. 不断监控并持续推进。

确保你报告下面的信息资源:

Omosa 村庄大厅的探险家日志
狩猎场的信息板
研究室数据手册
气象站数据手册

任务 2.3　初步报告

结合收集到的数据,完成一份初步的探究总结报告。请阐明:(1)什么是已知的;
(2)什么是未知的。

第 3 天:观察并推论

任务 3.1　问题

科学家们通过感官和科学仪器,观察正在发生的事,并从观察中得出推论。请根据你对 Omosa 的观察,得出关于 Omosa 的一些推论。

在 Omosa 村庄大厅里有什么?

观察	推论

任务 3.2　观察与推论

请记住,推论指的是根据已知的事实和证据得出很可能发生的结论。

下面是观察和相应推论的一些例子。

观察	推论
外面是湿的。	因此,最近一直在下雨。
雨水池塘已经满了。	因此,最近一直在下雨。
草丛是干燥的。	因此,最近一直没下雨。

在 Omosa 某些区域,有灌木、干三齿稃草焚烧后留下的斑块。从这些火焚斑块,你能推断出什么?

观察	推论

在 Omosa 湖底发现大型哺乳动物的化石,哺乳动物的胃中有耐旱植物残留。从这一发现你能推断出什么?

观察	推论

任务 3.3　详细报告

首席科学家想知道你通过观察得到了什么信息?

请发送一份更新的关于 Omosa 生态环境的详细报告给首席科学家。请将报告写在下面的框中。

第 4 天：实验设计

任务 4.1 农场

设想你拥有一个农场,你想提高农场的生产力。去年,雨水非常多,植物生长得非常好,但是今年,非常干燥,他们生长得不像去年那样。

你认为植物生长得更好是因为去年额外增加的雨水。设计一个实验测试这个想法是正确的。

请设计你的实验。

任务 4.2 集班树

国家公园管理员注意到公园里的集班树(小于 2 米高的矮树)正在失去他们的叶子,可能会死亡。他们认为这是被生活在公园里的鹿吃掉的。

设计一个实验来检验管理员的想法。在你的实验中,请明确下表中的所有部分。

在这里写下你的实验设计	说　　明
1. 请解释你实验的总体思路	实验首先要有好的想法。
2. 研究问题	研究问题要明确说明实验目的。本质上,通过实验就是要回答这个问题。
3. 你的假设	假设就是你认为将会发生什么以及为什么会发生,其一般格式为: 如果情况是………………………… 那么结果是………………………… 理由是……………………………
4. 自变量	自变量是"我们有目的去改变的是什么"。
5. 因变量	因变量是"我们要测量的是什么"。

任务 4.3 设计一个 Omosa 实验

提出 3—5 个你可以在 Omosa 进行的实验想法。此时,你可能想要重新回到 Omosa 虚拟世界探索一番。

选取最可行的实验题目,将实验设计写下来。

恭喜,你已经完成第一级。

等级 2:助理科学家

第 5 天:建模

任务 5.1　分享实验想法

前一天,你们每个人都写了一些可以在 Omosa 进行的实验想法。老师将会主持一次班级讨论,请大家分享各自的实验想法。

任务 5.2　介绍运用基于计算机的仿真模拟(NetLogo)实验

现代科学在许多领域使用计算机模型运行实验,有时称为计算机实验或仿真。这些计算机实验通常是基于科学家通过观测收集到的数据。为了使计算机模型有效,模拟产生的数据需要与现实世界中观察到的数据保持一致。如此之后,科学家就可以调整仿真实验中的自变量,从而对因变量进行测量。

你将使用一个强大的计算机模拟程序 NetLogo,来运行关于 Omosa 的虚拟实验。下图所示的是在 NetLogo 中运行的 Omosa 世界模型的屏幕截图。

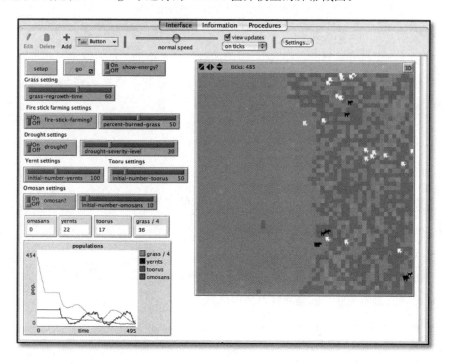

在模型中,可以用滑动条来设置和调整三个初始种群的有关参数:

- 叶鹿最初的数量,叶鹿的繁殖率,叶鹿食物获取量

- 花斑狼最初的数量,花斑狼繁殖率,花斑狼食物获取量

- Omosa 土著居民最初的数量,Omosa 土著居民对叶鹿和花斑狼的捕猎,Omosa 土著居民的繁殖率,Omosa 人将叶鹿作为食物的获取量,Omosa 人将花斑狼作为食物的获取量

另外三个开关允许你控制自变量,这三个自变量与 Omosa 实验的关键假设有关:

1. 火耕

2. 干旱

3. 狩猎

运行模拟,可以参照如下实验过程:

1. 打开火耕农业、干旱和 Omosan 的开关;

2. 调整滑动条的参数,或者使用默认设置;

3. 按下 setup 设置按钮;

4. 按下 go 按钮开始模拟;

5. 通过监视器查看当前的种群数量;

6. 通过种群数量图像查看数量随时间变化的波动情况。

任务 5.2.1　探索活动

当你第一次打开模型时,叶鹿和花斑狼的数量是平衡的。试着调整一些滑动条和开关来打乱平衡。你进行了怎样的设置,发生了什么事? 请把观察到的现象写在下面。

现在你已经有了 NetLogo 实验的经验,你的老师将会介绍更多关于如何在 NetLogo 中开展实验的内容。将涵盖如下话语:

- 进行计算机实验的一般程序;

- 初始条件的微小不同,可以导致结果的不同;

- 相同的初始条件可能会导致不同的结果。

任务 5.3　比较虚拟世界和 NetLogo 模型

在接下来的任何时候，你都可以回过头来重新审视 Omosa 虚拟世界。NetLogo 中的 Omosa 模型和 Omosa 虚拟世界之间有什么差异？动物在 NetLogo 模型中与在虚拟世界中有何不同？

不同点：

相同点：

第 6 天：运行模拟实验

任务 6.1　设计你的模拟实验

Omosa 研究团队评估了你的研究报告，首席科学家决定为了找出更多关于叶鹿数量下降的可能原因，还需要完成另外几个实验。你们班的每个团队需要完成下面的一项研究：

1. 干旱是造成叶鹿衰落的可能原因吗？

2. 火耕农业是造成叶鹿衰落的可能原因吗？

3. Omosa 狩猎活动是造成叶鹿衰落的可能原因吗？

4. 所有这些因素之间的相互作用（干旱、火耕农业和狩猎）造成了叶鹿种群的衰落吗？

你的老师会告诉你，你的团队需要完成哪个实验。拿到研究问题之后，请通过填写下面的表格详细设计你的实验。在实验设计之前，在 NetLogo 中运行模型并记录图像，这会对你的实验设计很有帮助。

在这里写你的实验设计	说　　明
1. 请解释你实验的总体思路	实验首先要有好的想法。
2. 研究问题	研究问题要明确说明实验目的。本质上，通过实验就是要回答这个问题。

在这里写你的实验设计	说　　　明
3. 你的假设	假设就是你认为将会发生什么以及为什么会发生,其一般格式为: 如果情况是…………………………… 那么结果是…………………………… 理由是…………………………………
4. 自变量	自变量是"我们有目的去改变的是什么"。
5. 因变量	因变量是"我们要测量的是什么"。

任务 6.2　运行你的模拟实验

请遵循下面的这些步骤运行模拟实验:

1. 检查开关设置是否正确

2. 将自变量设置相应数量

3. 单击"setup"按钮

4. 单击"go"按钮

5. 运行时间大约 500

6. 单击"go"按钮(停止模型)

7. 写下因变量数据栏的数字

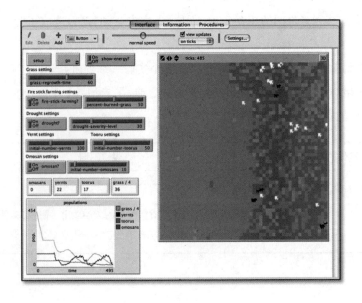

火耕农业实验数据

开关	计算实验运行	自变量设置	因变量数据
火耕农业:"开" 干旱设置:"关" Omosa人设置:"关" 叶鹿设置:100 花斑狼设置:50 草设置:60	♯1	草燃烧的百分比:0	Omosa人:_____ 叶鹿:_____ 花斑狼:_____ 草:_____
	♯2	草燃烧的百分比:20	Omosa人:_____ 叶鹿:_____ 花斑狼:_____ 草:_____
	♯3	草燃烧的百分比:50	Omosa人:_____ 叶鹿:_____ 花斑狼:_____ 草:_____
	♯4	草燃烧的百分比:80	Omosa人:_____ 叶鹿:_____ 花斑狼:_____ 草:_____

干旱实验数据

开关	计算实验运行	自变量设置	因变量数据
火耕农业:"关" 干旱设置:"开" Omosa人设置:"关" 叶鹿设置:100 花斑狼设置:50 草设置:60	♯1	干旱严重等级:0	Omosa人:_____ 叶鹿:_____ 花斑狼:_____ 草:_____
	♯2	干旱严重等级:20	Omosa人:_____ 叶鹿:_____ 花斑狼:_____ 草:_____
	♯3	干旱严重等级:50	Omosa人:_____ 叶鹿:_____ 花斑狼:_____ 草:_____
	♯4	干旱严重等级:80	Omosa人:_____ 叶鹿:_____ 花斑狼:_____ 草:_____

狩猎实验数据

开关	计算实验运行	自变量设置	因变量数据
火耕农业:"关" 干旱设置:"关" Omosa 人设置:"开" 叶鹿设置:100 花斑狼设置:50 草设置:60	#1	Omosa 人原始数量:0	Omosa 人:＿＿＿＿＿ 叶鹿:＿＿＿＿＿ 花斑狼:＿＿＿＿＿ 草:＿＿＿＿＿
	#2	Omosa 人原始数量:20	Omosa 人:＿＿＿＿＿ 叶鹿:＿＿＿＿＿ 花斑狼:＿＿＿＿＿ 草:＿＿＿＿＿
	#3	Omosa 人原始数量:50	Omosa 人:＿＿＿＿＿ 叶鹿:＿＿＿＿＿ 花斑狼:＿＿＿＿＿ 草:＿＿＿＿＿
	#4	Omosa 人原始数量:80	Omosa 人:＿＿＿＿＿ 叶鹿:＿＿＿＿＿ 花斑狼:＿＿＿＿＿ 草:＿＿＿＿＿

任务 6.3　比较方法

在你确定数据能够论证假设之前,你需要确保你可以相信在控制和实验条件下你测量的因变量的值。为此,你需要比较在两个条件下的因变量平均值。

先前在任务 2 中给出的例子,叶鹿的平均值在控制条件下可以通过下面的公式来计算:

叶鹿数量运行 1＋叶鹿数量运行 2＋叶鹿数量运行 3

请将这个值与在实验条件下三次运行记录的叶鹿数量的平均值进行比较。并在下面的框中进行展示说明。

恭喜,你已经完成第二级。

等级3: 科学家

第7天: 团队合作起草科学报告

截至目前,你已经参与了科学探究周期的如下部分:问题识别、形成假设、数据收集和分析,并在一定程度上解释和(重新)评估假设。现在要开始准备提交给首席科学家的团队报告了。

起草报告以团队的形式来完成,每个团队由四到五个学生组成。老师会根据同学们前期参与调查的研究假设进行分组。

任务 7.1　起草一份科学报告

一份科学报告通常包含以下部分,请填写下表中的每个部分。

报告部分	说　　明
简介	解释研究问题和假设。
研究方法	解释你如何调查这个问题并描述你使用的方法。良好的方法描述将有助于其他人重复你的调查。也请说明这种方法的局限性。
结果	报告数据分析的结果。可能包括图和表,请使用正确的图表标签。将结果与假设联系起来。
讨论	解释你的发现。
总结	简单总结一下你做了什么,指出意义和对将来的影响,包括对将来行动的建议。
参考文献	列出所有的参考资料来源(如果有的话)。

任务 7.2　制作演示文稿

为了准备和呈现你的最终报告,你可能想要使用"PowerPoint"来准备演示文稿,你们可以使用电脑桌面上的模板(Omosa. PPT)。

在创建你的报告时,你可能需要回顾指导手册先前研究的记录。你也可以用电脑的"抓屏"功能从 NetLogo 软件中输出图形。

第 8 天：拼图讨论

今天你将完成团队展示，教师将围绕 Omosa 组织全班讨论，将所有观点集中展示。

与其他团队分享你们的研究，团队成员可以分别展示报告的不同部分。每个人都能够介绍一到两张幻灯片。（约 5 分钟）

科学家经常协同工作，一起解决复杂的多层面的问题。不同的研究小组使用不同的方法开展不同的实验，但都围绕着同一个复杂问题。不同领域的研究和不同层次的解释能提供看待问题的多种视角。和"教科书"上的良构问题不同，对于复杂问题往往没有单一的解决方案。

- 在 Omosa 中，不同假设之间的关系如何？（他们都是正确的吗?）
- 哪些团队的解决方案，在未来行动中有利于弥补 Omosa 中的问题？
- 未来可以做些什么？

恭喜，你已经完成第三级。

附录 2：Omosa 科学探究项目家长知情同意书

尊敬的家长，您好！

为了研究虚拟世界对青少年科学探究能力培养的效果，本学期在我班开展 Omosa 科学探究项目，这是由华东师范大学与澳大利亚悉尼大学研究人员联合开展的研究项目。

本项目的开展方式是使用澳方开发的基于计算机的游戏化虚拟世界 Omosa 软

件,围绕生态系统主题展开探究性学习活动。学生针对虚拟世界中出现的问题,采用角色扮演的方式,作为科学家展开调查研究,通过调研、观察和讨论,形成问题解决方案。

本研究作为一个探索性研究,将于每周二中午在综合实践活动课中开展,每次上课时间半小时,授课教师为杨逊蕾老师。以下内容请家长确认:

1. 在研究过程中,您的孩子可能参与研究人员安排的问卷调查或访谈活动;

2. 研究人员将有选择地对学生的探究学习活动进行录像和拍照;

3. 研究所用的 Omosa 是一款用于学习的教育游戏产品,与普通娱乐性游戏有很多类似的地方,前期研究表明,该软件对学生没有任何不利影响。

所有收集到的数据仅作为科学研究之用,研究方将采取妥善措施保证数据保存在安全的地方,从而确保学生和老师的隐私不被泄漏。如果您对以上内容没有异议,请签字确认,谢谢!

家长意见:

家长签名:_____ 联系电话:_____
年   月   日

附录 3:科学探究问卷

1. 下列关于科学家的描述正确的是

A. 科学家总是待在实验室里做实验

B. 科学家提出的观点也可能是错误的

C. 科学家都很古怪,难于相处

D. 科学家多半是男性,女性不适合做科学家

2. 下列哪些不属于科学研究工作?

A. 提出研究问题

B. 作出假设

C. 确定实验的自变量和因变量

D. 设计实验

E. 观察和收集证据

F. 根据证据得出结论

G. 交流研究结果并与同行进行辩论

H. 将研究转化为技术应用于生产实践

3. 在 7 月份的一个炎热下午,小华发现一杯装满冰水的玻璃杯外面有水滴形成。小华说:"我认为是空气中的水蒸气凝结在了冰冷的玻璃壁上。"

小华的这一陈述属于科学研究方法的哪一个部分?

A. 作出一个假设　　　　　　　　　B. 识别一个变量

C. 做一次观察　　　　　　　　　　D. 分析数据

阅读下面一段文字,回答问题 4、5、6。

小华想知道在同样的阳光照射下,海洋和陆地加热的程度是否一样。他决定做一个实验。他找来两个相同的小桶,一个装满土,一个装满水。他把两个小桶放置好,让其接收到相同量的阳光照射。小桶里各有一个温度计,记录从早上 8 点到晚上 6 点的温度变化,每个小时读取一次。

4. 该实验验证的假设是?

A. 太阳光照射越多,土壤和水就变得越热

B. 土和水在太阳下放的时间越长,它们就变得越暖和

C. 不同物质被太阳加热的情况不同

D. 在一天的不同时间太阳光照射的强度不同

5. 什么是因变量?

A. 小桶中所装的水的种类　　　　　B. 水和土壤的温度

C. 小桶中放置的物质种类　　　　　D. 每个小桶在太阳下放的时间

6. 什么是自变量?

A. 小桶中所装的水的种类　　　　　B. 水和土壤的温度

C. 小桶中放置的物质种类　　　　　D. 每个小桶在太阳下放的时间

阅读下面一段文字,回答问题 7、8。

俄国核电厂发生了一次事故。这次事故毁坏了核反应器并将放射性气体和粒子释放到了空气中,其高度将近 5 千米。几天过后,在远离俄国的西欧,许多牧场的奶牛开始呕吐。有一些甚至死亡了。焦虑的政府官员要求将这些牧场的奶牛、蔬菜以及其他牲畜全部销毁。此后,原先从这些农场进口食物的国家也开始拒绝购买这里的农产品了。

7. 科学家开始着手调查这些位于核电厂西面的农场。他们想知道是否是核泄漏导致了这些农场问题。为了判断两者是否相关,他们还需要知道的信息是?

    A. 核电厂爆炸的原因   B. 农场所种植的蔬菜的种类

    C. 奶牛体重的大小   D. 风吹的方向

8. 下列哪项叙述是一次观察?

    A. 小华的妈妈正在剧烈的咳嗽   B. 放射性气体对你是有害的

    C. 空气污染了,因为里面有污染物   D. 只有俄国发生过核电厂事故

9. 研究员做了一个发动机燃烧效率的实验。实验假设是一种燃油添加剂可以提高发动机能效。5辆相同的汽车加同样多的汽油,但是分别加不同量的添加剂。他们在相同的路段上行驶,直到汽油耗光。研究者记录了每辆车的行驶距离。在这个实验中,汽车能效是如何被测量的?

    A. 每辆汽车耗光油所需的时间   B. 每辆汽车行驶的距离

    C. 汽油的使用量   D. 汽油添加剂的使用量

10. 小丽在研究豌豆的产量。她通过测豌豆植株淀粉量来表示其产量。她能改变光照长度,二氧化碳浓度,水的灌溉量等条件。在这个实验中,小丽可以研究的一个可检验的假设是?

    A. 豌豆获得的二氧化碳越多,其需要的光照也越多

    B. 豌豆产生的淀粉越多,其需要的光照也越多

    C. 豌豆获得水分越多,其所需要的二氧化碳也有越多

    D. 豌豆接受的光照越多,其产生的二氧化碳也越多

11. 一个研究者在测试一种新型肥料。实验选取了大小相同的5块试验田。每个试验田施加的新型肥料使用量不同。一个月过后,测量并计算每个试验田的稻苗平均高度如下表所示。请选择稻苗高度随肥料使用量变化的正确图示。

新型肥料使用量(kg)	稻苗平均高度(cm)
10	7
30	10
50	12
80	14
100	12

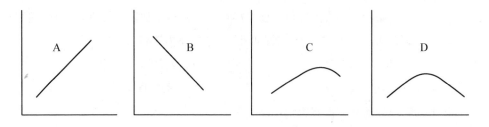

12. 一个大棚管理者想加快番茄幼苗的培育过程从而供给那些心急的种植者。她把番茄种子种在几个培养皿里。她的假设是种子的湿度越大,其发芽也越快速。那么,她怎样检验这个假设呢?

A. 记录种子在不同湿度下发芽所需的天数

B. 每浇水后一天测量植株高度

C. 测量不同培养皿里植物所消耗的水量

D. 对不同培养皿里所放的种子进行计数

附录4：自我效能感问卷调查

亲爱的同学们：

你们好！这是一份有关初中生一般自我效能感的问卷调查,这不是测验,答案没有对错之分,调查结果仅为研究所用,不会给你带来任何不良后果,请按照自己的真实情况回答,不必有任何顾虑。在回答每一道问题时请不要花费过多时间考虑,凭自己的感觉回答即可。非常感谢你对本次调查的支持！

姓名：□□□□　　学号：□□□□□ *

以下有10个描述你平时对自己的一般看法的句子,请根据你在本次 Omosa 探究学习过程中的实际感受,在合适的项目上做出选择,答案没有对错之分,凭直觉选择即可。

1. 如果我尽力去做的话,我总是能够解决问题的。 *

○ 完全不正确

○ 尚算正确

○ 多数正确

○ 完全正确

2. 即使别人反对我,我仍有办法取得我所要的。 *

○ 完全不正确

○ 尚算正确

○ 多数正确

○ 完全正确

3. 对我来说,坚持理想和达成目标是轻而易举的。 *

○ 完全不正确

○ 尚算正确

○ 多数正确

○ 完全正确

4. 我自信能有效地应付任何突如其来的事情。 *

○ 完全不正确

○ 尚算正确

○ 多数正确

○ 完全正确

5. 以我的才智,我定能应付意料之外的情况。 *

○ 完全不正确

○ 尚算正确

○ 多数正确

○ 完全正确

6. 如果我付出必要的努力,我一定能解决大多数的难题。 *

○ 完全不正确

○ 尚算正确

○ 多数正确

○ 完全正确

7. 我能冷静地面对困难,因为我信赖自己处理问题的能力。 *

○ 完全不正确

○ 尚算正确

○ 多数正确

○ 完全正确

8. 面对一个难题时，我通常能找到几个解决方法。 *

○ 完全不正确

○ 尚算正确

○ 多数正确

○ 完全正确

9. 有麻烦的时候，我通常能找到一些应付的方法。 *

○ 完全不正确

○ 尚算正确

○ 多数正确

○ 完全正确

10. 无论什么事在我身上发生，我都能应付自如。 *

○ 完全不正确

○ 尚算正确

○ 多数正确

○ 完全正确

附录5：Omosa 探究学习学习体验调查问卷

同学，你好！以下是学习体验调查问卷，你的回答仅作研究之用，请根据近两个学期基于 Omosa 虚拟世界的探究学习情况如实回答。谢谢配合！

姓名： [ ]　　学号： [ ]　　QQ： [ ]

1. 请根据你近两个学期 Omosa 课程学习的真实情况和学习体验，选择合适的选项：

	很不同意	不同意	一般	同意
Omosa 虚拟世界软件的操作很简便。	○	○	○	○
Omosa 虚拟世界软件稳定可靠。	○	○	○	○
Omosa 虚拟世界的界面风格和操作方式就和一般的电脑游戏差不多。	○	○	○	○

我喜欢玩游戏,所以喜欢 Omosa。	○	○	○	○
Omosa 虚拟世界能够激发我的学习兴趣。	○	○	○	○
我每周都盼着这节 Omosa 课。	○	○	○	○
在 Omosa 探究学习过程中,我会主动思考并提出问题。	○	○	○	○
在 Omosa 探究学习过程中,我能够自己提出问题解决方案。	○	○	○	○
我认为在 Omosa 探究学习过程中,需要很强的自主性。	○	○	○	○
通过 Omosa 课程,我学到了很多东西。	○	○	○	○
我觉得探究学习这种学习形式比单纯的教师教授更好。	○	○	○	○
我认为在 Omosa 探究学习过程中,老师的指导很重要。	○	○	○	○
通过 Omosa 课程的学习,我对科学家的研究过程有了更深入的了解。	○	○	○	○
通过 Omosa 课程,我知道了应该如何设计科学实验。	○	○	○	○
通过 Omosa 课程,我从自我发现和总结中获得了很多关于草、叶鹿、花斑狼和人类之间关系的生态学知识。	○	○	○	○
我觉得 Omosa 虚拟世界这样的教学软件对科学课程很有帮助。	○	○	○	○
在 Omosa 探究学习过程中,我体验到了小组合作学习的重要性。	○	○	○	○
通过 Omosa 探究学习,我感悟到要从多个方面去看问题。	○	○	○	○
通过 Omosa 探究学习,我感悟到对任何问题都要有自己的观点,不能人云亦云,要学会质疑。	○	○	○	○

在 Omosa 探究学习过程中，我得到了其
他同学的帮助。

在 Omosa 探究学习过程中，我帮助了其
他同学。

与其他课程的学习相比，我更喜欢
Omosa 课程。

2. 关于 Omosa 软件本身以及近两个学期的学习体验，你还有什么其他的话想说吗？请把你想说的话写在下面：

附录6：Omosa 探究学习学生自评表

请各位同学根据这两个学期 Omosa 探究学习的情况，进行自我评价。

姓名：□□□□　　学号：□□□□ *

1. 请根据自身的学习情况选择适合你的选项：*

	很不同意	不同意	一般	同意
我主动积极地参与了探究学习活动。	○	○	○	○
我任务完成得都比较满意。	○	○	○	○
我能跟上整个探究学习的节奏。	○	○	○	○
通过学习我收获了很多知识。	○	○	○	○
我知道了如何开展科学探究活动。	○	○	○	○
我对生态系统生物圈等科学概念有了更好的理解。	○	○	○	○
我掌握了实验设计方法。	○	○	○	○
我的科学探究能力有了提升。	○	○	○	○

2. 总体上，我认为自己在 Omosa 探究课程中的表现：*

◯ 较差　　　◯ 中等　　　◯ 良好　　　◯ 优秀

附录 7：Omosa 项目质性数据编码索引

1. 原始材料文件编码

笔记：T＿日期＿序号

录像：V＿日期＿序号　　　视频转录后文本：VT＿日期＿序号

录音：A＿日期＿序号　　　音频转录后文本：AT＿日期＿序号

录屏：C＿日期＿序号

作业：H＿日期＿序号

2. 内容编码总清单

课堂活动过程编码：

编码序号	编码名称	编 码 简 介
KTHD_01	情境创设	按照探究学习活动设计，描述或展示任务情境
KTHD_02	主题引入	以教师活动为主配合提问，一般是在每堂课开始的时候进行
KTHD_03	明确任务	依据学生指导手册和师生互动，明确需要完成的探究任务
KTHD_04	学生探究	学生围绕探究任务在虚拟世界中漫游，开展探究活动
KTHD_05	完成任务	学生在指导手册上记录并填写探究发现
KTHD_06	学生演示	个别学生展示自己的探究发现，教师转播给所有学生
KTHD_07	师生讨论	全班师生围绕问题，以师生问答的形式展开讨论
KTHD_08	小组学习	小组协作完成探究任务，比如实验设计
KTHD_09	小组讨论	小组成员围绕问题进行讨论
KTHD_10	团队汇报	小组成员以团队的方式展示汇报小组探究成果
KTHD_11	课堂小结	教师或学生在每节课结束前总结本节课的任务完成情况
KTHD_12	教师讲解	教师围绕一个知识点或科学探究环节进行讲解
KTHD_13	科学演示	通过视频、动画等媒体演示科学规律或探究活动
KTHD_14	测量检验	学生使用虚拟工具进行科学测量活动，或通过实验活动检验实验变量
KTHD_15	评价反馈	教师或学生开展学习评价活动

课堂活动附加编码：

编码序号	编码名称	编码简介
KTHD_FJ_01	教师导入	课堂互动中，教师引导性话语
KTHD_FJ_02	教师提问	教师提出问题，请学生回答
KTHD_FJ_03	学生回答	个别学生站起来回答
KTHD_FJ_04	学生应答	多名学生响应、回答老师的问题
KTHD_FJ_05	学生提问	学生主动提出自己的问题
KTHD_FJ_06	教师回答	教师回答学生提出的问题
KTHD_FJ_07	教师追问	教师在学生回答的基础上进一步提出问题
KTHD_FJ_08	学生补充	一个学生回答后，其他学生进行补充
KTHD_FJ_09	教师总结	教师对师生某场对话或对课堂学习情况进行总结
KTHD_FJ_10	教师引导	学生探究过程中，教师给出一些探究指示
KTHD_FJ_11	任务布置	教师给学生布置新任务，比如要求学生演示等
KTHD_FJ_12	学生探索	学生在虚拟世界中的漫游探索活动
KTHD_FJ_13	同学互动	学生之间的非正式交流和对话，比如交头接耳
KTHD_FJ_14	教师巡查	教师了解学生的探究学习进度，以推进学习进程
KTHD_FJ_15	教师调查	教师询问学生进度，如没有完成的请举手
KTHD_FJ_16	教师提示	教师提示学生，提供某些帮助
KTHD_FJ_17	教师推测	教师给出一些可能性的假设，帮助学生拓展思维
KTHD_FJ_18	学生推测	学生提出一些可能性的假设
KTHD_FJ_19	学生观察	学生在虚拟世界中或 NetLogo 中进行观察
KTHD_FJ_20	学生记录	学生在学生指导手册中记录自己的观察发现
KTHD_FJ_21	教师监督	教师在学生自主探究过程中，进行巡视监督
KTHD_FJ_22	教师总结	教师在课程小结时进行总结
KTHD_FJ_23	学生总结	学生在课程小结时进行总结，或围绕团队学习过程进行总结
KTHD_FJ_24	作业布置	教师在课程小结后提出学生课后完成作业的要求
KTHD_FJ_25	课堂气氛	课堂上的学习氛围情况

访谈编码：

编码序号	编码名称	编码简介
FT_01	学习兴趣	提到乐趣、兴趣、喜欢、有意思等词汇时使用
FT_02	元认知	提到反思、自主、监督、自我要求、自我评价等词汇时使用
FT_03	学习收获	涉及学习效果、学习产出，包括知识、能力、价值观等多个方面时使用
FT_04	学习方式	涉及探究学习、自己学、不是老师讲等词汇时使用
FT_05	问题困难	涉及学习中遇到的问题和困难时使用
FT_06	教师指导	涉及教师的引导、提示、帮助、讲解等时使用
FT_07	协作学习	涉及同学互助、合作、小组学习、问同学等时使用
FT_08	软件环境	涉及对 Omosa 与 NetLogo 环境的反馈时使用

录屏编码：

编码序号	编码名称	编码简介
LP_01	登陆	学生打开软件,登陆系统的行为
LP_02	场景	在虚拟世界中的某个场景
LP_03	视角	学生在虚拟世界中的化身视角
LP_04	走动	学生地面移动的方式
LP_05	对话	与虚拟人物对话
LP_06	观察	学生画面停留在某个场所的查看行为
LP_07	地图	学生使用地图进行场所的调转
LP_08	背包	学生使用背包中的虚拟物品
LP_09	飞行	学生空中移动的方式
LP_10	潜水	学生沉到水底进行探索

附录8："观察与推论"课堂互动情况

文档编码：VT_20151209_01

课堂活动 过程编码	教师	学生	附加编码
主题引入 2分钟	各位同学,今天这次课的主题是观察和推论。		教师导入
	有哪位同学可以告诉大家什么叫推论?		教师提问
		学生1(男):从一点点蛛丝马迹推断出现象;	学生回答
		学生2(男):通过一些信息,还要通过大家的讨论,得到事件的结果;	学生回答
		学生3(女):推论有点像想象。	学生补充
	教师追问:那它跟想象一样吗?		教师追问
		学生3:想象是胡思乱想、凭空想象,而推论必须要有线索,然后加入思考或者有可能还有创意。	学生回答
	科学家利用用自己的感知和科学仪器观察正在发生的事情,记录下来,就是观察,根据这些观察得到合适的推论。刚才我们三位同学的答案综合在一起,杨老师觉得就是很好的推论了,首先要有足够的线索,然后根据线索进行思考,有时候还需要一些交流讨论,最后得出一些相关的结论或者事实现象,这就是推论。		教师总结

212

课堂活动过程编码	教师	学生	附加编码
明确任务 2分钟	我们一起来看一下今天的任务,今天一共有三个任务,第一个任务我们一起完成,第一个任务找找看。		教师引导
		学生应答:找到中央小屋。	学生应答
	今天的安排,首先请一位同学带领大家找到中央小屋,展示中央小屋里面有什么,再请同学进行推论;然后杨老师让大家进行自由活动,首先要完成我布置的任务,在 Omosa 岛中央湖里面有什么,要潜到湖里面去找找看,看看里面有什么,同学们有进过湖里面吗?		任务布置 教师提问
		学生们:有。	学生应答
	最后一个,一条横线,什么意思,挑选 Omosa 里面你感兴趣的任何地点进行观察并作出适当的推论,这里面的地点除了感兴趣之外,还有一个重要的目的,各位初级科学家注意了,你们要研究的是什么问题啊?		教师提问
		同学们回应:叶鹿减少的原因。	学生应答
	对了,叶鹿为什么越来越少,请你围绕这个目标,找一个既感兴趣又有意义的地点进行探索。请大家打开 Omosa 虚拟世界,开始第一个任务,给大家2分钟时间,大家各自找,差不多了我挑一个同学给大家展示。		任务布置
学生探究完成任务 12分钟	大家的 Omosa 都打开了吗,没打开的举手,快点哦。		学生探索
		学生在 Omosa 虚拟世界中进行探索,邻座间不时小声交谈。	同学互动
	已经打开的,去找找小屋在哪里,看看里面有什么。		教师巡查 教师提示

课堂活动过程编码	教师	学生	附加编码
学生演示师生讨论6分钟	广播同学4的电脑屏幕,我们请这位同学给大家演示。这是谁的电脑,举手我看一下。请大家把笔拿在手里,请同学4直接操控,大家一起看看中央小屋在哪里。		教师引导 教师提问
		学生4:在白胡子老头身后。	学生回答
	请你进入小屋,先环顾一下四周,请问同学们你在小屋里可以看到什么?		教师提问
		齐声:很多动物的头。	学生应答
	好,请一位同学起来回答一下,好,同学5你来说说看?		教师提问
		学生5:叶鹿和犀牛、龟,很多动物的头。	学生回答
	同学4,再往左。都有哪些动物呢?		教师提问
		学生们:老虎、美洲狮。	学生应答
	往上移一下,叶鹿、花斑狼,老虎?美洲狮?都有可能,这应该是村民的战利品。		教师指示 教师推测
	除了这些动物的头之外还有什么,两张桌子还有两本书,有一本手册可以拿起来。		教师引导
	学生4能不能往上飞一下,让大家离上面的头近一些,这是第一种,这是第二种,这面墙上一共三种,另一面墙上还有一种,一共四种,现在Omosa大陆上有几种?		教师指示 教师提问
		学生们:两种。	学生应答
	对了,好像只有两种,大家可以做出什么推论吗?		教师提问
		学生们:有两种灭绝了。	学生推测
		学生5:是因为人类的过量捕杀。	学生推测
	噢,你已经知道是由于人类的过量捕杀造成的,现在得出这样的结论可能有点……		教师引导
		学生们:草率。	学生应答

课堂活动过程编码	教师	学生	附加编码
	嗯,草率,太超前了。至少我们知道Omosa大陆上曾经还有另有两种动物,这两种动物现在已经看不到了,应该已经灭绝了。那发现两种动物灭绝了是观察还是推论啊?		教师引导 教师提问
		学生们:推论。	学生应答
	发现这两种动物可能已经灭绝了,这是推论。再请大家看这儿的花斑狼的头和叶鹿的头,你发现跟你现在看到的花斑狼和叶鹿的头有什么区别? 更大? 更尖? 角更长? 更苗壮?		教师引导 教师提问
		学生:更大; 学生:更尖; 学生:叶鹿的角更长; 学生:更苗壮。	学生应答
	那你觉得现在的叶鹿和花斑狼的? 现在的可能比原来的小,这可能是个推论。大家看,这些头颅有大有小,在打猎的时候猎人有没有进行挑选,这些都是推论,像学生3说的需要加入一些想象,好了,杨老师的提示就到这里,把电脑还给你们,请各位同学开始完成第一板块的内容,然后去探索剩下的两个板块,好了,可以开始了。		教师总结 教师提示
学生探究完成任务2和任务3 16分钟		学生们在Omosa虚拟世界中漫游,并观察记录看到的现象和记录。	学生探索 学生观察 学生记录
	请大家注意,一定要做好记录工作,下课后杨老师将收集你们的学生手册,如果任务完成的比较差,下节课我会缩短上机时间。		教师提示
		课堂气氛非常活跃,甚至有点喧闹,学生们一直在相互交流观察到的现象。	同学互动

课堂活动过程编码	教师	学生	附加编码
	大家在水底发现了什么？ 有没有看到像骨头一样的东西？		教师提示 教师监督 教师提问
		学生们：骨头、脚印。	学生应答
	我们来看一下学生6的发现,有没有看到三角形的石头？		教师提问
		学生们：化石。	学生应答
	不要激动,要学会观察。		教师提示
课堂小结 2分钟	还没有完成的同学请举手。 这样,我相信同学们在今天的探索过程中,不但观察到了很多有趣的事物,而且也进行了一定的推论,你们看到了脚印,看到了骨头,还有同学告诉我花斑狼会游泳,等等。希望大家已经把自己收集到的材料记录下来了,下节课会给大家时间进行课堂讨论。抽到学号的同学请把你的学生手册交上来。		教师调查 教师总结 任务布置

后记

　　不知从何时起开始喜欢秋，喜欢秋的天高云淡，喜欢秋的五彩斑斓，喜欢秋的沉郁丰富。特别的秋日里，美好的画面从记忆的深处浮现出来。2010 年秋，普渡大学（Purdue University）校园里那浓郁的秋宛如昨日，就在那时，我觉得应该静下心来好好读读书了，于是在心里埋下了读博的种子。2011 年秋，华东师范大学学习科学研究中心就像灯塔，一瞬之间，照亮了我前行的方向。2012 年秋，中山北路校区的普通教室堪比学术殿堂，言语之间，大师们的教诲犹如阳光洒满心房。2013 年秋，经年的耳濡目染好似春风化雨，润物无声，日积月累之下，我步履蹒跚地开始了自己的学术研究之路。2014 年秋，北德克萨斯辽阔的草原是一幅美丽的画卷，校园内外，田野观察让我领略了西方教育与文化的特有魅力。2015 年秋，实验学校孩子们的眼睛像清澈的泉水，恍惚之中，让我意识到作为一个教育者的责任和担当。2016 年秋，四年半的博士生时光，随着博士论文的完成，答辩通过，画上了圆满的句号。2017 年秋，徜徉于余杭塘河边的美丽校园，新的起点，让我对未来充满了憧憬与希望。

　　转眼之间，博士毕业已有四年，重新翻出尘封的博士论文，忙里偷闲，修改整理成书，这篇后记将我的思绪拉回到读博那几年，心中满是感激。

　　华东师范大学学习科学研究中心是一个跨学科的研究共同体，是高文先生一手创立的、国内首个专注于学习科学与教育变革研究的学术团队。虽然先生已经退休，但先生所树立并为其弟子所传承的优良学风，使每一个加入这个团队的人受益终身。感谢高文先生高瞻远瞩，为我们这些后辈铺路搭桥，引领我们进入学习科学这一充满生机与活力的学术研究领域。

　　特别感谢我的导师任友群教授。导师的风格，不仅在于视野开阔、才思敏捷、干练务实，更在于光明磊落、宽宏大度、与人为善。导师的为人与做事之道，值得我在工作和生活中不断学习与领会。我还清晰地记得在入学之前,导师在飞信上与我畅谈读博阶段的规划,项目参与、论文发表、译著出版、出国学习……桩桩件件清晰明了;我也清晰地记得,导师随时随地都会在微信上与我们分享最新的学术动态,会议报告、专著论文、项目课题、前沿热点……分分秒秒体现着学科专家的高屋建瓴;我仍清晰地记得每年欢送毕业生的时候导师的殷殷寄语,读书写作、工作生活、个人修养、闲情雅趣……方方面面渗透着导师对大家无微不至的关怀。衷心感谢任老师的接纳与包容,以及对我学术成长之路所给予的指导与帮助。

感谢美国北德克萨斯大学(University of North Texas)学习技术系的迈克尔·斯派克特(Michael J. Spector)教授,他是我作为国家公派联合培养博士的外方导师。虽为国际教育技术领域知名学者,但教授为人低调谦和,对学生总是关爱有加、谆谆教导。忘不了在登顿市渡过的一年美好时光,以及教授给予的关照和帮助;忘不了教授来访华东师大繁忙工作的间隙,帮我指导博士论文的情景;忘不了教授帮我修改论文后,文档上留下的那成百上千条修订和批注。用任老师的话说,斯派克特教授是一个纯粹的学者,80多页的个人简历背后是长年累月超出常人的努力与付出。教授的这种投入与坚守的学者精神,值得我在今后的学术道路上永远学习、不断践行。在此一并感谢斯派克特教授的好朋友,智利天主教大学的米格尔·努斯鲍姆(Miguel Nussbaum)教授,其在2016年5月访问华东师大时,与斯派克特教授一起对我的毕业论文写作框架和论辩思路所给予的指导。

感谢华东师范大学学习科学研究中心的现任掌门人裴新宁教授。裴老师的学术热情,以及对学习科学的热爱和坚守,撑起了一片天,深深打动和感染着我。在学习科学研究中心学习的这几年,裴老师的学术修养和为学态度对我影响很大,特别在我毕业论文写作期间,从论文选题、研究开展到论文成文,裴老师给予了大量的指导和点拨。

感谢澳大利亚悉尼大学的迈克尔·雅各布森(Michael J. Jacobson)教授及其研究团队。从2014年6月第一次会见雅各布森教授并获悉Omosa虚拟世界项目,到Omosa虚拟世界汉化、研究设计,再到研究的实施和数据的收集与分析,在视频会议、电子邮件的多次交流中,雅各布森教授及其团队成员对论文研究的开展提供了直接的指导和帮助,在此过程中我们还收获了彼此的信赖和友谊。在这里,还要特别感谢雅各布森教授的博士生曹璐师妹在合作研究过程中的桥梁作用。

感谢华东师范大学生命科学学院的张春雷博士,以及上海市金山区罗星中学的杨逊蕾老师,上海市长宁区天山中学的董美麟老师,还有参与 Omosa 探究学习活动的所有可爱的孩子们,是你们的热情参与,让该研究得以完成。

感谢华东师范大学赵磊磊博士,以及我的研究生李英明、叶海云近两年为进一步完善和丰富本书内容所做的工作。

感谢华东师范大学出版社彭呈军先生的大力支持,以及出版社编辑吴伟老师认真而细致的工作。

近三年,我们的研究团队承担了国家重点研发计划项目子课题"虚实融合教学环境下探究式学习模型与评价体系的构建",正是依靠项目经费的支持,本书得以出版。本书的完成只是阶段性的成果,后续将继续深入开展信息技术赋能科学教育的理论与实践研究,探索技术时代科学教育的新途径、新方法。

本书参考引用了国内外的相关资料,其中主要来源已在参考文献中列出,如有遗漏,恳请谅解。由于作者经验与学识所限,加上时间与精力有限,书中谬误之处在所难免,欢迎读者指正。

2021 年 11 月
于杭州师范大学诚园